蟋蟀葫芦和夜明珠

中国人的风雅之心

[日] 后藤朝太郎 著

杨田 译

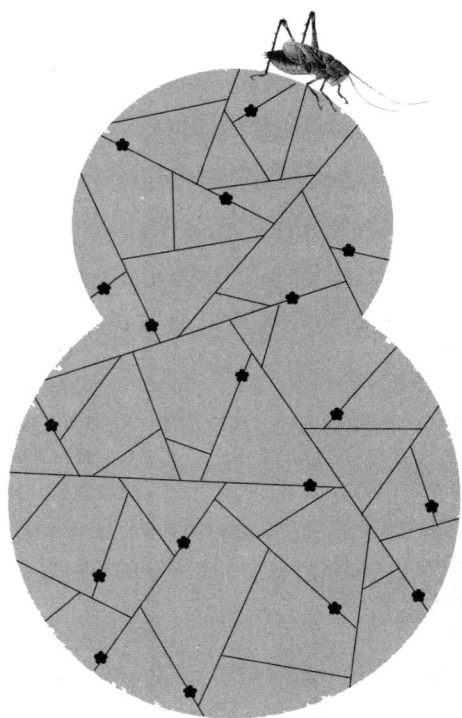

清华大学出版社
北京

图书在版编目（CIP）数据

蟋蟀葫芦和夜明珠：中国人的风雅之心 /（日）后藤朝太郎著；
杨田译 . —北京：清华大学出版社，2020.1
　　ISBN 978-7-302-53497-6

　　Ⅰ . ①蟋… Ⅱ . ①后… ②杨… Ⅲ . ①中华文化－研究
Ⅳ . ① K203

中国版本图书馆 CIP 数据核字（2019）第 190769 号

责任编辑：孙元元
封面设计：文　俊
版式设计：环宇智汇
责任校对：王荣静
责任印制：杨　艳

出版发行：清华大学出版社
　　　　网　　址：http://www.tup.com.cn,　　http://www.wqbook.com
　　　　地　　址：北京清华大学学研大厦 A 座　　邮　编：100084
　　　　社 总 机：010-62770175　　　　　　　　邮　购：010-62786544
　　　　投稿与读者服务：010-62776969, c-service@tup.tsinghua.edu.cn
　　　　质量反馈：010-62772015, zhiliang@tup.tsinghua.edu.cn
印 装 者：三河市春园印刷有限公司
经　　销：全国新华书店
开　　本：154mm×230mm　　印　张：24.75　　字　数：309 千字
版　　次：2020 年 1 月第 1 版　　印　次：2020 年 1 月第 1 次印刷
定　　价：99.00 元

产品编号：073065-01

导读

　　20 世纪 20 年代，是中国近代历史上一个兵荒马乱、社会动荡的时期。对于普通人而言，感受这段并不遥远的历史，更容易关注到岁月变迁、民族命运和家国情怀。但那个时代留下的文字资料，并不总是关注于宏大的历史叙事，也有的从另一个侧面，记录当时中国社会微观的方方面面。借助这样的文字，亦可以作为研究当时中国国情、中国国民与中国文化的资料补充。

　　后藤朝太郎（1881—1945），号石农，日本爱媛县人，日本近代著名汉学家。初习语言学、文字学，后多次到访中国，成为"中国通"。生前声名烜赫，身后几乎被人遗忘，但近年来又重新被人审视。

　　20 世纪二三十年代，后藤朝太郎出版多本与中国有关的书籍，而本书是一部以中国文化艺术为内容的作品。在他看来，这本书是《中国风俗逸话》的姊妹篇。该书从一个外国人的视角，观察中国的文化与民众，并加以善意的解读。作者在其引子中写道："如果不把中国意趣融入日本青年人能够理解的学习话题或者日常生活中的话，那了解中国真相的大门就会永远紧闭。"他的初衷，在于增进当时的日本青年人对中国真实面貌的了解，为两国普通民众的交流架设一座桥梁，并对当时日本社会上流行的，对中国污蔑性的曲解加以纠正。可能对于当时的日本人（包括日本青年人）而言，本书只不过是一本谈论中国传统艺术文化的普及性读物，但岁月荏苒、如梦似幻，那些曾经属于中国人的生活方式，在历经人事变迁和社会转折的巨变后，使今天的普通中国人感到既熟悉又陌生。

　　书的主题"风雅之心"，指的是超凡脱俗的风雅意趣，是中国人"悠然面对人生的生活态度"，关注的是其"无尽的意蕴"。初观本书的书名，或许会觉得它是一本艺术理论书籍，后藤朝太郎提出"抛弃掉那些理论层面的东西，从柔性的传统意趣入手，挖掘这个衰老大国所蕴藏的深切内涵"。纵观全书，由艺术之韵、收藏之癖、象形之意、景致之盛、生活之趣、国民之志六个章节组成：艺术之韵叙述中国传统艺术，收藏之癖叙述中国传统文玩，象形之意叙述中国传统文字，景致之盛叙述中国各地景致，生活之趣叙述中国风俗习惯，国民之志叙述中国人的思想观念，涉及书法、绘画、诗歌、建筑、雕刻、工艺美术、文字、园林、戏剧等诸多文化艺术门类，也有名胜、古迹乃至于普通中国人的观念与风俗等，几乎囊括中国传统艺术的各门类乃至普通人的思想与审美趣味。

总体上，书中较少有形而上的理论，后藤朝太郎结合在中国各地游历中的具体观察感受，采用讲故事的方式娓娓道来。由于文字朴实鲜活，故在日本后藤朝太郎被当作"通俗作家"。但细观本书，书中既使用中国传统的小学研究手法，还采用人类学、民俗学的研究方法。而日本学界囿于自身的局限，使后藤的学术价值长久埋没于"故纸堆"中，不能不说是种遗憾。全书近 22 万字，内容庞杂，涉猎广泛，有足够的空间来窥探我们并不遥远的先祖们在生活中的风雅意趣。

由于有在中国大地上的游历经历，后藤朝太郎对中国艺术的理解，要比一般的日本游访者更为深入与透彻："中国艺术是在中国的自然环境和社会环境的基础上形成的。要想理解中国艺术，首先得去了解中国的自然和社会。如果不了解中国的自然环境，又不了解中国社会，对中国的风俗人情、生活习惯更是一无所知的话，就根本不可能对中国艺术有深入的理解。中国的艺术作品都有其自然环境和社会背景，如果离开了这一背景，就根本不可能认识到艺术作品的真正价值。因此，我特别想强调的是，要想研究透中国艺术，就一定要到中国的土地上去进行实地调查和实地观察。只有这样，我们才能够真正理解中国艺术。"后藤在书中提到他曾踏足"中国四百州"，即使放到今天，这也是一个惊人的数字。该书图文并茂，有不少后藤朝太郎在中国的摄影作品，今天再看这些老照片仍然具备一定的史料价值。

此外，后藤朝太郎还记录下他的交游圈子，这些"文艺圈"中人物，既有像萨镇冰、张宗昌、卢永祥、阎锡山、孙传芳这类军政官员，又有如吴昌硕、金绍城、陈衡恪和吴熙会这样的文人画家。正是因为在中国长期生活与社交的经历，切身感受到中国文化的魅力，他才会冀望以一己之力，去排除当时日本国民对中国的狭隘认识与偏见。书中记述的不少事件是他亲历并有感而发，这使得文字富有鲜活的生命力与自由的个性。

如第一章中作者提到书法，是东亚汉字文化圈的一门独特艺术。作为一位日本人，他对中国书法的历史传承、授受方式与时代风格，有着清醒的认识，他认为一个时期的书法艺术与书写者本人、书写者的社会和时代有密切联系，"一旦错过了那个时代，后世的书法作品就不可能再有那个时代的气韵了"。在谈论书法艺术的最后部分，他提到与福建省长萨镇冰的交往。萨镇冰原为海军军官，但文化素养却很高，也能文善书。萨镇冰曾亲自作诗并写成一幅书法作品相赠，在后藤的眼中，这是一幅"用笔鲜明和缓，笔端露锋，一丝不苟，充满了温润之感"的书法。在后藤的眼中，类似能文善书的军政长官还有杭州的卢永祥、太原的阎锡山、南京的孙传芳、重庆的邓锡侯等，他钦佩书写者的人格魅力、文化素养与书法功底。看似前后脱节的书法部分，后藤朝太郎不仅将自己对书法的理解付诸笔端，并且将现实中观察到的人事记述下来。表明后藤对于中国艺术的认知，不限于形而上的个人感受，还有对艺术创作者的解读。

书法之外，后藤还关注中国古代雕塑，曾拜访过大同的云冈石窟。在他的笔下，留下了大同古城与云冈石窟在 20 世纪初的记录。文字记述从大同古城到云冈石窟的路途上的古迹，像观音堂、佛字崖等，今天这些古迹依然存在。后藤提出了个人的见解，甚至是对日本艺术的反思。他以云冈石窟为例，认为"中国的雕刻显得比较粗笨，但其所用的艺术手法却是比较强势的。中国的艺术作品整体给人一种比较稳重大气的感觉，而且在材料的使用上也是从不吝啬。中国的大型艺术作品大都采用'远景本位'的手法，走近了看可能会觉得做得比较粗糙，但是离远了看就会觉得非常美观"。后藤认为日本的艺术家要把"目光放得更远一些……艺术多少要有些脱离常规的地方……艺术家要从俗事中解脱出来，本着洒脱的心境从更高、更宏大的视角来观察社会和宇宙"。

书中也谈及中国人对待艺术的态度："中国人不太在乎工作的功绩，尤其是一些艺术家，他们根本不在乎自己最终做出来的作品会怎么样，只要自己享受做的过程就可以了。中国艺术家在内心中都有属于自己的一方快乐天地，在这方天地内，自己是主宰……这样一来，中国的艺术品呈现出的自然是艺术家最高的制作水准。"这样的说法，套用在所有中国艺术家身上，有夸大之嫌；而对于最优秀的中国艺术家，则并非虚言。

在中国的游历，使后藤也有了对日本本土艺术教育的反思。他甚至直言不讳其中的弊端："在明治时代的后半段，日本为了提升国民的文化素养，将各专业分得特别细，结果导致画家只会画画，书法家只会写书法，诗人只会作诗，学者只会研究学问，能够诗、书、画三者皆备或者诗、书、画和学问四者皆备的人寥若晨星。"后藤朝太郎的解读看似较为浅显，实则一针见血。而历史却又是如此相似，就今日中国传统绘画的学习而言，专业过分细化造成画家的人文素养的缺失，进而影响到中国传统绘画的全面发展。今天中国文化在发展过程中所遇到的问题，与日本在文化现代化过程中所遇到的问题颇为相似，书中提到的一些问题，对当下依然有积极的启示作用。

更难能可贵的是，后藤朝太郎具备宏阔的历史性眼光，对于他生活时代艺术品的优劣，并不急着下结论，而是保持着客观中立的态度："我们作为今人，对今天的工艺品做出评判可能不太合适，但千百年之后，今天的工艺品已经变成了文物，到那时我们的后人自然会做出公正的评判。"这样谦逊恳切的态度，在今人眼里也不会显得过时。

除去高雅的书法、绘画与刚强的雕刻、建筑，书中也记述一些普通中国人的思想与风俗。后藤朝太郎由中国普通民众的心理与民俗出发，升华为对中华民族整体性的理解。他观察到中华文明一直延续到今天，而中华文明的延续性与中华民族的特点有关，只要中华民族存在，中国的文化就不会消亡，且中国文化根脉深厚，并生生不息。

在当时的日本，绝大多数日本学者对中国与中国人持否定态度的情况下，后藤朝太郎无异于是一个异类——他并不是不知道中国的衰败，就如他在序言中所说"中国是一个曾经辉煌过，但现在正在逐渐老去的大国"。只是在他看来，这样的否定态度意义不大，他更愿意平心静气地去研究中国。为此，他在晚年受到了来自日本军国主义当局的政治迫害，他的不少作品成为禁书，这对于一位坚守人文主义立场的学者是极度不公的。而后藤朝太郎写这本书的初衷，是增进当时的日本青年人对中国真实面貌的了解。今天，这本被翻译成中文的书籍，既是今人窥探20世纪初中国文化生活的一扇窗口，也是我们认识后藤朝太郎这位久被遗忘的日本汉学家的一道大门。

今年暑假访清华园，孙元元女士言有日本汉学家后藤朝太郎本书在译，嘱余作导读简述之。吾观全书立意尚佳，文字深入浅出，于今日有文化与艺术价值，遂书之以为引言。

2019 年 8 月 21 日夜
三山馆主姜帅写于返杭途中

增补版序

　　该增补版比之前的旧版增加了大约 260 页的内容，可以看作已经出版的《中国风俗逸话》的姊妹篇。中国的动乱已久。关于动乱的消息听得多了，人们也就渐渐地感到烦了，就连今年蒋介石和戴季陶再次来日，也很难再引起大家的兴趣，无非是幽幽地来一句"啊，又来了啊"而已。所以，我们要跳出中国的动乱，平心静气地去研究中国的意趣和风俗，这样才符合当前时代的要求。在本书的上一版本出版后，我又多次到中国华南、华北、四川和南洋等地游历，对中国人的风雅之心又有了一些新的发现。恰巧大阪屋号书店又建议我对之前的版本进行增补，所以我就将后来的所见所闻所感写了些小品文补充进去，一来可以扩大对中国意趣研究的广度，二来也可以增加其研究深度。

　　中国是一个曾经辉煌过，但现在正在逐渐老去的大国。中国的风物、山水、人物以及美术工艺、金石等都有着无尽的意趣。我增补的页数毕竟有限，无法穷尽所有的中国意趣。而且，在日本人心中还有一个误区，觉得如果不是汉学家或者诗人、文人，就很难理解中国人的风雅之心，这也导致很多年轻人压根儿就不对中国人的风雅之心感兴趣。从眼下的时局来看，中华民国已经陷入了停滞不前的境地。英、美、日、法这些大国与其徒然对中华民国悲观，还不如抛弃掉那些理论层面的东西，从柔性的传统意趣入手，挖掘这个大国所蕴藏的深切内涵，进而帮助中华民国的年轻人找到事关其民族前途命运的闪光点。本书既然说的是"中国人的风雅之心"，那就必然不会拘泥于那些艰涩深奥的理论。我在书中谈的是风俗嗜好、风土人情和历史地理等，而且也会涉及一些国民性的研究。

　　我认为，中国眼下之动乱并不能简单地视作一场单纯的战争，而是由扎根于民族性中的野心得不到满足所导致的。中国的问题非常复杂，如果不进行深刻研究，很难得出正确结论。我在撰写此书的过程中，以中国传统意趣为中心，力求简单易懂，希望它不仅能成为一本帮助日本人了解中国的小册子，同时也希望它能给那些专门研究中国的人员提供一些帮助。如果大家觉得本书对中国的意趣、风俗和人情的研究还有不完善的地方，那就不妨坐下来，叫一桌中国菜，大家边吃边谈，各抒己见，畅所欲言。身为作者，我对此也会倍感欣慰。

昭和二年（1927）十一月二十六日，我在早稻田大学中国协会大会上发表演讲，事后返回日本东京小日向台的中国室并写下此文。

后藤朝太郎（石农）

编辑注：

本书原名为《中国人的意趣》，共分四十章。

中文版重新整理了目录，以便于读者理解。后藤朝太郎，日本语言学家。1911 年毕业于东京帝国大学（今东京大学）中文专业。日本大学教授、东京帝国大学讲师。昭和初期被称为"中国通""中国研究者第一人"。擅长从一个外国人的视角，观察中国的文化与民众，并加以善意的解读。著作超过 100 册，主要方向为文字研究、中国风物。

目录

引子　中国人的风流心

当前，中国意趣在日本青年人中非常受欢迎。今后，随着这些青年人成为各个领域的有为之士，中国意趣在日本的关注度也必然会越来越高。不过，如果不把中国意趣融入日本青年人能够理解的学习话题或者日常生活中的话，那了解中国真相的大门就会永远紧闭。

中国意趣是从微观层面窥探中国当下社会和家庭的一把钥匙。之前，很多日本人误认为中国人老了后，要么会选择隐居，要么会选择修禅；还有人认为中国人的风雅之心是老年人的专利，这些认识其实都是非常错误的。也许正是基于上述错误的认识，才有人提出了将文言文从中学课本中删除的意见。对此，我不敢苟同。只要改变文言文的教学方法，将其与当前的历史、社会和人情结合在一起，增强其趣味性与时效性，我相信文言文肯定会受到年轻学生的欢迎。不去深入研究文言文在日语和北京官话中的重要作用，就简单地断定文言文与当前社会脱节，并将其视为老年人的专属，谬之大矣。开展中国传统意趣宣传教育是让日本青年人对古代中国和现代中国产生兴趣的最佳捷径。所以我坚信，本书增补版的出版，与当前的时代要求是完全相符的。

在中国，经常可以听到"风流才子"这一词语。谈到"风流"，可能有人会往色情方面想，觉得这是形容那些眠花卧柳之人的专用词。其实不然，我接下来要谈的"风流"指的是中国社会中所特有的风流心，说得具体一点，就是中国人所特有的风雅意趣。这种风流心是高雅的，是脱离俗世的，是一种悠然面对人生的生活态度。对中国人的风流心研究得越深，越会感受到它无尽的意蕴。

第一章　艺术之韵

中国的戏曲人偶

图中人偶出自作者在中国室的收藏。中国戏曲人偶的容貌、脸谱、长袖、高靴等各有特色，尤其是脸谱，堪称一绝。有人认为希腊和罗马的戏剧艺术其实就是从中国传过去的。

中国的书法与艺术

充满艺术气韵的书法

好的书法作品必须要气韵生动。气韵存在于个人、社会及时代之中，而且个人、社会和时代的高雅气韵在书法作品中会得到自然流露。书法艺术超越了曲艺等其他卖弄技艺的艺术，会通过书写者的笔端自然流露出其独有的气韵。

关于书法究竟属不属于艺术，前些年争论得比较多。我个人觉得，书法还是应该划入艺术范畴的。不过，对于习惯了纯美术作品的西方人来说，要理解东方书法的价值确实比较难。

苏东坡的《寒食帖》原为北京颜世清先生的旧藏，今天收藏在菊池惺堂手中，在关东大地震时菊池先生曾冒死将《寒食帖》救出[1]。日本帝室博物馆（今东京国立博物馆）藏有王羲之的《丧乱帖》。冈田正之先生藏有王羲之的《九月十七日帖》。这三件书法作品气韵跃然纸上，是毋庸置疑的天下国宝，用东洋艺术精粹中的精粹来

---

1. 清咸丰十年（1860）英法联军火烧圆明园，《寒食帖》险遭焚毁，旋即流落民间，为冯展云所得，冯死后为盛伯羲密藏，盛死后被完颜朴孙购得，曾于 1917 年在北京书画展览会上展出过，受到书画收藏界的密切关注。1918 年辗转到颜世清手中。当年 12 月 19 日为苏轼生日，颜世清作跋记录此事本末。1922 年，颜世清游览日本东京时，将《寒食帖》高价出售给日本收藏家菊池惺堂。1923 年 9 月，日本关东大地震，菊池家遭灾，所藏古代名人字画几乎被毁一空，当时，菊池惺堂冒着生命危险，从烈火中将《寒食帖》抢救出来，一时传为佳话。震灾之后，菊池惺堂将《寒食帖》寄藏于友人内藤湖南处。1924 年 4 月，内藤湖南应菊池惺堂之请，作跋以记《寒食帖》从中国辗转递藏至日本之大概情形。第二次世界大战期间东京屡遭美国空军轰炸，《寒食帖》幸而无恙。《寒食帖》流失海外一直使华夏子孙耿耿于怀。第二次世界大战刚一结束，国民政府外交部部长王世杰私嘱友人在日本访觅《寒食帖》，得知下落后，即以重金购回，并题跋于帖后，略述其流失日本以及从日本回归中国的大致过程，千年国宝赖王世杰先生之力回归祖国，至今仍珍藏在台北故宫博物院。（本书如无特别指出，均为译者注。）

形容一点也不为过。长期浸淫于书画艺术的著名画家中村不折曾提出"书画一致论"的名论，在中国古代也有类似的说法，《扬子法言·问神篇》中就有"书，心画也"的表述，可以看出自古至今东洋书法和绘画的精神都是一致的。

书法萌芽于东方，是东洋（日语里的"东洋"，指东亚和东南亚各国）人独有的一种艺术。如果不是东洋人，很难理解到书法作品所呈现出的气韵。如果西洋人要想欣赏东洋的书法作品，必须要在东洋进行专门的训练，要有相应的修养和经验才能欣赏得了。书法艺术的价值是从人的直觉产生的，无法用西洋人所习惯的将事物分解后再套用各种理论的方式去进行欣赏。书法艺术的高雅气韵往往体现在让人难以名状的地方。

书法艺术的价值要考虑其背后的时代精神

一直以来我都在强调，书法艺术与书写者本人、书写者所处的社会和时代有着不可分割的关系。自王羲之之后，由于人、社会和时代都发生了变化，所以后人即便花再大力气去临摹王羲之的作品，也不可能写得和王羲之一模一样。同样的道理，六朝和隋唐时代写经生在麻纸上抄写的经卷，今人即便是去仿写，也难以体现出那种独特的气韵。别的先不说，首先当时所用的狸毫毛笔在今天就不可能得到。另外，当时的时代气韵和人们信仰的力量在今天也是很难完全再现的。在失去了当年的信仰后，即便是能描摹出当时书法的外形，但那种时代的气韵是模仿不出来的。今天的周围环境和生活状态与当时已经完全不同，所以要想再次体现出写经生当时的心情也是完全不可能的。这也是为何敦煌保存下来的经书在今天我们再也写不出来的原因。

人们通常会觉得，只要能将他人的书法作品描摹得好，时间长了自然就可以写出同样优秀的作品，其实不然。这样去描摹仅能确保自己能够掌握很好的书法技巧，要想写出真正有艺术价值的书法作品，仅靠这样的方法是完全不行的。说得简单一点，气韵生动的书法作品是无法靠临摹来实现的。篆书和隶书的时代我们暂且不说，楷书、行书和草书其实都有非常鲜明的时代特征。就跟唐画、宋画和元画在色彩方面各有特色一样，不同时代的书法作品也有着鲜明的时代特色。智永的书法作品体现隋代的特色，欧阳询的书法作品体现的是唐代的特色，董其昌、王铎和傅山等人的作品体现的是明代的特色。每个时代的书法作品有每个时代的特色，这是毋庸置疑的事实，而书法作品的艺术价值也正蕴藏于此。李阳冰是唐代的篆书名家，安徽的邓完白是清嘉庆年间的篆书名家，今天的罗振玉和吴昌硕等同样也是篆书和籀（zhòu）文（早期大篆）的名家。但是，即便李阳冰、邓完白、罗振玉和吴昌硕等人篆书写得再好，也不可能再现周代或秦代篆书的那种灵气。所以，一旦错过了某个时代，后世的书法作品就不可能再有那个时代的气韵了。

然而，练习书法之人通常都会去临摹钟繇、王羲之、唐太宗、颜真卿及宋元之后的名家的书帖，这没什么问题——在日本也是如此，练习书法之人也都会去临摹佐理、行成、道风、春水、山阳和东湖等书法名家的书帖。因为羡慕古人书法的神韵所以才去临摹，不管怎么说这是很好的一种行为，但需要提醒的是，不管花多大力气去临摹，最终也仅能模仿其外形而已，书法的时代特色，就如同我在前文中叙述的那样，是模仿不来的。古代名家的书法作品背后都有其强大的社会力量作支撑。王羲之之所以能够成为"书圣"，正是因为其背后有着晋代这样一个各种艺术大爆发的时代。晋代的时代精神也正是通过王羲之的笔端而留在了书法作品中。同样的道理，唐太宗之所以能够成为书法名家，也正是因为其背后有一个文化大繁荣的盛唐存在，而通过唐太宗的书法作品，我们也能够感受到盛唐的气息。另外，通过康熙、雍正和乾隆三代天子的御笔，我们也能够感受到当时的时代气息。

所有的书法名作，其实都是书法家所处时代的艺术精神，借用书法家的手而表现出的产物。如果不明白这一点，那即便临摹再多的书法名家的作品也是枉费。所以说，某一时代的艺术精神其实是挺重要的。如果不是生活在晋代，不是在兰亭内玩曲水流觞时的那番心情，就根本不可能重现王羲之《兰亭集序》的神韵。我对各个时代的艺术精神所具有的巨大影响力无不充满了崇敬之情。所以也劝诫大家，要想欣赏书法艺术，一定要将其还原回它所产生的时代才行。

书法作品会受书写者的心情和周围环境的影响

有很多商业人士整天过着忙忙碌碌的生活，生活在物欲横流的环境中，内心被世间的俗务所羁绊，根本体会不到超凡脱俗的妙趣，仅是单纯地以转换心情、修养身心为目的去临摹王羲之的书帖，所以在他们眼中仅能看到王羲之书法作品的外形，其内里的神韵是完全感受不到的。对这样的商业人士来说，仅是临摹王羲之的作品就已经很难了，再要求他们写出神韵来，那就更加不可能了。

书法是东洋的一大深远幽玄的艺术，要想参透书法的奥义，就必须对中国非常了解才行。细而言之，中国大致有以下特点。

一是中国的国土面积非常大，有着无限的山水平原，自然环境优美。

二是中国人喜欢以自我为中心，做事慢悠悠的，显得从容不迫。

三是中国的文人多才多艺，不仅能写书法，绘画及诗歌也非常擅长。

四是中国文人喜欢结交同为文人的朋友，而且喜欢收集古人的书法名作、名画和题跋等。如果有人收集到了天下名品，则会有很多文人前去欣赏。

五是中国文人写书法并不是为了去谋得什么好处，纯粹是自娱自乐，为了自己高兴。

六是中国文人不在乎国家的盛衰，把全部精力都放在了舞文弄墨上。也就是说，即便是国家亡了，中国的文学与艺术也照常存在。

除了以上所述的六点外，中国还有其他的一些特点，在此就不赘述了。中国的国土辽阔，人口众多。单是从人口基数上也可以算出，中国的书法家肯定会比日本多得多。希望日本的书法研究者能够充分了解我上述的关于中国的六大特点。这些特点中的任何一条日本都不具备，而且也根本寻求不得。日本人要想书法写得像中国的名家一样，那可能性是微乎其微。说得绝对一点，只要日本人不归化于中国，就不可能写出中国名家那样的书法作品。中国古代名家的一些书法作品确实写得出神入化，让人一见就会垂涎三尺。苏东坡的《寒食帖》尤其是如此。凡是欣赏过《寒食帖》的书法家，无不感慨自己能力的不足。书法名作有着一种不可思议的力量，可以直击我们的内心，把我们带入一种忘我的境界。在书法名作面前，没有帝王，也没有国土，没有国境，也没有富贵，有的仅是一种摄人心魄的艺术魅力。所以说，即便是国家亡了，书法艺术依然会存在。在书法艺术的世界中，四海之内的所有书写者都是兄弟，都是朋友，不会存在任何的排外思想。以上是我从书法艺术中得到的一点感悟。

日本书法的未来还是未知数

中国的书法，如果不是中国人的话，根本就写不来。如果硬要去模仿，那只能落个贻笑大方的下场。即便是把笔墨纸砚，甚至是书桌全都换成中国进口的，如果不是中国人的话，在日本也写不出中国的书法。日本的书法与中国的书法有很大不同，首先在单钩执笔还是双钩执笔方面，两国就不尽相同。其次，两国书法家在书写时手腕的倾斜角度也完全不同。再次，书法家坐在书桌前的态度与姿势、心情、大脑中思考的东西以及对诗文的爱好也完全不同。所以说，要想让日本文人彻底中国化，那是根本不可能的。在日本举办的一些书法展览，有时中国的文人也会前去参观。为了礼貌起见，他们通常都会说一些好话。但是从他们的表情可以看出，我们日本的书法家其实写得并没有那么好。书法起源于中国，而且文房四宝笔墨纸砚的故乡都是中国，所以中国书法名家众多也是理所当然的。在中国，一些店外的招牌上写的文字都非常优美，而在日本店外的招牌则大多交给一些并不怎么会写字的油漆店书写。

其实，日本书法完全没必要去跟中国书法比较，只要写出自己的风格就好了。中国铸造刀剑的历史久远，传说在春秋战国时期就出现了干将、莫邪等铸剑大师。日本刀与中国的青龙刀完全不同，但这并不妨碍日本刀在中国大放异彩。在日本书法史上也出现了公任、行成、道风、贯之等名家，尤其是在立着的半切纸边站着用假名书写时，那真是有行云流水之感。一些中国的留学生看到传统舞台剧中演员站着在竖立的壁板上写字的场景，都会惊讶不已。在中国站着写字是不符合古礼的，但日本书法却不存在这些限制。所以说，日本书法要想立足，就一定要有自己的特色才行。可能看惯了中国书法风格的人会不喜欢日本的书法风格，认为日本的书法走上了邪路。无论是旧时的春水、鸣鹤的书法，还是今天后藤子的书法，都具有很显著的日本风格，其实这才是真正的日本书法。就像不同的土地会产出不同的特产一样，不同地区的书法也理应有各自的特点。评价一幅书法作品的好坏，主要还得看它所具有的神韵和艺术价值，但是从今天日本书法界的情况来看，书法还没有真正上升到"书法"的程度。

很多书法作品都是在超越了现代艺术，并且摆脱了世俗的束缚之后才呈现出艺术的妙趣。这需要书写者有充裕的时间去进行创作才行。但是日本的国土面积狭小，造就了日本人凡事求快、着急忙慌的性格。对日本人来说，比起几十公里的马拉松比赛，短时间内就可以结束的百米比赛更受欢迎，所以日本人不可能像中国人那样悠然自得地去进行书法创作。鉴于日本人的这一性格，与其模仿中国的书法，还不如创造日本特有的书法更有意义。综观当前整个日本书法界，包括山本梅庄、岩谷青山和犬养毅等书法大家在内，要想在近期创立日本独有的书法艺术还为时尚早。总之，日本书法在将来会变成什么样子，现在还是未知数。

福建萨镇冰先生送我的书法作品

萨镇冰（1859—1952）先生是中国福建省的省长（任期为1922 至 1927 年），德高望重。他曾送我一幅正楷书法作品，现在就挂在我东都茅屋的中国室内。每当我看到那温润如玉的笔致都会心情大好，尤其是当我每次从中国回来的时候，看到萨镇冰先生的书法作品，旅途的疲劳都会大为削减。萨镇冰先生给我写了如下一首诗：

君子法天运，四时可前知。

小人惟所遇，寒暑不可期。

利害有常势，取舍无定姿。

焉能使我心，皎皎远忧疑。

后藤先生雅正　萨镇冰

萨镇冰先生的笔意与隋朝智永和尚所写的千字文的笔意有些相似。他写字喜欢用一支羊毫毛笔，用笔鲜明和缓，笔端露锋，一笔一画都一丝不苟，充满了温润之感——这样的书法作品是对其自身品格的良好表现。萨镇冰先生今年六十七岁，与我去年已经去世的母亲同龄。

民国十四年（1925）四月，我沿闽江逆流而上到福州游玩，在当地的野上校长和陈先生的引荐下，有幸到省长公署拜会了萨镇冰先生。福建的省长公署是一座旧式的衙门式建筑，顶棚很高，高大巍峨，古色苍然，充满了庄重之感。今天在北京可能看不到，但在地方上很多督办或省长的官署都是这种旧式的衙门式宏伟建筑。孟子云："居移气，养移体，大哉居乎！"依照孟子的理解，如果住在大的建筑物中，内心会变得非常平静，自然也就可以写出富有气韵的书法。中国人的性格是大陆性的，总体上比较柔和，喜欢舞文弄墨。即便是武将，也会把一半精力花费在自己的文化素养上。不只是福建的萨镇冰，浙江杭州的卢永祥、山西太原的阎锡山（才四十三岁的年纪）、南京的孙传芳、四川省长邓锡侯和督办刘存厚等虽然都带兵，但是文化素养都很高，跟他们聊天的时候，你会感受到他们的谈吐真的很有水平，而且他们的书法也都达到了很高的水平。中国的文人，书法基本都不错，所以很少有人会找他人代笔，像日本的"大山元帅代笔事件"这种大煞风景的事情在中国是绝不会发生的。

　　所以说，萨先生送给我的书法作品肯定是真迹。萨镇冰的笔致显得比较柔，几乎让人感觉不到这幅字是出自一位海军将军之手。我们一行到萨先生的府上后，萨先生把我们让到客厅内，和我们一起饮用热茶。福建盛产茶叶，即便不是武夷山的名茶，其香气也会飘满整个屋子。萨先生还在茶几上摆了红白两色的云片糕，每块糕点都由好几十片薄薄的切片组成。萨先生用和缓的语调对我们说：

　　"这是福州特产云片糕，大家都尝尝。"

　　接着又问我们：

　　"大家这次从闽江逆流而上到福州来，一路上有何感想呢？"

　　萨先生可以熟练地说福州话、北京话和英语。他之前在英国生活过，所以英语说得比较棒。北京话和福州话虽然都为中国的语言，但是福州话太特殊了，同英语比起来，反而是北京话和英语显得更近一些。我们和萨先生天南海北地聊了很多。萨先生毕竟年纪已大，眼角和嘴边已经有了皱纹，不过这些皱纹也增加了萨先生的温润敦厚之感。

其实早在十年前，我在北京紫禁城东华门外的红墙下就曾见过萨镇冰先生。当时我正和一位日本朋友在故宫城墙下散步，萨先生骑着高头大马，威风凛凛地从我们身旁经过。我那朋友不认识他，所以就好奇地问我：

"这人是谁啊？你认识吗？"

我告诉他：

"那是萨镇冰将军啊！难道你不认识？"

我那朋友听完后惊讶不已，赶紧回头又多看了几眼。

在聊天中，我将当年的这一经历向萨先生说了。萨先生听了非常高兴，把桌子上的点心向我面前推，意思是让我多吃一点。我借机向萨先生提出了想交换书法作品的请求。萨先生也欣然应允。后来没过多久我重游福州，委托陈先生将自己的一幅篆书作品递到了萨先生府上。萨先生也信守承诺，将我在本节开头提到的那幅书法作品送给了我。以文会友是中国名流的雅趣。这次交换书法作品给我留下了永难忘却的记忆，每当看到萨先生送我的书法作品，我都能够回忆起当时跟他会面的点点滴滴。

诗书画全能：中国的文人墨客

于中国游历期间，在和南北各地的文人墨客打交道时，我每次都会被他们精湛的技艺所折服。中国的一些画家，如果单从其外表看，那可真的是不修边幅，甚至都有些让人腻味；但如果看其作品，却往往会让你惊讶不已。有位画家，身穿一件脏兮兮的毛皮外衣，从那乱蓬蓬的长筒袖中仅露出五个手指头，用一种非常奇特的执笔方式，在画纸上灵巧地用侧笔[2]将墨与水运用到极致——有的地方是浓墨，有的地方是淡墨，有的地方直接用枯笔[3]迅速滑过，留下富有意趣的留白。不大一会儿，一幅妙趣横生、气韵生动的绘画就完成了。然后再题上诗，整幅画的意境又提升了。对一幅画来说，上面的题诗非常重要，如果诗题得好，画也就会变得更为生动，所以要求作者必须认真思考出最适合的诗句才行。另外，题诗的书法也很重要，好的书法可以给画增添光彩。当然了，对画家来说，笔墨纸砚和笔洗等文房用具也是不可或缺的。此外，在书斋或画室内有一张能够让画家舒舒服服站着自由挥毫泼墨的桌子也很重要。在中国，要想成为一名画家，不仅要会画画，还得会写诗，会书法，而且还要拥有高深的学识。

在明治时代的后半段，日本为了提升国民的文化素养，将各专业分得特别细，结果导致画家只会画画，书法家只会写书法，诗人只会作诗，学者只会研究学问，能够诗、书、画三者皆备或者诗、书、画和学问四者皆备的人寥若晨星。现在有很多画家虽然画画得不错，但最后的落款却很难看。好好的一幅画，结果毁在了最后的落款上，真的是非常可惜。所以，我要劝那些将来有志于文人画的青年画家一定要加强自己在诗书画和学识方面的修养，这对将来的发展肯定会大有裨益。当然了，我并不是强迫大家必须去遵守"绘画必须要有题诗和落款"这样的旧习，只是觉得，一幅绘画如果没

2. 侧笔又称侧锋用笔，笔锋在线条一侧，笔杆与宣纸有一定角度，笔锋一侧平整，另外一侧相对毛糙。

3. 枯笔是指毛笔中水分较少，有干涩之感，线条苍劲。

有与其相配的诗词和书法的话，那总觉得少些什么。对于新派画家的那些随随便便的画作，我们暂且不去管它，单就南宗画（即文人画，也叫南画）来看，诗书画都得拿得出手是对一个画家最低限度的要求。

中国戏曲中蕴藏的中国意趣

中国戏曲热闹、丰富且像谜一样的舞台表现形式，近来逐渐引起日本人的兴趣。对戏曲感兴趣的人自不待言，就连其他原先不太关注戏曲的绅士淑女们，也开始逐渐对中国戏曲感兴趣起来。梅兰芳曾率领着他的剧团到东京和大阪进行演出，每次来必然会在日本朝野掀起一股欣赏中国戏曲的热潮，对中国戏曲有好感的日本人也随之增多。在当前这个不按常理出牌、到处飘荡着欢乐气氛的时代，中国戏曲能够得以在日本演出，对万里同风的东亚戏曲界来说，是一件值得庆幸的事情。近来随着时势的推移，整个社会呈现出对西洋的狂热，而东洋的精髓则渐趋被人遗忘。好在有部分日本人开始从对西洋的狂热中觉醒出来，将目光投向东洋的精髓，并且努力在西洋和东洋之间寻求一种平衡。在这一过程中也出现了一种明显的倾向，就是部分日本人已经不再执着地在本来就生硬不协调的东西洋文化中去求平衡，而是逐渐从西洋模仿本位转向了东洋本位。中国戏曲、中餐、中式家具、中国工艺美术、中国建筑、中国旅行……通过对中国各方面的意趣进行研究，可以加深日本国民对中国的亲近感。如果日本的有识之士对中国的意趣不了解的话，日本对中国也就难以取得血脉通畅且有温度的研究。所以说，我们要想将当前血脉不畅、冷冰冰的中国研究变得通畅且温暖起来的话，就必须加深对中国意趣的理解才行。中国艺术如果能够在日本艺术中间以一种崭新的姿态活跃起来，那真的是最令人高兴的事情。要想达到这一目的，就必须让中国理解日本的事情，同时也得让日本以正常的心态理解中国的事情。幸运的是，最近几年间，日本人对中国的兴趣已经有了很大的进步。在历史上虽然有很多中国的艺术传入日本，但在日本人看来，中国一直都是一个谜一样的国度，因而导致很多非常有意思的中国戏曲并没有被介绍到日本。中国的地理和历史在学校中都能够教授，但是对于了解中国真相非常重要的戏曲却只能在中国上演，迟迟没有被介绍到日本。接下来，我就介绍一部在中国南北各地广泛流行，而且好评如潮的传统剧目——《狸猫换太子》。

宋真宗在位时，在人数众多的嫔妃中，他格外喜欢李贵妃和刘贵妃。其实，宋真宗隐约间已经察觉刘贵妃比较妖艳奸诈，但由于自己太爱她了，所以一直假装沉默。有一次，刘贵妃指使太监郭槐做了一些伤天害理的事情。之前宋真宗曾将两位贵妃召到自己面前说，你们谁能够先生出太子，我就立谁为正宫皇后。不知是幸还是不幸，上天比较眷顾李贵妃，让她先怀上了孩子。这引起刘贵妃的强烈嫉妒，于是她指使郭槐买通接生婆，在李贵妃分娩的时候，让接生婆用一具剥了皮的狸猫的尸体换下了太子。最终东窗事发，刘贵妃和郭槐都受到了应有的惩罚。在整出戏中，有一处情节的舞台表现非常有意思：忠臣把被丢弃的太子救了，为了把太子顺利带出宫，就把他藏在了一个妆盒中。但是在出宫的过程中被郭槐发现了。郭槐把忠臣带到刘贵妃面前进行检查。在刘贵妃的逼问下，忠臣没办法只好撒谎说妆盒内装的是仙桃。刘贵妃命人打开妆盒，令人奇怪的是里面的太子消失了，真的有仙桃摆在了里面。

最近一次梅兰芳在东京帝国剧团演出的剧目如下：

《麻姑献寿》《齐双会》《审头刺汤》《贵妃醉酒》《虹霓关》

《红线传》《廉锦枫》《御碑亭》《黛玉葬花》

另外，小杨月楼在歌舞伎座的三天演出剧目如下：

《三国志·冀州城》《四郎探母会夫人》《西游记·金刀阵》《花木兰从军》《南天门》《西游记·蟠桃会》《狸猫换太子》《三国志·黄鹤楼》《三国志·空城计》《西游记·大闹天宫》《白蛇传·金山寺》

在以上剧目中，《白蛇传·金山寺》最为有名。小杨月楼曾到寒舍拜访，但由于我当时事务繁忙，没能亲自到剧场看他的演出。梅兰芳来日本演出那段时间，恰好我比较闲，所以连着到剧场看了几天的演出。中国戏曲来日本演出非常少，所以听客和观客对中国戏曲的舞台和后台充满了兴趣。我自己也不例外——我曾亲自到后台看中国演员勾画脸谱和化妆，他们一丝不苟认真化妆的态度以及衣裳、乐器和道具等都深深吸引了我，使得我都不舍得离开了。

雕刻与建筑

云冈石窟的雕刻

说起北魏的佛造像，没有任何一处地方能够超越山西省大同府的云冈石窟。从露天大佛到薄肉雕的佛像，云冈石窟都有，而且不同于龙门石窟那样很多石佛的头部被毁，云冈石窟的佛头基本上保存得比较完好。对研究者或是旅行者来说，看到云冈石窟的佛像保存得如此完好，真是一件无比愉快的事情。

大同云冈的地质由坚硬的砂岩和粘板岩构成，非常适合雕刻。

裸露在洞窟外面的佛像风化得比较严重，大部分佛像的鼻子和耳朵等都被风化掉了。洞窟内的佛像则大都保存得比较完好。云冈石窟的佛像躯体丰美，容姿纤婉。壁画中的灵鸟、弓和云等也描绘得非常精巧。我个人感觉，在佛造像的艺术水平上，大同云冈石窟要比洛阳的龙门石窟和太原的天龙山石窟更胜一筹。云冈石窟中的佛造像和朝鲜庆州西岳的武烈王陵的龟趺等，都算得上是东洋石刻艺术中的精品。

我在华北地区旅行时，曾参观过明十三陵的石人石马和居庸关的四大天王像等各种各样的雕塑。这些雕塑涵盖了元、明、清各个时代，每件雕塑身上的时代特色都非常明显。不过看了北魏时代的杰作云冈石窟后，你就会觉得后世的所有雕塑都是无法与其相比的。

云冈石窟中既有高达七十二尺的露天大佛，又有很小的天女雕塑，任何一件都是雕塑中的精品。虽然对每一件雕塑都进行拍照是一件很困难的事，但云冈石窟作为世界闻名的文化遗产，还是值得专家为其每一件雕塑进行拍照的。如果对这样一处具有世界性价值的文化遗产视而不见的话，那即便是在外行人看来也必然会觉得是一大憾事。

大约在二十年前，东京工科大学（今东京大学工学部）的伊东忠太先生发现了云冈石窟[4]，之后虽有很多日本专家陆续前去参观，但总体来说人数还是极其少的。其实并不一定非得是艺术旅行时才去云冈石窟，只要是去了中国大陆，想去体验中国的大陆气氛，那去云冈石窟一定是一个不错的选择。

对于在山东和直隶生活惯了的日本人来说，要是听到山西，肯定会觉得那是一个很远的地方。其实山西离北京并不是很远，自

---

4. 作者在原文中用的是"发现"一词，其实云冈石窟一直存在，伊东忠太只能算是最早关注云冈石窟的日本人而已。

北京城内出西直门，在西直门火车站买一张前往大同府的火车票，经京绥线大约花费一天的工夫就能到达大同府，而且整个旅行也不需要什么向导，一个人完全没问题。火车途中会经过沙河、南口、居庸关、青龙桥、怀来、张家口等地。前些年，日本政府在张家口开设了领事馆。自张家口再往西行进一段时间即可进入山西省，在火车上可望见大同府的城墙，不过火车通常都是在夜里到达，所以基本上都要等第二天早上天亮后才能看到城墙。

大同府位于万里长城的北边，也就是所谓的朔北之地。大同古为拓跋氏建立的魏国的都城，在东洋历史上也算得上是比较有名的一座城市。虽然大同给人的印象是地处塞外之地，没什么风景，但是大同的火车站、火车站的行李检查、东华旅馆、城门旧址、城墙、城内光景等都还是相当不错的。尤其是大同的美女很多，脚裹得都非常小[5]。大同夏季盛产西瓜，而且大同的煤炭和煤商也是非常多。

我同木村庄八、木下杢（jié）太郎一起从东华旅馆出发前往云冈石窟。我们在驿站租了马，结果还没出城三人就走散了。后来凭租马时驿站给的帽子，我找到了木村，但是木下却因为买东西或是去干别的什么事被落在了后面，后来找了大半天也没找到。我们在城内打听去云冈的道路，但当地的百姓知道我们是日本人后都好奇地围了过来，导致牵马的马夫无法继续前行。看到这种场面，木村都有点要哭了。我当时就忖度，今天肯定是赶不到云冈石窟了，过会儿在城内或是城外找一处驿站先安顿下来，待明天再继续赶路。

当我们在大同府向人们询问前往云冈石窟的道路时，出乎我们的意料，很多人竟然不知道，这也足以看出当地人对云冈石窟是多么不熟悉了。也就是说，我们经常挂在嘴边的云冈石窟其实和当

---

5. 民国时期，仍有一些汉族妇女裹脚，而且裹得越小越好，现在看来虽为一大陋习，但在当时
　却是评价美女的重要标准。

地人并没有什么交集。问路也问不清楚，看来是无法继续前行了，我们决定出城后先找个驿站住下，然后再做打算。听闻这一决定，木村的脸色立马变得愉悦起来。

我们骑马向城北走去，在城墙底下花两个铜子儿买了个八寸大的西瓜。在秋天的千里原野上，我们一边啃着西瓜，一边听着马前铃铛的响声，心情也变得舒畅起来。云冈石窟离大同有三十里地，还是比较远的。远处的地平线上有稀稀拉拉的一些远山。树木葱郁的地方有一座观音庙。当我们走上前去，竟发现在庙前有我们认识的一名马夫，原来木下杢太郎早已行至此处。我们三人会合后，决定不住宿了，于是沿着御河 [6] 继续向北前进，一直进到山中。当时拍过一张照片，照片中马夫牵着马，木村庄八骑在马上，右边的岩壁上写着一个大大的"佛"字。我们沿着御河边的山路一直前行，大约走了十里地，远处的山崖上出现了蓝色琉璃瓦的屋顶，数百个大大小小的洞窟像蜂窝一样密布在山崖上。云冈石窟所在的地方与其说是一座矮山，不如说是一块台地更合适一些。而这一切也正是我们站在御河边上远眺云冈石窟时所看到的风景。

云冈石佛寺是一栋三层的建筑物，紧贴着岩壁而建，屋顶仅有朝前的半边，正门入口处上方悬挂着"石佛古寺"的匾额。石佛寺的洞窟内雕刻着一些石佛，像石佛寺这样的建筑物在中国也是很少见的。石佛寺的主佛位于第三层的楼上，那是一尊金光闪闪的大佛，任谁来到石佛寺都会前去拜一下。石佛寺两侧的岩壁上排列着大大小小的洞窟，大约能有十町 [7] 长。有些洞窟能进去，有些则进不去。岩壁上还有其他的古寺。我们沿着岩壁一直往左边走，可以

---

6. 御河是大同市附近最大的一条河流，干流长 135 公里，流域面积 5 001.7 平方公里。该河汇入桑干河，桑干河流入永定河，而永定河是海河支流，因而御河属于海河水系。

7. "町"为日本的长度单位，1 町约为 109.09 米，所以文中的 10 町大约为 1 090 米。

看到很多当地居民的住宅。这些住宅大都围着土墙。当时我们想进入一座洞窟参观，突然一只大黑狗冲了出来，朝着我们狂吠不已，使得我们难以进到洞内。那只狗虽然不是疯狗，却也是会咬人的，所以不小心一点的话，还是很危险的。我们喊出了狗的主人，让他把狗叫回去，我们这才得以进入洞窟内参观。后来我们还绕到了云冈石窟的背面，之前听别人说在云冈石窟的背面还有几尊石佛，但我们去了山后却没有任何发现。我们还问了当地人，他们也不知道山后还有石佛之事。

云冈的整个山体全都由岩石组成，没有一棵树木，就连草也是极为稀少。石窟旁边有一条小河流过，整体自然风光非常差劲。不过在这样的环境中，你可以充分体会到朔北的气氛。云冈石窟最美的时刻就是斜阳照射在成百上千的洞窟上时，一个一个洞窟就像一幅幅镶框画一样，欢迎着来自远方的客人。

从北京往返云冈，如果比较赶的话，有三四个时日足够了。不过如果要拓片、摄影或素描的话，那三四个时日可不够。我所说的"三四个时日"也就仅够到了那里看一下洞窟、欣赏一下周围的景致而已。如果想顺路到十三陵、八达岭和张家口看看的话，没有个六七天肯定不行。如果还有同行者，想充分欣赏一下中国北方的风光的话，至少也要十多天才行。对于那些研究东洋美术的人来说，如果不能多次前往大同，哪怕只去一次，只要进行仔细的研究也是可以的。目前关于大同的图片资料，有杂志社曾出过的一份《大同特别号》，还有法国人沙畹[8]在大同拍摄的很多照片，另外还有北

---

8. 埃玛纽埃尔·爱德华·沙畹，简称沙畹，是学术界公认的 19 世纪末 20 世纪初世界上最有成就的中国学大师，公认的"欧洲汉学泰斗"。同时他也是世界上最早整理研究敦煌与新疆文物的学者之一，被视为法国敦煌学研究的先驱者。继他之后成为法国中国学与敦煌学大师的伯希和与马斯伯乐都出自他的门下，沙畹被弟子伯希和推许为"第一位全才的汉学家"。

京的山本写真屋印制和售卖的一些关于大同的明信片。我希望那些从事大同云冈石窟研究的人，能够在尽可能多地持有参考资料的基础上再去进行相关的研究。

中国艺术的粗雕手法

中国艺术起源于中国本土，具有悠久的历史，和其他国家的艺术迥然不同，而且大多数中国艺术都颇有雅趣。中国艺术中虽然也有一些让人感觉比较柔弱的东西，但是大多数都是比较强健且庄重的。如果拿日本近来的工艺美术相比的话，这种感觉会更加强烈。

近来日本工艺美术的发展倾向，在我这样一个外行人看来，也有很多不太满意的地方。日本作为一个新兴国家，其艺术品给人的感觉实在是太柔弱了。一言以蔽之，日本的工艺品中，结实的充满力量感的艺术品实在是太少了，而大部分艺术品都是比较纤细的，给人一种很容易损坏的感觉。一般民众对此也没有什么特别的倾向，只要觉得有趣就大多能够接受。尤其是最近，日本工艺品的此种柔弱感表现得更加突出。有些人可能本来喜欢结实的艺术品，但受当前购买力下降、经济不景气的影响，最终只能退而求其次，买一些薄的不太结实的艺术品。但是，这种弱不禁风的艺术品受到大众的欢迎，我对此是深感忧虑。

一些纤细柔弱的艺术品具有优美的外形，而且表面也被装饰得亮闪闪的，显得既精巧又美丽。这样的艺术品，任何一条直线、任何一个转角都被做得极为精致，甚至可以用过于精致来形容。一些细部的处理手法、雕刻和打磨等也都是下了十二分的力度。不过在材料的使用方面却显得有些抠抠搜搜，完全没有稳重大气的感觉。也就是说，在制作手法上过于追求精致，在材料的使用上又放不开手脚，这样一来即便是想做出结实大气一点的艺术品也是毫无办法的，最后只好将注意力放在了柔弱艺术品的表面，把表面装饰得非常美丽。大和作为一个新兴民族，其实是很需要一些结实的有底气的艺术品以及与其匹配的工艺手法的，但从当前日本工艺美术的发展倾向来看，日本工艺界在这一方面还存在很多不足。

如果以中国工艺美术的特征为标准来评判日本工艺美术，那确实有些不太恰当，但是对日本这样一个新兴国家来说，中国艺术还是有很多长处值得吸取的。首先是中国的艺术家对材料的使用非常大气，而且做出的艺术品也都显得稳重结实；其次是中国的艺术手法，如雕刻等并不只是注重外表的美观，虽然从局部看会显得有些粗糙，但是在整体上呈现出的意境还是非常美的。

以上所述是日本艺术的一个非常大的缺点，如果稍微对其加以改正，日本艺术还是能够变得非常优秀的。近来日本艺术流入纤弱，呈现出亡国的气息，这是我深感忧虑的地方。在帝国美术院（今日本艺术院）举办的画展上，现在流行的都是一些像友禅染[9]的图样那样的绘画，而看起来非常立体的生动活泼的画作变得越来越少，充满刚健气息的绘画也没了踪影。现在的画作虽然也能够使观者感觉到它是想表现得高雅一些，但给人的却是一种弱不禁风的感觉，而且用的色彩也是花里胡哨，完全体现不出高雅之感。总之，那种有底气的，可以给人安心感的作品真的是很少了。另外，工艺美术的创作方法现在也是变得比较薄弱，依照现在的水平也就只能创作一些柔软的作品而已。鉴于以上原因，所以我才会觉得日本艺术流露出的是亡国的气息。

9.友禅染也称为"友禅"，是以"糊置防染法"为主而形成花纹图案的染色技法之一。友禅是在布料上进行染色的传统技法，原本是使用淀粉或米制成的防染剂，进行手工描绘，染色成形后呈现出缤纷色彩的染色技术，而今使用型染或者数码印刷的类似技法样式，亦都被统称作"友禅"。

综观中国各个时代的艺术作品，尤其是近代的作品，那种柔弱的艺术品是非常少的。即便是乾隆时期的艺术作品，大多数也都是非常刚健的。中国的雕刻显得比较粗笨，但其所用的艺术手法却是比较强势的。中国的艺术作品整体给人一种比较稳重大气的感觉，而且在材料的使用上也是从不吝啬。中国的大型艺术作品大都采用"远景本位"的手法，走近了看可能会觉得做得比较粗糙，但是离远了看就会觉得非常美观。当然了，一些小的供人把玩的艺术作品肯定不会采用"远景本位"的手法，如果你贴上去看会发现细部其实处理得非常精致。但是像建筑物这种需要站在一定距离之外去欣赏的作品，在细部的处理上就完全没必要做得那么精致了。例如宫殿前的汉白玉栏杆，隔远了看你会觉得做得挺精致的，其实靠近了看上面的一道道錾（zàn）痕就像是未完成品一样。不过，这又有什么关系呢，只要隔远了好看就行。在这一方面，日本则和中国不同，即便是一些无须近看的物品，在细部的处理上也是极为精致。例如一件和服，离开十米左右上面的纹样和团案就不是那么清楚了，但人们在制作的时候，还是会按照走近前看的标准去细致地描绘出每一个细节。在这一点上，我还是希望日本能够吸收一些中国的"远景本位"手法，对于不需要走近了欣赏的艺术品，即使做得粗笨一点也没什么。另外，今日的日本艺术界还需要在作品中增加一些刚强有力的元素，要增强艺术作品的刚健感觉。

中国建筑的设计

近来，中国的各种雅趣在日本宣传得非常多。日本的知识阶层中对中国的家具、料理和旅行感兴趣的人越来越多。看到此番景象，我还是颇为欢心的。中国的黑扇在日本社会中已经逐渐得以使用。从中国学到锔盆、锔碗技艺的手艺人等也开始遍布日本的各个角落。最近中国的雨伞在日本用得也非常多。此外，铜火盆和木屐等也被大量出口到日本。受众多事件的影响，现在日本对中国的出口呈现减退的趋势，但是从中国出口到日本的产品则变得越来越多。归纳来看，原因有三：一是中国的设计有趣且雅致；二是中国的产品结实耐用；三是中国的产品种类多且价格便宜。日本的木屐用的材料少，不结实，而且价格高。同样的时间内，如果穿中国的木屐可能一双就够了，而穿日本的木屐则要换好几双，这样换算下来价格就更高了。

在我这样一个外行人看来，日本设计界在最近还是取得了很大进步的，从农商务省举办的展览会上我们也可以看到这种进步。现在日本产品的设计和图案还是非常棒的，但是一落实到实际的物品上就显得比较弱了。也许是因为我长期受中国产品的影响，所以才会有此感觉。不过我还是真心希望日本的产品制造者和使用者能够好好思考一下这一问题。

前文中我已经多次叙述过，中国的工艺美术一般来说都是稳重大气的。这种稳重大气不仅体现在材料和结构上，在设计方面也在努力追求优美典雅。设计是我们体味中国工艺美术的一个非常重要的方面，不单是工艺品，中国的宫殿、住宅，还有亭榭、茶馆等建筑的设计也是充满了雅趣。关于中国建筑的特色、优秀的设计和结构等，伊东、塚本、关野、佐藤等博士都已经做了深入的研究，而且研究结果也都已经发表。另外，从和平博览会上展出的聚芳馆（满蒙馆）我们也能够窥见中国艺术之一斑。聚芳馆是模仿中国沈阳北陵的一部分进行扩建而成，虽然在一些细部上处理得不是很好，但我觉得整体上要比原有建筑物更为成功。我希望能有更多的中国建筑被移建到日本的土地上，这样不仅有助于日本的有识之士体验中国的真实生活状态，同时也可以帮助他们加深对中国的了解。

赤坂葵桥的大仓集古馆庭园内移建了很多朝鲜的宫殿，但是中国的建筑还一座都没有。也许其他的地方可能会有从中国移建的建筑物，只是我还没见到而已，其实我倒是真的希望它能有。但是从我所了解的情况来看，现在日本国内还没有一个人这样做过。我听闻名古屋的诗人永阪石埭曾建有中国式的住宅。另外，横滨三溪园的原富太郎的中国建筑、箱根的汤元、小室翠云画师的中国馆别墅、东京筑地三丁目高等中国料理店醉仙亭、横滨南京町（山下町）的中国小学校以及旁边的中华会馆等都是中式建筑。中华会馆是一座宫庙建筑，由民国时期的广东人所建，主要用于公共祭祀和集会等。每当举行活动的时候，中国人会在里面燃放爆竹、焚烧金纸银纸、烧香跪拜等，和我在中国看到的一模一样。遗憾的是，以上我所列举的建筑物都在去年秋天的大地震中被烧毁了。现在去长崎，在山脚下还能看到药师寺的四五栋建筑。长崎的药师寺和庐山南麓的药师寺基本相同，仅是规模小了一些，又稍稍加了一些日本味道而已。

我说这些，其实并不是为了对日本现存的中式建筑进行一番评价。今后随着对中国感兴趣的人越来越多，必然会有一些拥有中国传统气派的亭榭或宅邸等被移建到日本，到那时即便是在日本也可以充分体味到中国的氛围。现在在中国的南部和北部都还保存着一些不错的建筑物。虽说收集古董还是书画是根据每个人的兴趣，但我还是希望大家能把自己的收集爱好向中国的建筑延伸一下。移建中国的建筑不仅可以作为一种兴趣，同时还可以增强两国人民的亲近感，可以说是一种具有无上乐趣的行为。如果说往日本移建中国的整座建筑比较困难的话，那我们至少可以在自己家中的部分位置采用中式设计，例如，在门楣上我们可以采用中国的雕刻物；墙壁我们可以粉刷成中国的样式；房间内的扶手我们可以直接从中国采购；建筑物采用中式设计，但采用的木材可以从日本直接获取；又或是窗子和门等使用的格子和框子等全都采用中国样式，窗子可以做成桃形、蝙蝠形、磬形或是青铜器形等——总之，北京颐和园内的宫殿或是扬州何家花园（何园）内建筑物的窗户样式都可以采用。在日本传统的建筑物中加入一些中国元素也是蛮不错的。另外，在庭园的步道上，用石子儿铺出各种各样的花纹也能很好地体现出中国的气氛。在我自己的住宅中，我多少增添了一些中国建筑的设计意趣。此种意趣在醉仙亭中表现得比较突出。如果有人对中国建筑感兴趣的话，我手头倒是有两三千张照片可以提供，再加上我经常到中国游历，也可以帮其到实地进行研究。

用现代眼光去感受中国美术

中国的现代美术[10]可以说是清初康雍乾盛世时的美术残余。如果对中国当前还算比较不错的瓷器或雕刻进行认真研究的话，就会发现很多制作细节都会和康雍乾盛世扯上关系，甚至直接就是对那个时代的文物的仿造。

自道光年间开始一直到中华民国，中国社会一直处于动乱之中。社会乱了，在个人层面，百姓自然疲于生计，根本没心情去关心文物，更没有闲情逸致去创作那些将生活情趣优美化的美术品；在国家层面，国家也无暇对艺术界进行指导；在民间层面，大家各自为战，自然也就难以创作出足以流传后世的杰作。所以说，中国的现代美术没有什么能够拿得出手的东西。

---

10. 编辑注：本书成书于 20 世纪 20 年代。

现在一提到中国美术，大家首先想到的是自六朝至唐宋这段时期的美术。这段时期留存下来的美术品数量比较多，有北魏的佛造像、六朝时代的精美石雕和其他的一些壮丽的建筑等，很多都是足以享誉世界的美术佳作。如果用"冠绝古今"来形容，一点也不为过。再往前推，可以追溯到汉代，根据保存下来的汉代壁画和其他一些文物，我们大致可以判断出当时的美术工艺已经出现了众多门类，而且使用的材料也都非常贵重，这在世界美术史上都是非常值得夸耀的。再往前推，可以追溯到周代及秦始皇前后，这一时期的印玺和钱币的铸造技术、玉石的雕刻技术等都非常精湛，有的技术直至今天还在使用。

上述各时代的美术技巧与康雍乾时代的美术技巧相比，存在时代差异，而且每个时代的艺术特色也不相同。后世根本无法进行模仿。每个时代的美术都有其优点和不足，只要发挥其长处，鲜明地反映其时代特征就可以了，很难说哪个时代的美术作品好，哪个时代的美术作品差。中国美术的发展是呈波浪形的，周代、两汉、六朝、唐宋的艺术都达到了顶峰。受遣隋使和遣唐使的影响，日本人更熟知的还是六朝至唐朝中期这段时期的中国艺术，所以日本人一谈到"中国艺术"，大多谈的是一千五六百年前至一千二三百年前后这段时期的艺术。如今在正仓院[11]内，还保存着很多当时天皇收藏的艺术品，都是在盛唐时期遣唐使从中国带回来的。

中国是一个尚古的国家，很多古代的名品都流传于后世，就连一些仿品也被赋予了相应的价值。中国和日本对于仿品的态度是截然不同的。在日本，只要是赝品，一概都会被毁掉，而在中国则

---

11. 正仓院位于日本奈良东大寺内，是用来保管寺内财宝的仓库，建于公元 8 世纪中期的奈良时代。日本正仓院藏有服饰、家具、乐器、玩具、兵器等各式各样的宝物，总数约 9 000 件之多。

不是这样。在中国，如果是后人花费了大量的心血，而且水平又比较高的仿品的话，中国人肯定是不舍得将其丢弃的。再加上自被仿造的时代算起至现在，仿品又经历了无数的历史风霜，自然也就有了一定的价值，所以即便是仿品，也一样值得收藏。

崇尚享乐主义和实际价值

当今中国，虽然华南、华中和华北地区的美术品多少会存在一些差异，但是无论哪个地区的建筑、雕刻、陶瓷器、漆器、纺织品和绘画等，与过去最顶峰时期的艺术品相比，都还是存在很大差距。其实不只是我有这种感觉，稍微有点鉴赏知识的人在看了中国的美术现状后，应该都会有今不如昔的感觉。

当前的中国美术已经不再单纯是技术上是否精巧，或者气质上是否高雅这类的小问题，所以我们在看待中国美术时，与其考虑其纯粹的艺术价值，还不如从社会方面去对其进行仔细观察，例如，美术品与社会的契合度、美术品与实际生活的密切关系等。很多美术品都是在用浅显易懂的方式反映着中国的当前社会。

在德川时代之前，日本曾出现过狩野派和土佐派等绘画流派。后来在德川时代，浮世绘突然发展到顶峰。浮世绘是和之前的各个时代的绘画完全不同的一种绘画样式，反映的是一种全新的社会观。也正因为如此，浮世绘才在日本绘画史中赢得了一席之地。中国的近现代艺术和日本当年的浮世绘其实有相似的地方。如果用以往的那种高雅的美术标准去评判的话，中国现代美术确实是有些俗气，但这也正是中国现代美术的特征，这种"俗"并不是普通的俗，而是来源于日常生活的一种艺术，其中也蕴含着一定的美术技巧。一言以蔽之，中国的现代美术其实是基于现代的享乐主义而产生的一种美术。这种享乐主义以自己的感观为中心，眼睛看了要感觉愉悦，耳朵听了要感觉悦耳，鼻子闻了要感觉好闻，手摸了要感觉舒服，总之是一种非常浅显易懂的快乐和慰藉，而这也正是中国现代美术的出发点。

如果单是听我这样说，可能有人会怪我把中国艺术的轮廓说得太小太低级了。不过，眼下的中国艺术确实是迎合了中国社会的嗜好，受欢迎的艺术品也全都是按照现在中国人的喜好而创作的，所以也就不会有人特意去创作那种高雅的艺术品。但是，我们作为日本人应该注意到，中国人的艺术生活受中国自然地理的影响很深。例如，汉族是从中原，也就是中国的大平原地区繁衍生成的一个民族，广阔而又适合生存的自然环境造就了汉族人极强的包容性。包容已经成为现在所有中国人的一大习性，表现在时间上，就是中国人具有极其悠闲的生活态度；表现在空间上，就是中国人具有极其宏大但又脱离常规的艺术构架，这就使得中国的一些艺术作品有时候显得并不是那么合乎常理。中国人不拘泥于形式，艺术作为自然的产物既可以做得极其宏大，又可以做得极其微小。

概括来说，中国的艺术充满了矛盾性。其实不管何种中国艺术，都是在和中国社会产生共鸣的基础上逐渐发展形成的。因此在我们日本人看来，中国艺术的各方面都体现出一种闲适的特点，而且中国的文人也同样保持着这样一种闲适的心境。尽管在今天我们用"知识分子"来称呼中国的读书人，但他们多多少少都还保留着一些旧式的做派。例如，中国的知识分子在日本的大街上行走或拜访客人时，大多都会随身带一根文明棍或拿把扇子。此外，中国的知识分子直到今天依然喜欢文玩核桃，将两颗核桃握在掌心，整天"咕噜咕噜"地盘个不停，借此来消磨时光。所选用的核桃要直径寸许，表面的凹凸要多，如果切开的话，那横切面最好要像挪威的海岸线一样曲曲折折，而且曲折越多，越受人欢迎。将两颗核桃握在触觉最为敏感的掌心中盘来盘去，或者用手指头摸来摸去，开始的时候可能手感没那么好，但是架不住五年、十年、十五年、二十五年甚至一刻不停地盘弄……到最后自然手感就好了。一开始还比较硌手的表面，到最后也会变得圆润起来。而且，两个核桃在摩擦时所发出的声音就像青蛙的鸣叫一样。此外，经过那么多年手上油脂的浸润，核桃的表面也会变得油亮起来，最后整个会变得温润如玉。

在我们外人看来，中国的文人实在是太悠闲了，不过这也正反映出中国的天下太平。中国文人这么做并不是装腔作势，他们的实际生活就是如此。在院子里或书房的窗边摆一把椅子，安然地坐着，目光望向天之一方，手中盘着核桃，那摩擦产生的像蛙叫一样的声音，软软的、非常悦耳动听，正好打磨掉那闲得无聊的时光。

中国文人手中盘的东西其实并不仅有核桃，还有白玉，圆形或椭圆形如核桃般大小的两块玉石放在手掌中盘来盘去，其玩法和核桃如出一辙。而且，这种白玉也分好坏，那种触感好、声音动听的玉石自然就是等级高的了。

像玩核桃这样的爱好，如果舍弃了的话，对社会或个人不会有任何影响，不过对理解中国艺术的趣味可能就会少了一个有趣的切入点。在中国，甚至还有一些执着的人会在核桃的凹凸面上做微雕。举着放大镜去观察微雕的细部，你会惊讶地发现里面竟然有片竹林，竹林中竟然有座茅屋，茅屋中竟然还有个打开的窗户……更绝的是，在窗边竟然还有两个人在下棋。像这样的艺术品真是十二分地表现出了中国文人的闲情逸致，它们虽然不是古董，却比古董更具价值。

中国读书人的爱好是非常简单的，而且中国现代艺术也是非常浅显的。不过，中国的现代艺术都是和当前中国社会的喜好紧密联系在一起的，所以还是有一定的价值。像盘核桃这样的爱好，其实蕴含着很多好的感受，例如刺激手掌可以给人带来按摩的快感，发出的声音可以愉悦人的耳朵，莹润如玉的外表又会给人带来视觉上的享受。所以说，两颗小小的核桃并不单纯是工艺品，而是将日常生活、美术工艺和个人爱好结合在一起的产物，可以看出，它的价值还是很大的。

说完了手、耳和眼的快感，我们接下来再说说口的快感。若说世界上哪种菜给人带来的口中快感最好，那毫无疑问，当然是经过几千年沉淀下来的中国菜。做菜在中国已经成为一门独特的艺术。中国菜并不单纯是把饭菜做得好吃那么简单，单是其料理方法就充满了艺术气息。中国菜是基于享乐主义而产生的一门艺术，尤其是在烹制复杂的汤时，讲究将酸、甜、苦、辣、咸五味融合到一起，这是很需要技术的一项工作。而且，中国的顶级厨师把做饭的技巧都视作机密，是绝不会轻易外传的。

中国人对做菜非常重视，很多人自幼年时代开始，就会以一种艺术的眼光来看待做菜。尤其是那些对"吃"特别感兴趣的人，对料理的了解更是又深入又细致，而且对料理的观察与研究也从不懈怠。中国人如果碰到不好吃的东西，肯定会直接说出来，很少有人会觉得只要能填饱肚子就行了。在这一点上，日本人与中国人完全不同。在日本，做菜当然也是为了填饱肚子，但比这还重要的是外观看起来要赏心悦目，味道要清爽而且要小而精致，对于那些凭肉眼看不出来是用什么做出来的饭菜，日本人是肯定不会喜欢的。中国人则不是这样，中国人在做菜的时候会下很大的功夫，有些菜做完后虽然难以分辨出是用什么做成的，但是吃起来的口感却很好。当前，日本人根据日本料理、中国菜和西餐的特点，将日本料理评价为"看"的料理、中国菜评价为"吃"的料理、西餐评价为"闻"的料理。其实，日本人喜欢清淡的东西，所以无论是什么阶层的人，无论是什么地方的人，都会将生鱼片当作料理中的主角。

然而在中国人看来，日本的生鱼片就是把生鱼肉拿刀切一下，然后再摆一下，所以根本没资格算作"菜"。中国人对"菜"的理解和日本人是不同的，我们暂且不论谁对谁错，中国人对能够给人的味觉带来快感的做菜方法研究得非常深，并且经常用艺术的眼光来看待料理。可以看出，中国的现代艺术是建立在享乐主义的基础上的，与现实生活高度结合，其中凝聚了所有的艺术技巧，这虽然有些低级，但却开辟了艺术上的一个独特分支。

　　日本人在谈论艺术时，总要求其要具备某种思想。如果一种艺术没有思想，也就失去了价值。中国的现代艺术是立足于现实生活的，以自我的感觉为中心，追求的是肉体上的愉悦，以享乐为其中心思想，而且以社会上尽可能多的人享受到快乐为其终极目的，而这也正是现代艺术的出发点。若从客观角度去评价以享乐为目的的艺术究竟是好是坏，这就是另外的问题了，但从主观角度来看，现代美术工艺，包括所有的艺术其实都是以享乐为目的的。

　　据此，可以推测出中国的上流社会、中产阶级和底层民众所看重的，肯定都是有实际价值的东西。例如，一般日本人在拜神的时候，不管何时何地，哪怕就是在纸上画个神，那也可以拜；但中国人不喜欢这样，他们喜欢拜贵重的神，所拜的神像要尽可能使用贵重的黄金、玉石或宝石等来打造——在中国人眼中，金银财宝是唯一值钱的东西。这体现出中国人以价值为评判标准的实用主义思想。去拜这样的神，求的自然是财富，此外还会祈求长寿延年和子孙昌盛等。在道教的影响下，中国人形成了注重事物实际价值的思想，表现在美术中就是那些高雅精美的艺术品必须使用贵重的材料。这种思想其实不只中国有，像越南、泰国、缅甸和东非等国家和地区也都有。不过比较来看，还是中国最为严重。

　　中国人除了喜欢由贵重材料做成的物品外，还喜欢那些制作起来需要花费很多工夫的物品。在这一点上，日本人和中国人不同。

日本人喜欢简洁一些的艺术品，如果是和主题无关的东西，肯定要全部舍弃掉；但中国人则不是这样，他们会尽可能在艺术品之外再施以一些装饰，将整个艺术品包装得更为大气华丽。例如，像书画这类艺术品，本应该注重的是意境，但中国人还是会花很多的时间和精力用金银丝绢或刺绣把它装裱得极为精美。对于艺术品之外的那些繁缛的装饰，日本人根本就不关心，但是中国人则喜欢这种繁缛的感觉，越是那种花费工夫多的艺术品，中国人越觉得珍贵。在研究中国现代艺术时，是否花费了大量的工夫是一项很重要的评判标准。中国的艺术品总是和金钱挂钩，那些最底层的艺术爱好者在看到一件艺术品后，心中首先想到的是，如果我买了这件艺术品，它的升值空间与我把钱存在银行吃利息相比，哪个更划算呢？中国人对于赝品比较宽容，在中国人心中，即便是赝品，只要品相好，就也会具有一定的价值，所以在近代中国出现了很多伪造古代艺术品的人。

中国的现代艺术和现实生活有着密切的联系，所以在研究中国的现代艺术时我们必须采取一种独特的视角。中国人在欣赏艺术品时并不仅仅是关注艺术的技巧，对于附着在艺术品身上的一些额外的东西也非常关注，尽管这些附属品在被去除之后一点也不影响艺术品的价值。中国人的这种特殊审美情趣使艺术品本应具有的艺术性被轻视，最终将艺术降低到物质层面的水平。中国人既喜欢那些使用贵重材料、耗费大量时间的艺术品，又喜欢把玩那些轻巧绝妙的玩意儿，可以看出中国人在欣赏艺术方面是非常矛盾的。

色彩之美与工艺三昧

色彩是中国艺术中一个非常重要的因素。无论是宫殿建筑还是楼阁建筑，很多建筑的色彩都非常美。例如北京的颐和园、雍和宫和孔庙的金楼玉宇，又如故宫内各种各样的美丽优雅又雄伟壮丽的宫殿建筑，尤其是其中的太和殿、保和殿和武英殿等，我觉得它们的色彩之美要超过其结构之美和雕刻之美。

对于建筑物上的雕刻，无论其使用的是多么名贵的刻刀，无论其柱、椽和檩上使用了多么精巧的雕刻，也无论其透雕或浮雕使用了多么让人惊讶的神技，如果和色彩不搭的话，那雕刻的价值也会失去大半。越是珍贵的建筑，所使用的色彩越美丽。建筑物的屋顶内、门楣上或屋檐下，往往是一半施以雕刻，一半涂以色彩，如果色彩做好了，建筑物就会增色不少。画师会用毛刷或毛笔蘸着红绿蓝黄青褐白黑等各种颜料在建筑物上勾画出山水、牡丹、蔓草、灵芝和蝙蝠瑞云等图案。在近处看，你会觉得画得有点粗糙，但一旦离开一段距离，隔远了看，你就会发现真的很美。柱子会漆成红色或黑色，然后挂上与之相配的楹联。如果是宫殿的话，屋顶就会使用黄色或绿色的琉璃瓦，与湛蓝的天空相映成趣，呈现出无以言表的色彩之美。中国华北地区的土地是黄的，而树是绿的，河水又带有褐色，整个大自然的色彩搭配非常和谐。受此影响，华北地区形成了自己独特的建筑特色，而且在色彩的搭配上也非常和谐。

华南地区自然界的山水色彩与北方不同，所以建筑物的色彩也与北方不同，呈现出独特的地域特色。中国各地的建筑应该算是中国最伟大的艺术，它们无不将色彩当作自己的一大特色。建筑物上使用的雕刻自不必说，其他的一些工艺美术品，如绘画和刺绣等，也都很注重色彩之美。中国人的设色技巧极为巧妙，色彩搭配虽然非常简单，但绝不会给人不和谐之感。中国人在建筑物上使用的色彩与天地的颜色搭配非常和谐，丝毫不会让人感到不自然。在衣服的色彩搭配方面，中国人不像日本人那样喜欢淡色，中国的服装看起来都非常鲜艳，但绝不会给人俗气的感觉。中国人对色彩有着独特的眼光，所以虽然使用极为浓厚的色彩，但一样可以搭配得非常雅致。中国自周代开始，在色彩的使用上就形成了严格的礼仪制度，天子、诸侯、士大夫和庶民都有属于自己的颜色，不同身份的人所住的建筑物的墙壁的颜色也不相同，而且下层阶级绝不能僭越自己的身份、使用上层阶级的颜色。中国是一个在颜色使用上有着严格礼仪的国度，所以今天的中国艺术界那么重视色彩也就绝非偶然了。

　　中国的很多色彩至今没传到日本，所以日本人对中国的色彩了解得并不是那么多。中国人在设色时大多使用的是矿物质颜料，而且对颜色的叫法也和日本不同。对于含有铜元素的颜色，日本人称为"蓝"，而中国人则称为"青"。例如，在日本人眼里，群青、青金石和孔雀石等都是蓝色的，而在中国人眼中它们则都是青色的。对日本人来说，"青"是一个比较庞杂的概念，绿色可以是"青"，浅黄色也可以被叫作"青"，蓝色也可以被叫作"青"，只要不是红色和正黄色，几乎都可以被叫作"青"。日本人在形容天空很蓝时用"青空"，形容脸色苍白时用"青白"。可以看出，日本的"青"包含了很多的颜色，区分起来非常困难。在这一方面，中国与日本完全不同，中国人在形容树叶时肯定用"绿"，在形容蔚蓝的天空时才会用"青"。日本人对于颜色的认识其实是非常混乱的，而且在日本关于颜色的词汇也很少。在中国，关于红色，单是在文字上就存在各种各样的分类，而在日本是用"赤色"来表示红色，而且"赤"不单单是红色，另外的茶色、黄色、浅红色、朱色、血色、朽叶色、赤褐色、铁锈色等都可以被称之为"赤"。可以看出，在日本"赤"这个汉字包含的色彩范围是非常广的，区分起来非常困难。中国人对颜色有着很强的区分观念，尤其在现代艺术方面，对色彩的区分更为强烈。中国艺术家巧妙地使用各种颜色，最终造就了中国现代艺术在色彩上的美感。中国艺术在色彩上体现的美的趣味与中国的其他趣味，如音乐的趣味、料理的趣味、能够给嗅觉带来快感的香料的趣味、手的触感方面的趣味等，都搭配得非常和谐。

中国的人口据说有四亿。各个城市的人口都非常稠密。城市生活非常拥挤，商业贸易很繁荣。鉴于此，如果我们将目光聚焦到中国的一个城市内，你就会觉得中国人真是忙碌。但如果你将目光放眼全中国，你又会觉得中国人的生活真是悠闲。中国的国土面积非常广阔，这导致人的内心没有什么紧迫感，尤其是读书人和一些从事工艺美术的人，它们的心境更是悠闲。在日本，从事技艺的人才有沉溺于自己工作的习惯，另外有些抄经文的人会十年、二十年、三十年，更长的甚至四十多年都在认认真真抄写经文。在日本人看来这些都是非常稀奇的，而在中国却是司空见惯。前文已述，无论是从空间上还是从时间上，中国人的生活都是极其悠闲的。中国人不太在乎工作的功绩，尤其是一些艺术家，他们根本不在乎自己最终做出来的作品会怎么样，只要自己享受做的过程就可以了。中国艺术家在内心中都有属于自己的一方快乐天地，在这方天地内，自己是主宰。他们一边在主观上沉溺于这方天地内的快乐，一边愉快地过着自己的艺术生活。因此，就像诗人作诗，文学家写文章一样，建筑学家会绞尽脑汁思考建筑物的设计，雕刻家会无时无刻不在研究刻刀的使用方法。这样一来，中国的艺术品呈现出的自然是艺术家最高的制作水准。

在日本，艺术家在创作时首先想到的是创作这样一件艺术品大约需要几个月或者几年。但中国的艺术家在创作时根本不会考虑需要花费多长时间，而且也不会考虑自己的作品会值多少钱、会被收藏在何处等。中国艺术家的这种心理和我之前叙述的中国人注重物质生活的内容可能看起来非常矛盾，但是中国的艺术家确实有这种悠闲的心情，而且非常沉溺于自己的创作。这也正是我为什么喜爱中国现代工艺美术的原因，而且我觉得在这一点上，日本的艺术家也应该多多向中国艺术家学习。中国的物价非常便宜，生活成本低，而且艺术家有大把的时间，所以在这样的国度产生一些很美的艺术品也就绝非偶然了。不过，如果你到中国的城市内走走的话，你就会发现在中国其实也还是存在竞争的，很多工艺品被当作商品买卖，而且艺术家在创作时就希望它们能够尽快以高价卖出去。我最近去九江和景德镇参观了瓷器的制造场景，发现很多瓷器匠人都希望自己的作品能够得到西洋人的好评。为了讨好西洋顾客，他们会刻意做出一些带有西洋色彩的瓷器。可以看出，中国的瓷器也变得越来越势利了。现在的中国，那种非常沉静的、雅致的、带有悠然气质的艺术品越来越少，这真是一件遗憾的事情。

不过，从整体上来看，中国的艺术品还是很体现闲情逸致的。日本的艺术家在创作时，如果要画一条直线，就肯定会用直尺；如果要画一个圆，就肯定会用圆规。而且在做好后，还要用木贼草[12]好好打磨，最后清理到一尘不染才会拿出来示人。但是，中国的艺术家不会这样，他们一般不用尺子或圆规，尺寸估计个大概就可以了，当然了，至于錾刀、刨子、锥子和辘轳这样的工具还是需要的。中国的艺术家在创作时追求的是闲情逸致，已经超越了尺寸的限制。对日本人来说，如果一件物品做成后不是严丝合缝，就肯定会觉得很遗憾。不过，中国的艺术家不这样认为，他们觉得不严丝合缝也挺好。如果使用尺子、圆规或电锯等工具的话，虽然在很短的时间内就可以生产出大量雷同的东西，却显然失去了艺术品的价值，艺术品应该是纯手工打造，并且需要在悠闲的心境下慢慢去完成。在这样的思想引导下，中国艺术家创作的工艺品，如紫檀的桌几或橱子等，经常会出现门关不上或者露出缝隙的情况。又如一些抽屉，一旦你把它拉出来，再往里推就很麻烦了，要么斜了，要么是推不到底，总之感觉很不顺。还有一些有盖子的艺术品，盖子盖

---

12. 古代没有砂纸，木匠会用木贼草打磨家具。

不严的情况是司空见惯。不过出现以上问题的都是一些普通的艺术品，至于那些较高等级的艺术品是不会存在这方面问题的。如果你去仔细观察中国艺术家在使用錾刀时的样子，你会觉得他们真的是非常随意，根本不会事先去比画比画，也不会刻意去考虑如何用刀等。这样做出来的东西势必会有些粗枝大叶，不过其中却蕴含着难以言表的雅趣。

中国艺术家的这种创作方式看起来确实有些随便，但是和现代的艺术趣味却是非常吻合的。我们在研究中国艺术家的心理状态时会发现一种非常独特的现象，也可以说是中国艺术的最大特征，那就是中国的艺术家不会被现实生活所压迫，同时也为了使自己能够拥有悠闲的心境，他们会把所有的精力全部倾注到自己最关心的艺术创作上，而这也正是中国艺术的生命力所在。只要这一特征不丢失，中国艺术就大有希望。我们都知道，胳膊要先屈起来，然后打出去才会更有力，中国美术当前的衰弱期相当于胳膊弯屈起来的状态，将来肯定会有有力打出去的那一天。

中国艺术的自然性

在日本，艺术家以作品能够反映自己的艺术特点为能事，所以在对艺术原材料进行加工时，总会刻意地去进行一些改造，结果反而抹杀了原材料的天性。我的这一观点也许不对，不过我感觉自己的这种倾向是越来越强烈了。近代世界艺术的流行思潮是主张体现作者的个性，如果不能表达作者的思想，所创作的艺术品也就失去了价值。但是在中国艺术界，这一思潮却行不通。

中国人无论是对待家畜、花草，还是对待人，都是非常包容的。例如在骑马的时候，中国人也会用缰绳，但只要用到恰到好处就行了，绝对不会狠狠地去抽。这样的习惯反而锻炼了中国人的骑马技巧。此外，中国人骑马时也会手握马鞭，但却基本不怎么用。中国人在办事的时候很在乎对方的感受，不会以自我为中心，这使得中国人在自身与外物的关系上处理得非常好。例如，一个六七岁的小孩仅拿一根鞭子就可以在黄昏将成百上千只羊从宽广的牧场赶回自家的羊圈。又如，一名少年就可以赶着几百只鸭鹅横渡宽阔的长江。中国人的包容作为一种民族性最终反映到了艺术上。对于一块石头或者木头，中国的艺术家会尽量保持其原貌，绝不会受自我实现主义和后印象派的影响，对其自然形态进行破坏。此外，还会非常安静地去思考如何将天地自然之神韵体现在面前的石头或木头上。中国艺术的主体深深扎根于天地自然之间，而这也正是中国艺术的伟大之处。

今天日本的年轻艺术家往往将艺术创作之根扎在了自己身上，以实现自我价值为乐趣、理想和自己努力的方向，而中国的艺术家则将天地自然视作自己艺术创作的根基，例如，在评论一本书很好时，他们会用"云起龙跃""感天动地"这样的词汇；在进行雕刻或绘画等艺术创作时，他们会通过石头、木头或者纸将天地自然的神韵表现出来。

正是由于中国的艺术家将艺术创作扎根于大自然，所以才能在艺术作品中表现出伟大的自然之力，这是中国艺术最具特色之处，同时也是我们在欣赏中国的工艺美术作品时总能感受到伟大的自然之力的原因。中国工艺美术作品的高雅风韵和品格其实都是来源于大自然，并最终造就了自身超凡脱俗的高超境界。虽然说一件艺术作品的风韵和品格会深受外形、色彩、錾子和刻刀的使用方法、笔的走势和毛刷的使用方法等因素的影响，但最终起决定作用的还是其能否表现出伟大的天地自然之力。

中国人习惯站在主观角度来思考天地自然。在中国艺术家的思想认识中，他们自身生存于天地之间，是天地自然的一部分，同时又借助自己的手来创作出表现天地自然的艺术作品。中国艺术家在进行创作时主张天地为我所用，并且追求人与天地自然的融合统一。

当前的日本青年艺术家在进行创作时主张以自我为中心，所有的作品都是立足于"自我本位"，所以最终呈现出的作品也都仅能表达自己的观念而已。例如，在画肖像画时，无论对面的模特是什么样子，最终画出来的肖像却都有画家自己面貌的影子。这主要是因为画家陷入了以自我为中心的怪圈，并且一直以来都是沿着这一理念在努力，最终出现这样的问题也就不足为怪了。中国的艺术家则不是这样，他们不会以自我为中心，而是会把注意力放到天地自然之中。对于我们这些看惯了日本艺术的人来说，中国艺术仿佛给我们打开了一个无限的空间，一旦接触就会被其深深吸引。中国的艺术家已经超越了俗世，他们把自己置身于天地自然之中，将自己视为自然的一部分，并且通过自己的手将天地自然表现在自己的艺术作品中。我的这一观点也许是错误的，不过我相信依此观点在文化层面上去观察中国的书法、绘画或雕刻等艺术应该是恰当的。

如果用这种观察法去鉴赏中国历代诗人或文人的杰作，就可以很好地理解他们在遣词造句上的表达习惯。不管是"白发三千丈"这样的宏大表述，还是"天翻地覆"这样将自然现象夸张化的词，其实都是在借助天地自然来表现人世间的道理，即人世间的一切其实都是上天的行为。在中国艺术家的心中，"上天统率一切"的思想根深蒂固，所以他们在进行艺术创作时才会把自己置身于天地自然之间，并在主观上将天地自然视为自己创作的基础，努力做到在艺术作品中呈现天地自然的状态。

在中国，国家的最高统治者被尊称为"天子"，即代表上天在人间行使权力之人。因为天子是受天命所托，所以民众都会欢迎天子，并且听从天子的命令。在中国人心目中，上天是万事万物的主宰、上天包含着全体国民的希望、上天派下天子来治理人间……
这一切都是理所应当的。对于日本人来说，只要认识到中华民族对
于自然界的特殊感情，那就可以理解中国人为什么对上天那么崇敬
了。中国人无论做什么事情，都会将其本源扎根于自然界，即天地
之间，这也影响到他们的艺术，最终造就了一种植根于自然的艺术
观。我们在鉴赏中国的工艺美术时，如果循着这一观点去进行观察，
我相信应该是最恰当的。此外，在了解中华民族的文化时，我相信
这一观察法也应该是最合理的。

日本工艺美术家需要学习的地方

日本的工艺美术自推古朝以来，历经奈良朝、平安朝，后来
又历经镰仓和足利[13]各时代，最终走到了今天。在这期间，日本工
艺美术大量吸收中国元素。虽然偶尔从朝鲜半岛也会传入一些工艺
美术，但那些其实也都是中国工艺美术的延伸。所以说，过去的日
本工艺美术其实是中国工艺美术的最末流派，无非是其中增加了一
些日本趣味，变得更适合日本的国民性了而已。

若提到日本上古神话时代的工艺美术，首推的就是"三神器"。
今天在这里谈论"三神器"，我真的是诚惶诚恐，不过还是斗胆表
达一些我的观点。无论是草薙（tì）剑、八咫镜，还是八尺琼勾玉，
都应该和当时南洋地区未开化人种的文化没有任何关系，最可能是
受当时大陆文化的影响而产生了这"三神器"。如果日本在过去没
有受到中国文化的影响，那么日本的工艺美术界至今仍然会处在一
个比较原始的水平。正如某人所说的那样，如果日本的旁边没有一

---

13. 编辑注：推古天皇的在位时间为 593 至 628 年，奈良时代为 710 至 794 年，平安时代为
794 至 1192 年，镰仓时代为 1185 至 1333 年，足利时代一般指室町时代，为 1338 至 1573 年。

个中国的话，那今日的日本和未开化的南洋应该没什么差别。这话虽然有些讽刺之意，但多少有些道理。

在明治维新之前，日本的工艺美术和中国有着很深的历史渊源。在明治维新之后，日本工艺美术大量吸收欧美工艺手法，并获得了长足发展。时至今日，日本的知识界也不管是否与日本的传统风俗适合，只是一味地大力引进西方文明。如果去听一下日本工艺类学校的课程，或者去注意一下东京美术学校的动向，会发现大多数的日本现代工艺都已经变得以西洋为本位了。在这其中，虽然也加入了一些日本传统的东西，但总体上还是欧洲的工艺。其实这也没什么，日本自古至今都在吸收各种各样的工艺，之前是东洋的，现在是西洋的，所吸收的各种各样的艺术要素大大丰富了日本的工艺美术。

眼下，与日本有着深厚渊源，且对日本工艺有着巨大恩泽的中国工艺虽然衰败得很厉害，但中国工艺美术历经几千年的积累，现在依然有着无数的艺术门类，而且保存下来的艺术品也是灿若群星。对日本工艺来说，中国工艺仍是一个巨大的宝库，但是现在关注中国工艺的日本人已经几乎没有了。自甲午战争以后，日本人开始瞧不上中国，自然也就没有人会再去关注中国。现在日本人满脑子想的都是以希腊、罗马和法国为代表的欧洲文明，对中国则是毫不关心。其实在一些大的艺术原则、原理和手法方面，日本根本没必要从遥远的希腊和罗马获取，中国早就已经充分吸收了这些东西，并将它们充分东洋化，甚至可以说是达到了烂熟的程度，所以说直接从中国引进这些东西可能更方便一些。中国自六朝至隋唐时代的各类艺术，以及后来明末清初的黄金时代的艺术，都是具有世界性价值的璀璨艺术。但是，现在的日本人被欧洲文明晃花了眼，完全忽视了身边中国艺术的价值。虽然在工艺层面采取"欧洲本位"的思想并没有什么不对，但拿出一点精力关注一下东洋独有的艺术，这又有何妨呢？再说，中国工艺也确实有值得我们吸收借鉴的地方。近来，尽管已经有对东洋文化感兴趣的人或者与中国有着直接关系的人，在讨论引入中国料理、开始使用中国的扇子和雨伞等，但从整个东洋趣味的大局来看，这一切都是微不足道的。

当今的日本人喜欢绮丽又整洁的东西。这样的东西一出来，一般都会受到大众的欢迎。在艺术方面也呈现出这样的倾向。西洋艺术很好地迎合了日本人的这一心理。西洋艺术中的图案或者普通的工艺品大都可以利用尺子和圆规绘制出来，所以显得比较整洁；再在外面涂上漂亮的漆，又都显得非常绮丽。但是，如果只是喜欢这样的工艺品，那就显得有些低级了，我还是希望日本人的审美能够更高雅一些。受岛国思维的影响，一般的日本人看到绮丽又整洁的东西基本都会比较满足。但如果脱离日本这个岛国，把目光放得更远一些，那些针对办事员的工艺品，或者那些通过尺子和圆规就可以绘制出的整洁东西可能就不会再令人满足了。艺术多少要有些脱离常规的地方，这样才会让人看了心情舒畅，才会给人带来快感。所以艺术家要从俗事中解脱出来，本着洒脱的心境从更高更宏大的视角来观察社会和宇宙，这样才能创作出优秀的艺术作品。不过，在日本当前流行的工艺美术作品中，我们很难看到那种脱离俗事的洒脱。

在我个人看来，中国的艺术并不合乎"小的道理"。如果硬要拿尺子去卡的话，会发现中国的艺术品有很多出格的地方，甚至有很多艺术品看起来像是未完成品。但是，就是这些艺术品，却有着一种独特的艺术感，浑身上下散发出超凡脱俗的超自然魅力和不拘一格的艺术气质。而且很多艺术品，凭普通人的智商是根本看不懂的，是脱离常识的，甚至看起来是傻乎乎的。像这种超凡脱俗的艺术品，究竟能够给被日常琐事所困住的人们带去多大的快乐，我们不得而知。所以说，无论是中国的现代艺术，还是中国的古代艺术，都有很多值得我们学习的地方。当然了，并不是所有的中国工艺品都是超凡脱俗的，有很多也都是日常生活所必要的，并且适合于日常生活的东西。很多像音乐、料理和建筑这样的艺术就很值得引入日本。

近来，在日本已经出现了对中国艺术感兴趣的年轻艺术家。中国艺术的引入可能会因此迎来一个契机。而且，最近很多南画研究者也开始尝试到中国游历。我衷心希望今后能有越来越多的日本工艺家，尤其是雕刻家、铸造家、建筑师和园林师等，能够为了收集研究资料或者为了了解东洋崇尚自然的独特意趣，而到中国的土地上去走一走。

自然力与社会力

前文已述，中国艺术的出发点并不是艺术家要去刻意地表现自己，而是艺术家借助自己的双手在艺术作品中呈现出天地自然的神韵。在中国，自然环境不单单是对艺术家，对普通人也有着很强的影响力。同样，日本人也会深受周围自然环境的影响——自然环境对一个民族的影响非常重要。阿拉伯人因为生活在沙漠中，所以才会信仰拜火教。自然环境的影响力其实是非常惊人的，它会一点一滴地渗透到生活在这片土地上的人的灵魂中。日本人的洁癖和急性子就是深受日本岛国像马背一样的地势的影响。日本的地势造成国内江河溪流的流速很快，整天面对这样环境的人，其性格必然也会像急流而下的山溪一样，慢不下来。中国到处都是一望无际的大平原，一眼望出去，一千里甚至两千里都看不到一点障碍物，而且水流也比较平缓，生活在这样的自然环境内，性格自然也会变得比较平和。在中国，虽然生存竞争也比较激烈，但远没有达到日本的残酷程度。中国社会具有很强的包容性，而且人与人之间的社交技巧也非常发达，发达到几乎可以用"社交艺术"来形容。在中国这样一个被社交艺术支配的国度内，如果一个人坚守自己的个性，不受周围环境所影响的话，那他是很难生存下来的。

所以说，中国艺术是在中国的自然环境和社会环境的基础上形成的。要想理解中国艺术，首先得去了解中国的自然和社会。如果不了解中国的自然环境，又不了解中国社会，对中国的风俗人情、生活习惯更是一无所知的话，就根本不可能对中国艺术有深入的理解。中国的艺术作品都有其自然环境和社会背景，如果离开了这一背景，就根本不可能认识到艺术作品的真正价值。因此，我特别想强调的是，要想研究透中国艺术，就一定要到中国的土地上去进行实地调查和实地观察。只有这样，我们才能够真正理解中国艺术。

翡翠等常见工艺品

提起中国的工艺美术，我们首先想到的肯定是翡翠。经常会有人问我一些低级的问题，例如，什么样的翡翠才是好的，上等翡翠制成的和服腰带扣和簪子会值多少钱等。很多人可能会觉得在中国上乘的翡翠到处都是，可等你真正到了中国，会发现完全不是那么回事。如果你不是翡翠方面的专家，就很难分清翡翠的好与坏。

在广东有一条翡翠街，各家店里都摆着大块的翡翠原石。根据每块原石的成色，价格也是有高有低。其实价格的高与低与原石里面是否有翡翠没有半点关系。如果不把原石切开的话，根本无法判断里面究竟有没有翡翠。至于里面的翡翠品级如何，那就更无从得知了。买翡翠原石其实就是一种赌博，所以在中国买翡翠原石也被称为"赌石"。切开之后，如果原石里面有翡翠，那买的人就赚了。一般来说，原石里面所藏的翡翠都很小。把品相最好的那部分翡翠抠下来，再施以精巧的雕刻，其价值自然也会大幅上升。

翡翠并不是颜色越深越好，也不是颜色越淡越好。好的翡翠色泽均匀，内部没有杂质，而且通体透亮。至于那些摸上去手感温润似珍珠的翡翠就更是上乘了。品级好的翡翠摸上去比较润，而且会有轻微的皱纹感，用肉眼可以看到微波纹。如果是玻璃制成的赝品的话，就不会感受到皱纹感，也不会看到微波纹。而且，翡翠的手感比较凉，而玻璃则会感觉温温的。以上介绍的这几点，对外行来说，是鉴别翡翠真假的非常实用的小窍门。此外，在硬度方面，翡翠和玻璃也大不相同，翡翠的硬度要比玻璃大得多。近年来，市面上出现了很多用翡翠粉末压成的或者用其他矿石冒称的翡翠赝品，它们同样被摆在柜台上，底下铺着紫色的绸缎，被当作真品来出售。

关于翡翠就暂且先介绍这些，接下来我想介绍一下中国现代工艺美术中最常被人提及的紫檀雕刻物、绸缎类的织物和刺绣等。紫檀的雕刻物大的小的都有，大的有放东西的条案、茶几、桌子、椅子和书架等；小的有镜台和墨台等。中国的紫檀工艺数上海、苏州、杭州等华东地区，以及广东等华南地区最为兴盛。紫檀雕刻物制作起来非常烦琐，需要很多道工序。不过，我们日本人所说的紫檀很多情况下指的是红酸枝。日本人不了解紫檀和红酸枝的区别，所以把红酸枝误认为是紫檀。日本海关也存在同样的问题，几乎所有的红酸枝工艺品都会按照紫檀的标准来收税。因此，我觉得日本海关有必要好好学习一下，至少应该把紫檀和红酸枝分清楚。

好的砚台盖一般是由紫檀或铁心木制成，不过很多声称是"紫檀"材质的砚台盖，其实都是由红酸枝冒充的。由于日本人也把红酸枝误认为是紫檀，所以无形中多花了很多冤枉钱。其实红酸枝和紫檀还是很好区分的，首先一眼看上去，两者的木纹就明显不同，而且硬度也不一样。紫檀原木经过刨削之后放在那里，随着时间的流逝，它的颜色会变得越来越深，而且也会越来越有光泽，看起来就像黑檀一样。不过，黑檀的材质要比紫檀更为致密，而且密度也更高。

接下来谈一下楠木。楠木的价值较高，一般会用于高档建筑，或者被用来制作家具。目前在扬州城内就耸立着几座由楠木建成的佛殿。另外，我偶尔还会见到青贝螺钿楠木板，色彩非常漂亮，设计得也非常精巧。我家中有几件用楠木或紫檀制成的桌椅，这些桌椅的雕刻手法、打磨方法和样式等都很有特点，研究起来颇有趣味。不过日本人好像对研究并不是很关心，他们感兴趣的是中国人竟然如此大量地使用这些贵重的木材，毫不吝惜地用它们去建造巨大的建筑或制作大件的家具——这和日本人抠抠搜搜地使用贵重木材完全不同。中国人这样做其实是想让别人感受到自己的富足，在这点上我们可以感受到别样的中国意趣。

接下来谈一下丝绸。丝绸主要产自中国的华中和华南地区，其中尤以苏州和杭州最为著名。近来，苏杭两地的丝绸基本垄断了整个上海市场。中国丝绸在继承了传统图案的基础上，又大力引进西洋的色彩和技术，所以发展得非常迅速。很多丝绸中的极品和雕刻、玉器、青铜器等一起被视作宝物，密藏在北京故宫武英殿内。据说，在康乾盛世时期，宫中使用的丝绸极其华丽，而且还会在上面装饰宝石。在古时，宫中用的丝绸以及文武百官的礼服等都会用到高级的丝绸。现在时势已变，过去用的那些上好丝绸已经变得不实用，所以也就不再生产了。我们今天要想见识一下丝绸中的极品的话，一定要到故宫内去看收藏的丝绸宝物才行。可以毫不夸张地说，如果没有见过故宫内的丝绸宝物，就不要妄谈天下的丝绸。

近来，剔红漆器、景泰蓝宣德炉和瓷器等工艺品在中国越来越受欢迎，其中很多工艺品在制作过程中用到了机器，例如剔红、镶嵌以及直线的雕刻等。值得注意的是，利用机器来制作工艺品主要集中在大城市及大城市周边，那些偏远地区的手工艺人依然本着趣味优先的思想，在悠然地用纯手工打造工艺品。我们在欣赏中国的现代工艺美术的时候，总会感到在工艺品身上附着了中国社会和中国艺术家的影子。虽然很多古代的工艺品在当时可能没有那么上品，但随着时间的流逝，后人可能就会觉得这些工艺品很有气质。例如，在两三百年前，当时的人们觉得很俗的一件工艺品，到了今天，大家可能就会觉得这件工艺品很不错。同样的道理，今天看起来有些俗气的那些工艺品，在三五百年之后，我们的后代可能也会觉得它们挺棒。对于那些批评当下工艺品低级的人，我觉得他们完全没必要担心，随着时间的流逝，这所有的问题都会自行解决。我们现在最应该做的是，一定要确保现代工艺美术朝着更高的理想和更高的气韵不断前进。

中国出土的古代艺术文物

前文已述，中国的现代工艺美术有很多值得我们学习的地方。在中国的现代工艺品中，有的显得比较笨重、粗枝大叶，有的又显得比较精巧。我们在鉴赏这些工艺品时，真的会有一种和天地神灵对话的感觉。不过话说回来，如果单纯从美术视角评判的话，中国的现代工艺美术还存在很多不足。我们作为今人，对今天的工艺品做出评判可能不太合适，但千百年之后，今天的工艺品已经变成了文物，到那时我们的后人自然会做出公正的评判。

我们的后人对于今天的工艺品的评判，就如同我们对于古代的工艺品的评判一样。经过时间的沉淀，我们今天基本能给唐代、六朝、东汉、西汉，甚至更早的周代的工艺品一个客观的评价，而且也会发现很多出色的艺术特征直到今天我们依然复制不出来。其实我们从出土的文物身上，要比从代代流传下来的文物身上更能感受到那个时代的艺术美感。例如，陕西西安出土的唐三彩壶，河南洛阳出土的陶俑和冥器，其他地方出土的反映当时实际生活的镜、奁、盒等梳妆用品，锅、釜等做饭用具和镀金的装饰品，以及朝鲜半岛大同江畔贤愚里附近出土的汉代大王石廓墓和其中的各种文物等。毫无疑问，这些出土文物都是古代文明的佐证，是那个时代特定的艺术作品。从它们身上，我们能够发现那个时代独特的艺术之美。中国古代的绘画、图案、雕刻和铸造等工艺受到中亚和印度等文明的影响，这不仅成为中国现代工艺的一大参考，同时也为日本工艺今后的发展提供了众多的资源。近来在中国关于中亚出土文物的美术研究非常兴盛，希望艺术家今后能进行更深入、更广泛的研究。

在中国古代的艺术品中，意趣最为幽玄高深的就是古铜器。其中，尤以汉代的古铜器最多，而周代的古铜器则最有意境。流传至今的周代古铜器的名作大都用水银铜制成，也就是所谓的白铜。专家曾对周代白铜镜的成分进行过研究，已经弄清了当时的白铜中铜、锡、锰的配比。但这种配比仅是一种科学的分析，今天即便是用同样配比的铜、锡、锰，使用比周代更为先进的设备，也依然不能还原出和当时一模一样的铜器。我个人觉得这可能和对火候的研究还存在不足有很大关系。时至今日，冶金技术已经非常发达，对于合金在不同温度会呈现出什么样的硬度和颜色，现在已经研究得非常清楚，而且艺术家也在绞尽脑汁思索还原方法，但即便是这样，依然不能还原出和周代一模一样的铜器，据此也可以看出中国周代的铸造技术是多么发达了。对于创作出如此发达冶金铸造技术的中华民族，我们理应给予其充分的尊敬。

总的来说，我认为中国艺术还是拥有巨大价值的，其中尤以周代古铜器的气韵最为突出。大阪天王寺住友男爵家中收藏着很多中国的古铜器，其中有钟、彝、鼎、尊、罍、爵、鼓等各种类型，器形优雅，而且很多古铜器上还有宝贵的铭文。我对这批古铜器进行了多年研究，发现有些古铜器无论在品质上还是在价值上，都比故宫武英殿内收藏的一些古铜器还要高，所以我衷心地希望能够有研究者对它们进行更为详尽的研究。

利用工艺美术来增进中日两国的好感

横亘在中日之间的问题数不胜数，至今连一个问题都没有得到真正解决。有些本可以解决的问题，不仅没得以解决，反而陷入更为复杂的境地。今天再去讨论谁对谁错，已经不合时宜——最好的时机已经过去了。尽管当今时代是一个需要根据实际情况迅速做出调整的时代，但日本显然还没找到解决问题的头绪。日本现在只是一味地强行向中国推行中日亲善，这导致中国人在国内碰到日本人时，嘴上说的是中日亲善，也会做出一系列中日亲善的举动，但在心里根本不这么想，甚至嘴上越说中日亲善，其实心里对日本越反感。中国人已经抓住了日本想在中国极力推行中日亲善的短处，但日本人对此显然还一无所知，他们遇到中国人必然会提中日亲善，认为请中国人吃饭就是中日亲善，中国人请他们参加宴会也是中日亲善——时至今日，"中日亲善"这个词最好还是别再提了。今后，有必要通过学者与学者之间、教育家与教育家之间的社交性接触来增强中日之间的好感。这样培养出来的感情才是最坚实的。

最近，我在日本见到了从北京来的颜世清，他带来了很多珍藏的中国书画。去年春天，我还在日本接待了从北京来的三位画家——金绍城、陈衡恪和吴熙会。当时除了举办书法会之外，我还陪他们到日光和箱根旅游，在家中设宴招待他们，还举行了绘画讨论会，带他们到东京市内购物和参观……前前后后大约花了一个月的时间。他们都是我在北京认识的故交，这次远道而来，我也是尽自己所能尽尽地主之谊。最后在筑地的精养轩给他们举行送别会时，陈衡恪感动地涕泪交流，话都说不出来了，我当时也是难以承受那种离别之痛。去年我曾到中国游历三次，最近我又去了一次北京。每次在北京，他们都会到我的住处来看我，当我走的时候，会到前门火车站去送我，依依惜别之情令我感动。

中日美术家之间的交往和学者之间的交往是相同的，彼此之间意趣相投，交往起来毫无阻碍；而外交和经济上的交往则大不相同，充满了各种各样的障碍，有的时候双方就无法直接沟通，有的时候则必须要回避掉某个问题，总之，不会进行得特别顺利。国与国之间唯独工艺美术方面的研究和兴趣不会受到任何方面的限制，话题谈到哪里都可以，毫无阻碍。如果双方谈得投机了，还可以加深友情，使得双方的关系越来越亲密。到最后剩下的唯一问题可能就是感叹对方在本国剩下的日子越来越少了，不舍得对方那么快就离开吧。中国艺术家来趟日本非常不容易，以后我还会继续举办类似的活动，给他们创造来日本的机会。今后可以这样，今年日本的艺术家去中国，明年中国的艺术家来日本，通过年年岁岁的你来我往，双方之间存在的误解和不愉快肯定都会烟消云散。

在技巧和收藏方面，一方可能有比不上另一方的情况，但大家相互理解，敞开心扉谈艺术、画山水，觉得好了就点个赞，想作诗了就和个韵，或者展开彼此的古画名画，仔细品味欣赏，这样一来又怎会生出藩篱呢？所以我相信，从工艺美术方面入手来改善与中国的关系应该是一个最恰当、最安全、最为融洽的方法。

我到中国各地游历的时候，一般都会找机会拜访当地的文人墨客，这里面既有收藏古玩玉器的，也有喜欢书画、建筑的，我不管艺术门类，都会亲自上门请教，这样来往次数多了之后，在中国各地就有了很多好友。朋友又会介绍他们的朋友和我认识，结果我在中国的交际圈子越来越广。在中国，艺术方面的交往圈子是没有边界的，所以我才会说工艺美术可以起到改善中日关系的作用。我有一个广东的林姓朋友，已经来日本多年。他曾找我商量，说自己来日本十多年了，和日本的文人相处得非常好，所以特别想加入日本籍，想变成日本人，而且犬养毅也赞成他的这一想法，想问问我对此有什么看法，还拿出了一些入籍的手续给我看。如果中日两国国民的交往都达到了林姓朋友与日本友人那样的亲密程度，那彼此之间也就不会觉得对方是外国人了。当然了，我并不是为了标榜自己而特意举这个例子，客观来说，不仅是艺术家和文人墨客之间，即便是普通的日本人和中国人，如果双方接触多了，也会对彼此产生出好感。

中国的友人常常对我说，中日两国的国民要是都能够像我们相处得这样好，那就好了。然而遗憾的是，政府之间很难友好起来，要么是摆出一副要吵架的架势，要么是看彼此不顺眼，但即便是将来政府间关系恶化，即便是中日间发生战争，我也希望中日间的私人朋友关系能够继续保持下去。从这件事我们也可以看出，利用工艺美术来改善两国人民的感情应该是最为恰当的方法。在今日中日关系恶化的大背景下，我希望有识之士能够认识到这一点，更多地利用工艺美术来增进两国国民间的好感。

东洋美术的曙光

中国政府的财政状况极其窘迫，年度预算仅有七八百万，官员的俸禄已经拖欠六个月有余。在日本的官费留学生按说每个月都有固定数额的生活费，但现在也领不到了。可以说，中国的方方面面都呈现出悲观的景象。大家可以设想一下，当一个国家连教育部的预算都保证不了，各省又怎会去设立美术学校或工业学校呢？于是，一些有心的中国青年不远万里来到日本求学。最近，东京高等工业大学的一名中国留学生曾对我说，他的老家在中国江西，家里以烧瓷器为生，他特别想把家里的生意做大，他老家的旁边就是著名的瓷都景德镇，但现在景德镇的瓷器也已经不行了，要么是烧一些便宜畅销的低级品，要么是为了出口国外，烧一些迎合外国人口味的瓷器，真正的精品已经不再做了。他之所以选择东京高等工业大学的瓷器系，就是想学习日本的烧瓷技术，等毕业后归国振兴家业。

在中国当前的乱象下，即便是有抱负的年轻人，也很难有所作为，所以很多中国青年远渡重洋前往欧洲、美国和日本留学，争取学有所成归国振兴中华。中国当前的思想界、艺术界、道德界、政治界以及其他的方面全都陷入了一片混沌状态，新的人才很难崭露头角，但依然有一些有识之士在为了复兴中国曾经的辉煌而努力，也有一些有识之士在为了彻底抹掉中国过去的文明、重新建立一种崭新的文明而努力。不管怎么说，我对中国今天的艺术界一点也不悲观。从历史上来看，中国文化的发展呈波浪线状态，虽然今天的中国文化已经触及波浪线的谷底，但总有一天又会重新达到波浪线的顶峰。中国历经周、汉、六朝和隋唐等众多朝代，经历了无数的兴衰，其中也产生了无数的波澜，直到唐玄宗时代，中国汉民族的文化才达到了最高峰。综观中国五千年的历史，中国的艺术也是在唐玄宗时代最为辉煌，这一时期堪称中国艺术的黄金时代。当时的佛教艺术极为发达，即便文明发展到了今天，我们依然有很多不如当时的地方。自唐玄宗之后，中国艺术开始衰退，到后来的宋徽宗时，中国艺术又迎来了一次小高潮。在明朝，瓷器艺术开始抬头。在清初康雍乾盛世时期，由于皇帝喜欢艺术，下面的人争相效仿，中国艺术界也因此取得了巨大的进步。中国艺术就是这样呈波浪状不断向前发展。自清末至今天的民国，中国动荡不安，所以艺术也陷入了停滞的状态，但等数十年后中国社会秩序重新建立之时，中国艺术也必然会重新焕发出光彩。只要中国艺术的根还在，中国艺术就不会灭亡。希望中国的当权者能够认识到这一点，保住中国艺术的根脉，同时也希望能够有更多的日本人去关注中国艺术。

　　总之，中国的现代艺术还没达到历史上比较居上的位置。中国是一个重视古物的国家，过去各个时代的优秀艺术品或是被埋在地下，或是被当作宝物收藏在皇家宫殿或名家的手中。中国又是一个具有悠久历史的大国，自古至今流传下来的很多名品被收藏在英美的博物馆或日本。对保全艺术品来说，这确实是一个不错的方法，但我还是希望他们能够尽可能被留在中国。如上所述，中国积累了大量优秀的艺术品，为了更好地研究和保护这些艺术品，我们应该从现在就着手实地的预备调查，争取在故宫的武英殿或是其他地方建立一个大的艺术中心并设立研究所，对艺术品进行科学的研究和保护。我们对艺术品的研究不能仅局限于艺术品本身，还应该同时对艺术品产生的背景进行研究，例如，产生该艺术品的自然地理环境，促进该项艺术不断发展的社会历史因素，以及生活在当时社会环境内的从艺术家到一般民众的精神面貌等。通过背景研究和实地调查，中国艺术的研究在将来肯定会越来越兴旺。我相信当这一切都变为现实时，东洋美术的曙光也就会出现了。

吴昌硕临摹北宋本石鼓猎碣文后作的跋文

　　吴昌硕为浙江安吉人。根据原本的藏书印可知，北宋本石鼓猎碣文应是广东中山林文昭先生的珍玩。在我前往安徽黄山和歙州砚山之前，七十五岁的吴昌硕先生曾约上王一亭、友永虚明和永野元彦三位先生一起设宴为我壮行。当天夜里，吴先生送了我十幅墨宝，至今仍珍藏在我的寓所。每当看到这些墨宝，我都会禁不住想起先生的音容笑貌。

吴昌硕七十五岁时在清代赵子谦的遗墨帖上题的字

老缶是吴昌硕晚年的别号，年轻时用过吴后卿的名字。图中题字与吴昌硕年轻时的笔致大致相同，不过显得更为老练。

第二章　收藏之癖

中国的灯笼和蜡烛

图中物品出自作者中国室的收藏。左侧的圆形灯笼是
中国商人挂在店头使用的。右侧带有"朝拜"二字的灯笼
是中国道士在参拜时所使用的，背面还有"仙山"二字。
和日本的灯笼不同。中国灯笼里的蜡烛通常都为红色。

中国的文房用具

胡姓墨商

南唐后主李煜曾夸赞龙尾砚、李廷珪墨[1]和澄心堂纸[2]是天下之冠。龙尾石是一种黑色石材，出产于安徽婺源的龙尾山，与苏轼在《万石君罗文传》中夸赞的罗纹石并称为歙（shè）砚的两大极品石材。李廷珪墨是古代产自安徽的一种名墨，后来逐渐被"湖笔徽墨"这一名称所代替。安徽产的墨是天下最好的墨。宋代的歙县即今天的徽州府，这里是徽墨的主产地。徽州城内有很多胡姓的老铺，徽墨的最初生产者应该就是他们。世人所熟知的著名墨商胡开文、胡同文和胡正文都是来自徽州。如果你有幸到制墨工场去参观的话，那就很有可能看到明万历年间的程君房[3]在《程氏墨苑》中所记载的制墨方法。墨的侧面通常会刻有"贡烟""顶烟"和"超顶烟"这样的字眼，用来表示墨的不同品级。现在徽墨中比较有名的要数曹素功[4]墨，其实早在清代这种墨就已经比较有名了。在北京和上海有很多经营墨的老铺，都说自己的总店在歙县，但是如果你真的到歙县去踏访的话，根本连个影子都找不到。去年，一位上海的店掌柜向我吐露了实情，其实他的老家根本就不在歙县——他是正经的

---

1. 李廷珪墨取自黄山松烟，制造精良，坚如玉，纹如犀，自宋以来推为第一。
2. 澄心堂纸是五代十国南唐徽州地区所产的一种名纸，因其卓越的品质被评为中国造纸史上最好的纸。它是南唐文房三宝之一，以"肤如卵膜，坚洁如玉，细薄光润"著称。
3. 程君房，字幼博，又名士芳，岩寺人。制墨家，被誉为李廷珪后第一人。君房制墨，不受陈法约束，博取众家之长，讲究配方、用料、墨模，首创超漆烟墨制法。
4. 曹素功，原名圣臣，号素功，安徽歙县人，清代四大制墨名家之一。他早年潜心科举仕宦之途，因不遂心愿，便返乡以制墨为业。最初借用名家吴叔大的墨模和墨名开店营业，以后墨质和工艺造型日渐精良，名声亦渐远扬，其墨业更加兴旺。后移店至苏州、上海等地，常为权贵和名流定版制墨，在社会上层影响很大，被誉为"天下之墨推歙州，歙州之墨推曹氏"。

福建人，之所以说总店在歙县，就是为了赚个好名声。

吴昌硕曾告诉我，歙州的砚山可以从芜湖南面的九华山开始往南数，包含了青阳、石埭、黟县、屯溪、婺源和玉山境内的三十六峰。但我在实地踏访后发现，歙州的砚山根本没有那么多，仅有以黟县的羊山岭为中心向南北延伸的一条山岭而已。在这条山岭上，埋藏着罗纹石、卵石和龙尾石等上佳的制砚石材，而且山上还长着红松，油脂很多，可以制成松烟。松烟是制墨的重要原料，将松烟与香料和胶质等混合，然后将一斤墨分成两等份，再分成四等份、八等份，最后将墨放入木板制成的墨范中压制成型就可以了。墨范内可以刻一些纹样，例如《天保九如图》或《百爵图》等，也可以刻上制墨者的名号，例如"程君房制"或"方于鲁制"等，这样一压，出来的墨自然也就带了这样的纹样或文字。一般来说，有名号的墨的质量都比较好。现在保存下来的一些带有"大明天启"或"大清乾隆"等年号的墨，因为年代久远、胶质干涸出现了龟裂的现象，但也有一些保存比较好的，色泽都还非常不错。从自古至今的墨谱来看，墨的形状基本都是长方形，不过也有一些大的圆形墨或方形墨，此外还有一些专供皇家使用的御用墨，那形状就多种多样了。

总之，中国的墨存在不同的等级，而且不同时代制成的墨在品质上也会有很大的差异。总之，只有在中国的砚台内恰到好处地去磨中国产的墨，才能充分体会到泼墨的妙处。同样的道理，如果在日本的砚台内去磨中国产的墨，那就不尽如人意了，这时还是磨日本墨才会恰到好处。中日两国有着悠久而不同的历史，从而造就了两国在砚墨文化上的差异。

被用作婚礼礼物的笔墨纸砚

自古至今，如果提到文房用具，自然少不了湖笔徽墨。徽墨我在上一节中已经介绍过了，那湖笔又是指什么呢？这里的"湖"并不是指湖南的"湖"，而是指浙江省的湖州。湖州产的笔被称为"湖笔"。其实，湖笔并不仅有湖州在产，苏州和镇江附近出产的笔也可以被称为湖笔。湖笔的笔头使用黄鼠狼毛或者羊毛等，经久耐用。总之，好的笔产自南方，好的砚台也大多产自南方，就连在北京卖书画用纸的店都被称为"南纸店"，这也足以看出中国南方是笔墨纸砚的主产地。尤其是笔，自乾隆时代开始就已经被王公贵族当作礼物使用，有时在婚礼上也会给新人送笔。当然了，这种作为礼物使用的笔并不是普通的毛笔，笔杆通常由白玉制成，上面镶嵌青金石，雕刻龙纹，非常精美。

　　笔杆的材质有很多种，有玉石的，有髹（xiū）漆的，有斑竹的，等等，而且笔杆顶端装饰用的穗子也可以随时更换。很多文人喜欢换笔杆上面的穗子。中国人为了不让笔被虫蛀，在写完字后，特意不用水洗笔头，就让墨留在上面，据说这样可以防止虫子咬笔头。笔架和砚屏的材质也有很多，有玉石的、象牙的、髹漆的、紫檀的、螺钿的、铜的、铁的、镀金的、镀银的、镶嵌的，等等。部分笔架和砚屏还会雕刻山水。砚台也非常有趣，首先放砚台的底座的形状就各不相同，材质也不一样，有汉白玉的、镀金的、青铜的、故意做旧的、瓷的、白玉的、玛瑙的和紫檀雕刻的，等等。此外，文人对砚水壶也非常在意，材质有青铜的、白玉的、水晶的、玛瑙的、白瓷的、白泥的、朱泥的和黄泥的，等等；形状有鸟形的、莲叶形的、葫芦形的、卷轴形的、竹节形的、靴子形的，等等。我曾见过一个带有石叟[5]铭文的嵌银卷轴形砚水壶，真的是非常漂亮。

　　中国文人在写小字时，习惯在手腕下方垫一个腕枕。有些日

---

5. 石叟是明晚期最为著名的冶炼专家和艺术雕塑大师。他继承了传统的铸铜工艺，熟练掌握铜嵌银丝工艺，善制嵌银铜器，使铜器制作艺术焕发光彩。所作多为文人雅玩之物，采用嵌银落款"石叟"二字，多在器物底部，篆隶均有，字体朴拙无俗韵。

本人在写小字时会把左手垫在右手手腕下面，这和腕枕起到的作用一样，不过这样做的人并不多见。中国文人使用的腕枕同其他文房用具相比，种类就少得多了。竹子做的腕枕最常见，表面特意做成糖稀色，摸上去手感非常好。有的还会在表面浅雕山水、虎溪三笑[6]、花卉和佳句等，让人感觉很文雅。

镇纸的种类样式繁多，既有比较贵族化的，也有非常平民化的。现住北京的渡边哲信曾向我夸耀，说他收藏的镇纸可比我的古老多了。渡边哲信收藏了六朝的镀金蟠虎，其他朝代的铜奔马、狮子、牧童、卧狗、辟邪、角端、夔龙、蟠龙、卧仙、小型古镜、玉璧、玉石、陨石、孔雀石和青金石等。这些东西都可以被用作镇纸。镇纸一般不大，大都是一两寸，大一点的三寸。

从秦汉的古铜印、银玺、田黄、鱼脑、翡翠、寿山石、黑蜡、琅玕、鸡血石和陶瓷等印料，到印盒、朱色印泥、笔筒、笔洗和颜料碟等，中国文人书房用具种类繁多。如果我一一予以介绍，那日本文人可能就受不住诱惑，赶紧跑到中国去一睹文房用具的真容了。

其味如芝兰：中国名器博山炉清赏

在夏、商、周三代的青铜器中，博山炉的数量不少[7]。作为一种焚香的礼器，自古以来博山炉就非常受人珍重，不仅被收录入各

---

6. 佛门传说，虎溪在庐山东林寺前，相传晋僧慧远居东林寺时，送客不过溪。一日陶渊明、道士陆修静来访，与语甚契，相送时不觉过溪，虎辄号鸣，三人大笑而别。
7. 作者此处似有误，博山炉主要出现在汉晋时期，夏、商、周三代似乎还没有博山炉。

种关于钟鼎彝器的图录中，而且像端方[8]这样的社会名流也将其视作珍品，以能够收藏到博山炉为乐。在日本也有名士收藏中国的博山炉。在住友春翠男爵的泉屋古铜宝库中，我就曾见到过中国博山炉的珍品。

有学者认为博山炉最早是模仿新疆地区罗布泊岸边的火山而做，不过这一说法是否可信还很难判断。博山炉的器形呈山岳重叠的圆锥状，上部镂空，下部有轴柱和底座，其古朴奇特的造型透出一种别样的雅趣。焚香时，香气会从博山炉上部的孔洞冒出，就如同山水之间冒出香气一般，非常符合中国人的审美趣味。广东和北京都有香山，四川有香溪，中国在给山水命名的时候非常喜欢用"香"字。在日本，仅在天皇病重或是期待天皇康复的时候才会用博山炉焚香。在中国，博山炉也仅会在一些非常庄重的场合使用，其发出的香气能够给人带来无限的幽趣和默想。当前在波士顿博物馆和大英博物馆等世界顶级的博物馆中也都收藏博山炉。虽然博山炉中有很多赝品，但其样式基本都是一样的，所以说即便是赝品也都充满了高雅的韵味。

接下来谈一下香筒。香筒的种类很多，其中不乏精品。大多数香筒都是圆筒状的竹器，周围雕刻楼阁、山水、人物等。在雕刻的时候会特意在一些隐蔽的部位穿孔。香筒内放线香或兰花花瓣，其香气可以透过小孔发散到外面来。我的家中也收藏了一根香筒，其颜色为暗褐色，盖子和底儿都是用水牛角制成。如果外出时带上这样一件香筒，那就和出门刻意带文明杖一样，必然会心情大好。

8.端方，字午桥，号陶斋，清末大臣，金石学家，满洲正白旗人，官至直隶总督、北洋大臣。从政之余，醉心于古玩收藏，是中国著名的收藏家之一。个人亦喜藏书，且收藏颇富，精品亦多，藏书处曰"宝华庵""陶斋"，藏书印有"乐道主人真赏""端方藏记"等。同伯希和等人保持着良好的关系。在出洋考察期间，他还收集了古埃及文物，是近代中国收藏外国文物第一人。

此外还有一种扁平的香筒，可以将长的线香放到里面，外面雕刻一些人物、山水等，显得非常优雅，里面的线香也不容易断，所以携带起来非常方便。很多扁平的香筒还会配一根用翡翠、玛瑙或珊瑚等制成的穗子，人在带着香筒行走时，香筒的穗子摆来摆去，显得更有雅趣。

接下来再说一下香盆。中国的很多香盆都很有艺术价值，有白玉的、陶器的、景泰蓝的、竹器的，等等，通常都是放置在书房内的博古架上供人们赏玩。香盆和鼻烟壶一样，千姿百态，非常适合文人墨客把玩。故宫武英殿内收藏了很多香盆中的珍品，在意大利驻汉口总领事劳斯的住处，我也发现他收藏了一些香盆，而且件件都是精品。

另外，在进行焚香研究时还有一个必不可少的对象，那就是念珠。中国人用沉香木制成的念珠比玉石制成的念珠还要贵重。此外，中国人还可以把香的粉末团成珠子，然后串成念珠，这样的念珠自然是芳香扑鼻。

中国人对香的喜爱体现在生活的方方面面。从中国人随身带的扇子就可以窥见一斑。很多扇子的扇骨都是由自带香气的白檀木制成。炎炎夏日，风流雅士扇动手中的扇子，阵阵香气迎面袭来，自然会让人联想到扇子的主人也必然是一位高雅之士。

此外，在中国还有一种用樟木制成的砚台，也会散发出独特的清香。有些中国的墨在制作过程中也会被加入香料，像制墨大师胡开文和曹素功等人大多都会在墨中加香料，比起不喜欢加香料的程君房和方于鲁制作的墨，很显然胡开文和曹素功制作的墨更受欢迎。

总的来说，中国人不单是喜欢焚香，整个日常生活都是氤氲在一片香气之中，可以说是达到了无香不能生活的程度。我们必须承认，对中国人来说，香的魅力真的是非常巨大。

蟋蟀葫芦和夜明珠

当我到中国的一些中产阶级人士家中拜访的时候，经常会不由得对那种扎根于中国人骨子里的纯真、优雅以及富有深意的生活意趣产生憧憬。例如，在冬日的北京，即便室外是零下几十度的严寒，屋内的客房或书斋内依然可以听到蟋蟀的叫声。在中国，早在春秋时期就已经有了"堂上听闻蟋蟀声"的记载。在寒冷的冬季听到蟋蟀的鸣叫，确实是一种不符合时节的嗜好，但却非常有趣。在北方，从沈阳到长春、哈尔滨；在南方，从庐山到洞庭湖畔，无论哪里，在秋季的堂屋内都可以听到蟋蟀的鸣叫声。这一习俗自周代就已存在，至今未曾改变过。和日本人谈到秋季就会想起芒草、桔梗和黄花龙牙等花草一样，蟋蟀声已经成为中国秋天的象征。

在寒冷的冬天听到蟋蟀的鸣叫声，这是中国文人的一种嗜好。将蟋蟀从秋天饲养到冬天，心无杂念地去欣赏蟋蟀的音色，这也充分体现出了中国文人内心的平静。中国文人大都有着豁达的生活态度，无论时局如何动荡，无论"排日"如何激烈，都与我无关，我关起门来，将所有心思都集中到眼前的这只小蟋蟀上就很满足了。

有一样东西有助于我们理解中国的美术意趣，就是在中国的上流家庭中经常能够看到蟋蟀罐。要想在寒冷的冬季饲养蟋蟀，首先需要有一个很好的保温装置。为了在寒冬中听到蟋蟀的鸣叫，中国人特意发明了蟋蟀罐。中国人很聪明，蟋蟀罐大多是由葫芦制成。

当然了，用的并不是普通的葫芦，而是在葫芦还小的时候，在它外面包一个铁范，用人工来干预葫芦的成长。铁范内部做一些雕刻，等葫芦长大了，这些雕刻自然也就长在了葫芦身上。如果铁范是扁平的，那长成的葫芦也会是扁平的；如果铁范的内部阴刻了飞龙翔凤、祥云和格子等图案，那长成的葫芦上也会有类似于阳刻的相同图案。有些铁范内部雕刻的艺术价值很高，所以最后长成的葫芦上的图案也就显得非常优美有品位。

可以看出，中国人为了养蟋蟀真的是煞费苦心。时至今日，乾隆时期王公贵族所玩过的蟋蟀葫芦依然可以时不时地见到。我自己也收藏了数对设计精美的蟋蟀葫芦，都是一些非常开门的作品，很讨人喜欢。北京故宫武英殿的宝物中也有一些蟋蟀葫芦。

葫芦晾干后，在葫芦的上方开一个螺旋式的口，用透雕的象牙圆板做盖子，而且这盖子必须要做得恰到好处，既要严丝合缝，又要开合自如。葫芦内部还得涂上一层泥，据说这样利于蟋蟀存活，让蟋蟀住在里面就跟住在土里的感觉一样，所以拿在手里会挺有分量。蟋蟀是一种非常娇弱的动物，要用谷粒和蔬菜精心喂养，还要保持一定的室内温度，所以对喂养人的要求非常高。

有人可能会觉得，中国人太闲了，所以才有心思去养蟋蟀这种动物。其实不然，这跟有没有时间、闲不闲毫无关系，而是中国人与生俱来的风流心和悠然自得的人生态度，使得他们喜欢摆弄这些东西。在中国，像这样的例子还有很多，它们都是很耗工夫的爱好，有时候难免还会给人一种纯粹是闲得难受才会这么做的感觉。当然了，这些都是大陆性的爱好，对日本这样一个岛国上的民众来说，这样的爱好几乎是不可理解的。

曾有过这样一件趣事——

掬汀和薇香两位先生特意大老远赶来，有朋自远方来不亦乐乎，我们当时畅谈了三个小时。后来薇香先生将谈话的内容写成一篇文章，发表在了《中央美术》杂志上。在此我就偷懒一把，不再赘言，直接引用薇香先生的此篇文章如下：

"怀着了解中国趣味的愿望，我们前去拜访在这一领域深有耕耘的后藤朝太郎先生。大正十五年（1926）三月十日，虽已入春，但雨水依然冷得刺骨。我和田口掬汀主任一起冒雨登上了小日向台，很快就到达了后藤先生的中国室。进门之后，后藤先生招呼我们在中国椅子上坐下，然后给我们每人搬来一个铜制的脚炉。我们把快要冻僵的脚踩在热乎乎的脚炉上，那种感觉真是舒服。环顾后藤先生的中国室，房间内摆的每一样东西我都非常喜欢。墙上挂着卢永祥和萨镇冰等武将的书法作品，但透出的却是不像武将的悠然自得之气。此外还有一些砚台、拓本、奇怪的玩具和色彩斑斓的锦缎等。物虽无言，但是通过这些器物我们却可以感受到后藤先生独特的研究兴趣。

"后藤先生身着中式服装，和我们一边喝着热茶，一边聊中国人的现代生活。后藤先生的口才着实了得，平时连想都想不到的中国人独有的生活状态经他的口说出后，仿佛就在我们的眼前一般。我们本来就对中国充满了兴趣，所以听得我们是如痴如醉。后藤先生搬出一对我们从未见过的小玩意，指着其中一件对我们说：

"'给你们介绍一件非常有意思的小玩意儿，是中国人在无聊的时候消遣用的，你们猜这是干啥用的？'

"这件小玩意儿用干葫芦制成，内部是空的，顶端有一个用黄铜制成的盖子，可以拧到葫芦上，盖子上钻了很多细细的小孔，葫芦外部雕刻着楼阁山水的花纹。从外观来看，一眼就可以看出这是一件制作精美的中国工艺品，但是由于没有任何文字说明，所以我们即便是上手去摸也判断不出这究竟是干什么用的。后藤先生见我们难在那里，于是提示我们说：

"'这是中国的文人墨客喜欢玩的一种东西。他们在散步或是对谈的时候，这种东西都是不离身的，而且在天冷的时候，还会在外面给装个布袋子，你们还猜不出是什么吗？'

"后藤先生这么一说，我们更猜不出这是干什么用的了。于是就央求后藤先生赶快揭晓答案。

"'其实我一说大家就明白了，这是中国的蟋蟀筒，中国人会在里面装一只蟋蟀，然后把它装在衣兜里，或是提在手上，一边做事一边听着蟋蟀的鸣叫，可以看出中国人的生活还是非常悠闲的。'

"后藤先生揭晓答案后，我们立刻就明白了。将蟋蟀随时带在身上，在散步、聊天或饮酒的同时听着蟋蟀的鸣叫，这样的生活真是悠然。另外，中国作为一个大陆国家，其国民性中的无忧无虑之处也着实令我们惊讶。我们又问这种蟋蟀筒在中国叫什么名字。后藤先生告诉我们说是叫'蟋蟀葫芦'或是'蛐蛐葫芦'，然后接着问我们：

"'很明显，蟋蟀筒是用葫芦做的。不过大家知道这样的葫芦是怎么长成的吗？'

"从蟋蟀筒的外观上来看，好像是刻意压成的，但又不太敢确定。

"'它是这样制成的。'后藤先生一边说着一边拿出一个特殊的模具。

"'这是一个阳模，上面雕刻着花纹。用的时候在阳模上面一层层糊上宣纸。待宣纸干燥硬结后，将这个阳模中间的小棒抽出，阳模就会分为四块，然后一块块抽出来。原来裱糊在外面的宣纸层就形成了一个中空的阴模，然后将小葫芦放在里面，等葫芦长大后自然就长成了阳模的模样。'

"可以看出，中国人在玩的方面的创造力真的是超乎我们的想象。接下来，后藤先生又给我们展示了一件香筒。他告诉我们，中国人在乘火车旅行的时候会随身带这样的香筒。他们会在车站买一些兰花装到香筒中，在火车上一边闻着兰花的幽香，一边喝茶聊天。这件香筒长约七寸，类似一个笔筒，表面刻有浮雕，制作得极其精美。香筒表面的浮雕有楼阁和人物等，充满了艺术性，看起来像是中国的某个典故。

"唐朝诗人王翰的《凉州词》中有'葡萄美酒夜光杯'的佳句。

后藤先生接下来给我们看的就是一件夜光玉。看到真的夜光玉后，我才认识到原来中国人在文字中对夜明珠的描述是真的，没有丝毫夸张。后藤先生将电灯关上，他在黑暗中将两块玉石放在掌中摩擦。两块玉石之间发出类似于蛙鸣的'呱呱'响声和明亮的光。屋外寒雨下得正酣，雨声与'呱呱'声交织在一起，给人的感觉仿佛是来到了雨天的湖边，一边淋着雨一边听着湖中的蛙鸣。中国人日常生活中的这种风雅之趣，真是令人羡慕啊！

"周公百岁酒、长生不老药、竹香筒……后藤先生将他收藏的中国物品一件一件拿出来给我们看，滔滔不绝地给我们讲解每一件物品。最后，后藤先生给我们展示了一些中国的纺织品。这里面既有乾隆时期某位王爷使用过的精美绝伦的蜀锦，也有带有《渔樵问答》图案的织锦，还有用很多块布拼在一起形成某个特殊图案的纺织品。如此精细的纺织品，也只有悠然自得的中国人才能够做得出，而且纺织品上面的花纹也透出一股悠然自得的感觉，充满了艺术性。"

中国文人的石趣

中国人的爱石雅癖

我在中国游历的时候曾去拜访一位文人，书斋门口贴着的一副对联给我留下了很深的印象。那是一副笔法优美的对联，上联是"洗砚鱼吞墨"，下联是"烹茶鹤避烟"。

站在这副对联面前，主人在池中洗完砚台后，水中的鱼儿把墨水吃到肚子里的场景宛如就在眼前，体现出中国文人墨客清雅的生活方式。此外，通过这首对联，我们也能够想象到中国文人每天都要清洗砚台的习惯。

砚台是中国文人书桌上的必备之物。很多文人每天早上洗脸的时候会同时洗砚台。而且对于一些非常名贵的砚台，中国人还会专门把它放在水中养着，据此可以看出中国人对砚台的喜爱之深。

中国的爱石雅癖不仅体现在砚台上，几乎对所有石头都喜欢。中国人自古以来就对石头非常关注，所以很多著述、文学作品、传说故事或是随笔等都有关于石头的记载。《老子》《鬼谷子》《吕氏春秋》《淮南子》《抱朴子》《史记·留侯世家》《史记·司马相如传》《后汉书·魏志》《晋书》《齐书》《梁书》《南史》《隋书》《唐书》《山海经》，以及王充的《论衡》和葛洪的《神仙传》等各时代的书籍中关于石头的记载不胜枚举。

1. 名胜古迹的石头

在中国江南的时候，我曾去庐山南麓探寻过陶渊明的旧迹。在虎爪崖小瀑布的下方有一块大石头，据说就是当年陶渊明醉酒后睡过的地方，所以得名"醉石"。当前这个地方属于星子县管辖，但在晋代这一地区属于彭泽县。我爬到石头上去看了，上面刻着大小不一的很多汉字，给人的感觉就像是一块躺着的摩崖石刻。

诗人李白在《登庐山五老峰》中写道："庐山东南五老峰，青天削出金芙蓉。九江秀色可揽结，吾将此地巢云松。"庐山的景色优美，多奇峰峻岭。陡峭的悬崖峭壁或如屏风，或如蹲着的巨兽，或如飞翔的大鸟，千姿百态，雄伟壮观。当我进入庐山真正欣赏到庐山的胜景之后，我才深刻领会到李白歌颂庐山的诗歌的意境，同时也理解了中国文人为何对巨岩怪石充满了如此巨大的憧憬之情。山东的泰山、广东的西樵山等也都因奇峰怪石出名，所以也很受中国文人喜爱。

2. 庭园中的石头

中国人对石头的喜爱表现在庭园中主要是太湖石。太湖石外形奇特，宛如层峦叠嶂的山峰，上面布满孔洞，广泛使用于园林、池亭和湖畔等地方。在中国的庭园中，如果没有太湖石的话，那就难以称之为一处成功的庭园，所以说太湖石是中国园林不可或缺的石材。杭州西湖三潭印月景区的莲池正中，就有一块体型巨大的太湖石，从水中高高昂起，给西湖增添了别样的景致。据中国人说，太湖石主要出产于洞庭西山。明代谢肇淛著的《五杂俎·地部一》中有"洞庭西山出太湖石，黑质白理，高逾寻丈，峰峦窟穴，剩有天然之致"。

在西湖游玩的时候，我曾问当地人太湖石是从哪里弄来的，得到的答案是从西湖西侧的山中采来的，而且很容易就可以获取到。中国南方的太湖石资源比较丰富，苏州的留园和沧浪亭内都有很多的太湖石，而中国北方距南方遥远，所以要想获得太湖石还是挺难的，于是人们就模仿太湖石的外形，人工制作太湖石，然后将其摆在庭园中，通过此种形式来弥补北方没有太湖石的不足。

另外，太湖石并不仅用在庭园或是湖畔。一些小型的太湖石还会和竹子、兰花或松树等植物搭配使用，人工制成一些独特的盆景。这在中国的文人画中描绘得比较多。

3. 灵璧石和印材

中国人对石头的喜爱表现在室外，主要是园亭湖畔或是庭园中使用的太湖石，而表现在屋内主要是用奇石制成的摆件。这些摆件通常都富有风韵，而且看起来很高雅，深得中国文人的喜爱。在石摆件中最出名的就是灵璧石。灵璧石的摆件在样式、时代、颜色和材质方面存在着各种各样的差异，有的看起来像奔跑的老虎，有的又像是马上就要站起来的狮子。总之，灵璧石摆件有着各种各样奇怪的造型。中国文人对这种天然形成的奇形怪状的石头尤为喜爱。

灵璧石有大有小，但那种能够被人轻松用手举起来的石头最为珍贵。中国文人会在书房或是博古架上摆放自己喜欢的灵璧石。除此之外，还会摆放一些其他的奇石，例如苍蓝色的青金石等。这些石头会被摆放在紫檀制成的雕刻精美的台座上，呈现出各种各样的身姿。

一些名品印材也会被制成摆件摆在房间内，起到装饰的作用，不过一些特别名贵的印材会被特意装在小盒子里，深藏不露，例如田黄、田黄冻、鱼脑、鱼脑冻、黄蜡、寿山石、鸡血石、白蜡石、玛瑙和红玉等都是非常名贵的印材。有的印材就用它自然的形状，有的印材会施以一些雕刻，给雕出个钮儿等，印面要么是阴刻，要么是阳刻，有的还会在侧面刻上雕刻者的名字等。北京的刘骧业先生祖籍福建寿山，我在他家见过一对很大的田黄冻，那真的是稀世珍品，在中国各地的收藏家中还无人能够收藏到如此大的田黄冻。如果将这对田黄冻称为天下第一田黄冻的话，那一点也不为过。刘骧业和陈宝琛是甥舅关系，所以有条件收集到一些印材中的珍品。在中国，很多文人都喜欢收集印材。

除印材外，中国文人还喜欢收集印谱。不过比较起来，还是印材更讨人喜欢。在所有的文房用具中，没有比一块好的印材更让文人墨客高兴的了，这也足以看出印材在中国文人心目中的地位。当然了，我这里所说的印材都是那种非常珍贵的、等级非常高的印材，普通的印材是入不了中国文人的法眼的。君子的爱好基本都类似，像摆件、盆景等都是中国文人所推崇的爱好。

4. 石板匾额、砚屏和笔架

在中国人的书斋、客厅和卧室等处的墙壁上，经常会挂着一方白色的石板。石板上面有天然的纹路。纹路的形状千差万别，有的像是云雾笼罩下的峰峦奇岭，有的又像是高耸云霄的孤峰，如同南画中雨后的山景，让人禁不住联想起山水风光。中国人对天然形成的山水纹样比人工画成的山水更感兴趣，所以与正常的书画相比，天然的石板画更为珍贵。如果有人得到了好的石板画，通常都会专门做个好看的边框，然后把它高高地吊起来。不过对日本人来说，通过石头纹样想象出来的山水总感觉硬邦邦的，不太符合日本人的审美情趣，所以直到今天这样的石板画也没有传到日本。同样的还有铁画，也是因为不符合日本人的审美，所以至今也没有传到日本。不过，在中国人的住宅中，石板画和铁画都还是很常见的。

砚屏是置于书桌上砚台外侧的一种小型的屏风。当然了，并不是所有的砚台都必须搭配砚屏。砚屏的材质也不仅限于石头，有瓷的，有木头的，还有金属的。不过大多数比较珍贵的砚屏都是由白色大理石制成，上面有天然的纹路，而且底部通常还会配一个用紫檀木制成的台座。如果没有合适的白色大理石，那用湖南洞庭湖西侧出产的黎溪石做屏面也可以。黎溪石一般有猪肝色、绿色和黄色三种颜色，所以可以利用不同的颜色部位雕刻出山水、奇石、花卉和花鸟等。另外，黎溪石也可以被用作砚台。不过与砚台比起来，还是用来制作砚屏更适合。

接下来谈一下笔架。笔架和砚屏一样，也有石头的、瓷的、木头的、金属的、玉石的，等等。其中，石头笔架最多，而且很多石头笔架上都有精美的雕刻，非常有价值。我珍藏了一个五个山峰的黎溪石笔架，上面有浅浮雕的花卉，显得非常优雅。中国人喜欢笔架这样的文房用品，会在上面做很多艺术加工，再加上中国人喜欢石头的雅癖，石制的文房用品自然是更受中国人的喜爱。

综上所述，中国人对石头的喜爱往大了说有庐山这样的秀美山峰，往小了说有用石头制成的文房用品。中国人，尤其是中国文人很喜欢这些用石头制成的文房用品。砚台是文房用品中的重要成员，中国人自古以来就喜欢砚台，跟砚台有关的各种艺术是发展得灿烂夺目。出现这一现象并不是偶然的，如果能够收集到很多的砚台，并且对其进行仔细研究的话，你就会发现砚台其实是体现着中国人的国民性的。也许有人会觉得我这么说是穿凿附会，不过我确实是这么感觉的。

跟石头有关的艺术和文学

1. 跟石头有关的艺术

众所周知，埃及人在历史上留下了很多石头艺术杰作。同埃及人一样，中国人自古至今也留下了很多跟石头有关的艺术佳作。山西大同云冈石窟的规模、数量、雕刻技艺和神韵，毫无疑问都达到了北魏佛造像艺术的最高峰。面对云冈石窟的大小佛像，任谁都会感受到一种迎面扑来的伟大与庄严之感。另外，天龙山石窟和河南的洛阳龙门石窟也都是如此，让你不得不惊讶于古人的艺术成就之高。

中国的石雕艺术也是非常知名的。北京十三陵、南京明孝陵的石人石马等，都是石雕艺术中的精品。朝鲜庆尚北道大邱西郊西岳的武烈王碑，底座的石赑屃雕刻得非常精美，中国当前的石雕中已经难以看到这样的精品。另外，平壤箕子陵的神羊等石雕，山东潍县郊外的大石马等，也都是非常精美的石雕艺术品。著名的昭陵六骏就更不用说了。

在中国现存的各个朝代的石头艺术品中，除了动物石雕以外，两汉以后的碑碣留下来的也非常多。自汉魏六朝隋唐以来，碑碣大都是和螭龙、赑屃相伴存在。石碑的正面和背面会雕刻隶书或楷书文字。碑碣在中国非常受重视，在日本介绍得也比较多，所以在此我就不再赘言了。

在中国自古以来的艺术品中，跟石头有关的艺术品占据了非常重要的地位。中国的雕刻史如果将石雕删除的话，就会寂寥很多。另外，中国的石质非常适合雕刻。这也促进了雕刻技艺的发展，从而使得中国历史上留下了一批精品的石雕。在中国石雕中最为常见的就是石狮子，既有盘踞在印章上面当作印纽的小石狮子，又有立在大门外母子嬉戏的一大一小狮子。此外，中国各地门柱下方的石块通常也都会被施以精美的雕刻。这一小节谈的是中国跟石头有关的艺术，其实中国的玉雕等也应该包括在内，不过限于篇幅原因，我只能忍痛割爱，留待以后再述了。

2. 跟石头有关的文学

在历史上，中国文人咏石的文学作品不胜枚举，其中既有传说、故事，又有随笔和诗赋等。在所有的咏石文学作品中，最为有名的就是苏东坡的《万石君罗文传》，其中用拟人的手法将安徽的歙砚称作罗文。罗文出自歙县山中的洞窟，后来被他人举荐给汉武帝，深受汉武帝的喜爱，享尽了荣华富贵。但是，后来来自广东的端紫（其实就是拟人化了的端砚）被人举荐进入皇宫。端紫虽然缺乏文采，但善谄媚，颇得汉武帝的欢心，因此得以长伴君侧。罗文渐渐不被重用，心中愤愤不平。有一次汉武帝南巡归来，罗文进言道："陛下用人，确实如汲黯所说，后来者居上啊。"汉武帝回答说："我并非不挂念你，只是因为你年纪大了，不知变通的缘故啊。"左右侍从听了汉武帝的话，以为皇上心里不再喜欢罗文，于是也变得瞧不起罗文。罗文失宠后，跪请告老还乡，汉武帝命令驸马都尉金日磾在旁搀扶。金日磾是胡人，起初不通文墨，一向憎恨罗文，趁此将罗文挤倒在大殿的地上。罗文扑地而亡。在文中，苏东坡将歙砚和端砚全都拟人化了，读起来非常有意思。

跟石头有关的文学作品除了像《万石君罗文传》这样的小故事外，还有一些神话传说。五代王仁裕在《开元天宝遗事·占雨石》中写道："学士苏颋有锦纹花石，镂为笔架，尝置于砚席间，每天欲雨，即此石架津出如汗，逡巡而雨。颋以此常为雨候。"据北宋欧阳修、宋祁主持编纂的《新唐书》记载："拔野古一曰拔野固，或为拔曳古，漫散碛北，地千里，直仆骨东，邻于靺鞨。……有川曰康干河，断松投之，三年辄化为石，色苍致，然节理犹在，世谓康干石者。"据任昉所著的《述异记》记载："儋耳郡明山有二石，如人形，云昔有兄弟二人，向海捕鱼，因化为石，因号兄弟石。"另外，夏目漱石的"漱石"其实是出自中国的《晋书·孙楚传》，其中有文："楚少时欲隐居，谓济曰：'当欲枕石漱流。'误云'漱石枕流'。济曰：'流非可枕，石非可漱。'楚曰：'所以枕流，欲洗其耳；所以漱石，欲厉其齿。'"翻译成现代文大致为：相传孙楚年轻时想体验隐居生活，便对朋友王济说要去"枕石漱流"，结果错说为"漱石枕流"。王济纠正说："流不能枕，石不能漱。"孙楚于是辩称："枕流是为了洗涤耳朵；漱石是为了砥砺牙齿。"以上我所列举的这些故事未必都是以文学为主，把其中的石头硬往文学方面靠，确实有些牵强，不过从"漱石"和"枕流"这样别扭的词汇来看，这些石头身上又确实有文学的元素。

除上文所述外，关于石头的文学作品还有很多。总之，由于中国人实在是太喜欢石头了，所以才会留下那么多跟石头有关的文学作品。

中国人的国民性与石头有着密切关系，所以中国人喜欢对石头进行艺术加工，或是把石头当作文学创作的素材。中国人赋予石头一种道教的特质，把石头当作有灵性的生物来看待，而且被当作生物来看待的石头和中国文人的气质又有着相通之处，所以中国人喜欢将石头拟人化，也因此产生了无限的乐趣。

超脱于艺术的名砚

1. 很有风格的名砚

在中国的文房用具中，那些被人珍藏的名品其实并不是单纯的艺术品，很多都是不墨守成规且洋溢着自然之趣的珍品。文人雅士喜欢的名砚并不仅在于它的实用性，名砚身上体现出的高雅之趣同样重要。

在中国的名砚中，没有一方砚台像西方家具那样严格遵循几何学原理。对中国人来说，严格遵循几何学原理的砚台是没有风韵的，也不会有人喜欢。不过，在中国也有很多遵循几何学原理制成的砚台，但是在表面或是外缘、内侧等处都会给刻意做出一些弧度，显得有变化一些。这样的砚台没有什么趣味，没资格成为名砚，仅是一些大众货而已。中国的名砚非常讲究，其砚深、砚底、内部、转角和外缘等处都凝聚了制作者的心血，体现出无穷的韵味。如果一块砚石的自然基础比较好，不需要经过多少加工就能够体现出无穷韵味的话，那就再好不过了。

总的来说，日本的名砚大多缺乏风格。无论是古砚还是今砚，日本作者的个人风格在砚台上表现得很少，基本都是清爽恬淡有余而趣味性不足。日本几乎所有的砚台都制作得非常精细，结果丢失了余韵。有时虽然也会在砚台上雕刻云月、山水、花鸟和蓬莱仙境等图案，但是雕刻得过于精巧，没了让人遐想的空间。所以说，日本的名砚中能够算得上珍品的很少，那种能够超脱于艺术之上的砚台就几乎没有。

中国《西清砚谱》中收录的名砚和故宫武英殿内展出的名砚都是杰出的艺术品，从其精巧的制作工艺可以看出凝聚了作者大量的心血。然而，这些砚台自一开始制作的时候，就已经明确了它们是专供皇帝使用的御用品，所以在制作上为了安全起见可以说是万无一失，但是却缺乏飘逸的气质和高远幽苍的风格，因而大多数都算不上是名作。御用砚台有其专门的制作方法，强调图案雕刻的精巧性。在这一点上，中国的御用砚台要比日本砚台做得更为严谨细致，但是和日本砚台一样，都算不上是超脱于艺术之上的名品。中国江南吴地有一位叫顾二娘的制砚大师，她制作的砚台基本件件都是精品。在今日的日本虽然也有赫泉、羊石和静轩等几位制砚名家，但是他们都是从职业匠人的角度去进行制作，很难创作出让人眼前一亮、惊叹不已的精品。

我本人最喜欢的是那种超脱于艺术之上的名砚，在中国大陆及台湾，以及朝鲜和日本各地，我见过的古砚不下四五万方，但是其中称得上稀世名砚的少之又少。有名人题记的未必就是名砚，但以下几方砚台却是当之无愧的稀世名砚。

朱竹坨铭端砚（广东）

黄莘田铭端砚（广东）

高凤翰铭端砚和歙砚（广东、安徽）

吴绳年铭歙砚（安徽）

金冬心铭端砚（广东）

纪晓岚铭端砚（广东）

文徵明、苏东坡、赵子昂和郑板桥等题记的砚台大多都是徒有其名，真正的精品很少。还有一些砚台刻着"王羲之"或是"大汉十年""建安五年"等字样，甚至更离谱的还有标"孔子遗砚"的，这样的砚台基本都是假的，不可能有名品。相反，在一些没有任何铭文或是落款的砚台中，反而有上乘之作。虢州的澄泥砚、陕西的洮河砚，收藏者或是制作者大都不会在砚台上留名字，但其中称得上名品的砚台不少。陕西的洮河砚用洮河特产的绿色石头制作，上面会刻《兰亭序》或是《流觞曲水图》等花纹。从古时留存下来的洮河名砚大致有两种类型，一种是椭圆式凤蛋形，另一种是长方式仿宋形。在众多收藏砚台的名家中，文选楼主人和岳雪楼主人收藏的名砚比较多。

2. 名砚的标准

关于超脱于艺术之上的名砚的标准是什么，不同的人可能会有不同的看法，但总的来说，以下几项标准还是不可或缺的。

石质要温润如玉，坚实细腻，易发墨，不吸水，不损伤笔锋，夏天储水不易腐，冬天储水不易冰。

形状要大小合适，而且雕刻要气韵生动。砖砚要富有禅意。

历史传承要有序。制作者要有名，而且要在制砚史上占有一席之地。

中国人还有一个习惯，那就是喜欢成对的名砚，即所谓的"姐妹砚"。砖砚中姐妹砚比较多，石砚中姐妹砚比较少。中国人对名砚非常在意，绝不会把它裸露着放在外面，通常都会给做一个紫檀木的小盒子，上面配一个漆器或是铁力木的盖子。小盒子和盖子制作得都非常讲究，有的还会镶嵌银丝或玉石等，盒子内部会铺锦缎，显得和名砚的身份非常匹配。尤其是当作礼物奉送他人的时候，这些外在的装饰就显得更为必要。

超脱于艺术之上的名砚大致有以下几种：

广东的端砚

安徽的歙砚

山东的红丝砚

陕西的洮河砚

河南（虢州）的澄泥砚

河南出土的瓦砚

当然了，以上所列举的砚台也并非件件都是精品。近来随着科技的发展，出现了用干漆仿造的名砚。如果抛开重量和品质不谈，其雕刻、色泽、古态和形状大小，甚至铭文都可以仿造得一模一样。即便是再有名的鉴定专家，如果不上手去摸的话，那也难以判断出孰真孰假。当然了，用石材也可以仿制名砚，不过那种人工做旧的痕迹一眼就能够看出来。再说了，因为仿制品的出现，同一个名字的名砚在各地到处出现，真真假假分不清楚，也是一件很没意思的事，所以我是极力呼吁禁绝仿制品的。

3. 一扫名砚死藏之弊风

凡是仿制的砚台肯定不会成为名砚。别说名砚了，连高档品可能都算不上。那些品质神韵俱佳的名砚，在一两千方砚台中才会有一方。世俗之人在得到这样的名砚后，为了防止被别人偷了，基本都会将其死藏在家中，秘不示人。我其实挺讨厌这样的死藏砚台之人，我觉得收藏砚台一定要同好者相互交流才有意思。不管是中国文人，还是日本学者，哪怕就是一个普通的做砚台的工人，大家不问出身，简简单单地去鉴赏一方名砚，这才是本该有的样子。

在日本有很多谈论砚台之人，连古时流传到日本的中国名砚或是中国保存下来的古代名砚都没见过，就在那里夸夸其谈。近些年来，中国的名品砚台大量流入日本，如果连这些名品都没见过就去谈论中国的名砚的话，肯定说不到点子上。尤其可悲的是，一些制砚的匠人制作了一辈子的砚台，可是连中国的一本砚谱或是一方名砚都没见过，那自然也就无法制作出名品砚台。这样看来，日本的砚台一概显得比较庸俗拙劣也就并非偶然了。我真切地希望那些对砚台感兴趣的朋友，能够多去鉴赏一些超脱于艺术之上、品质神韵俱佳的中国名砚，这无论是对提高大家的鉴赏水平，还是提升日本的制砚水平，都是大有裨益的。

名砚与普通砚

1. 爱砚之人不喜欢的砚台

很多砚台收藏家其实并不会去刻意判断自己珍藏的砚台究竟是不是精品，只要是从古时传下来的，他们都会视若珍宝一样去进行收藏。有时候一些不古老，但是具有纪念意义的砚台，不管是不是珍品，也一样会被珍藏。中国文人重视实用主义，收藏的砚台会时不时地拿出来使用。日本人则不是这样，如果特别喜欢某一样东西，那肯定会把它藏起来，绝不会轻易拿出来示人。

爱砚之人大多喜欢收藏那些带有禅味的砚台，或是富有高雅之趣的砚台，他们不喜欢那些弄得花里胡哨的砚台，觉得这样的砚台丑，所以绝不会把它们划入名砚的行列。不过世俗之人却偏偏喜欢这种花里胡哨的砚台，并把它们视作名品一样珍藏。这样的砚台往往装饰过度，雕个孔雀非得在尾巴上雕出无数个"眼状斑"，雕个葡萄的藤蔓非得在旁边给配上个栗色的小老鼠，而且这些砚台的用材也多为湖南的黎溪石或是福建的兴化石，无论是砚石还是雕刻都算不上是上品。这样的砚台虽然被爱砚之人觉得丑陋，但是其拥有者却认为其很有价值，所以对其非常珍视。

以上所述的砚台虽然够不上名品，但是摆在文人雅士的案头还是没什么问题的。如果是再低一个档次的砚台，那就没资格摆到文人雅士的案头了。

另外还有一种情况，本来是名品砚台，结果因为拙劣的雕刻或是拥有者自己在上面刻字，导致砚台彻底被毁，从名砚一下沦为了普通砚台。这样的情况其实不少见，有些人非得在砚台上刻上自己的雅号，或是根据自己的意愿刻上让人大跌眼镜的粗陋芦雁图，把一块挺好的砚台弄得一塌糊涂。在这里也提醒大家，如果好不容易得到了一块好的砚台，一定不要画蛇添足，把它给弄丑了。

2. 古砚应从暗处走到明处

最近数年间，大量的中国古代名砚流入日本，出现了中日砚台交流史上未曾有过的盛况，可以说是一度打破了奈良时代以来的记录。现在很多日本人会前往中国游历，他们带回来的砚台，或是来到日本的中国文人携带来的砚台，很多都是名品。在东京丸内工业俱乐部和保险协会大楼曾举办过关于砚台的博览会，展出了大量精美的砚台。一旦好的砚台看得多了，那些丑的砚台自然也就没人关注了。受砚台博览会的影响，原先秘藏不宣的一些砚台也都被公之于众。不过仍有一些人觉得雕刻少，没什么装饰的砚台是下品，而自己那种带有栗色老鼠、葡萄或是孔雀"眼状斑"的花里胡哨的砚台才是珍品。还有一些人走到了另一个极端，认为那种没什么装饰、看起来比较素的就一定是好的，而普通人喜欢的那种华丽的则就是普通的。

近来中国的古砚越来越受到日本人的重视，很多人都把家中收藏的古砚拿出来去鉴定究竟是不是精品。其实砚台是不是精品并不重要，即便是普通的砚台，它的使用价值和名砚其实并没有什么差别。不管是普通的砚台，还是名砚，我都希望它们能够从暗处走到明处，而且不只是针对收藏在日本的中国古砚，对于中国四百余州的古砚，我亦是希望如此。

爱砚家们秘藏的珍品

文人自然离不开印章和砚台这样的文房用具。这次在北京，我又新发现了一位收藏印料和砚台的收藏家。这次的新发现还得归功于小幡公使，他平时喜欢收藏中国的古画。有一次在聊天的时候，他透露自己已经收藏了一百多块鸡血石，并且还向我介绍说北京有一位叫陈宝琛的老儒和一位财政部秘书刘骧业珍藏着不少田黄冻、田白冻和鱼脑冻等。

刘骧业先生在东京生活过，我和他早就认识，在一次汉学会上，我们俩还曾同席过。当时他曾亲口告诉我，说他是福建午原人，印料中的极品田黄寿山就是出自他的故乡。可能有人会把田黄、田白和寿山误认为是三种不同的东西，其实他们都是采掘于寿山这一座山中，而且都可归类为寿山石，只是其中的珍品被称为田黄和田白而已。对于那些透明温润、品质上乘的田黄和田白又会在后面加上个"冻"字，所以就有了"田黄冻"和"田白冻"这样的称谓。

当时他就邀请我，说如果将来有机会，一定要让我鉴赏一下他所收藏的印材，并且还要向我详细介绍一下寿山地区的状况。这次听小幡公使说起他后，我很快就联系到他，表示想到他的府上鉴赏他所收藏的印料。刘骧业先生也非常爽快地答应了。后来，我又怂恿小幡公使和武内金平等人，一起从大和俱乐部出发，乘车前往刘骧业先生所住的烂缦胡同。

刘骧业先生对我们一行的到来表示出相当的敬意，接连拿出了三十多颗田黄印料。我现在印象最深的是其中一颗高四寸五分、宽三寸、厚两寸的田黄印料，上面刻有朱红色的文字，没有钮，印料周边雕了一圈浅浅的山水，整体保留着石头的自然形态，摸起来非常温润。别说台湾、华南和上海了，就连在北京的琉璃厂，我也未曾见到如此上等的田黄。可能故宫武英殿内也没有哪颗田黄能与它相比。在中国有"黄金易得，田黄难求""一两田黄十两金"这样的说法。虽然明知道用金钱来衡量如此上等的田黄是非常煞风景的，但武内金平还是禁不住低声说："像这么大块儿的田黄，得值八千大洋吧？"刘骧业立马纠正他说："像这样的成色，世上绝无仅有，至少也得一万大洋。"

此外，在桌上还有一些一寸五分、两寸左右的田黄冻、田白冻和鱼脑冻，有的质美且通透，有的呈肉色且润泽，有的呈牛奶色且半透明，有的则漆黑，还有的看起来像玛瑙琥珀。跟这些田黄冻、田白冻和鱼脑冻相比，其他的像青金石、孔雀石之类的宝石基本都不值一提了。此外，刘骧业先生还给我们看了他收藏的几块鸡血石，也都是难得的珍品。刘骧业先生收藏的印料比我、小幡公使、武内、渡边和土屋等在别处看到的所有印料都要好得多。那些所谓的收藏家所收藏的田黄虽然也称为田黄，但和刘骧业先生所收藏的田黄相比，那还是有很大差距的。

也是在那一天，在刘骧业先生的引荐下，后来我们又去拜访了王桐老先生。他给我们看了刻有龙鱼铭的周代大鼎、埃及文字的拓本和一个刻有唐代贞观三年（629）的铭文但样式却是典型宋代样式的端砚。此外，他还拿出七八方古砚，在里面添上水后，让我们用手去感受那种触感。当时，武内还在现场向我们介绍了西安出土的六朝佛像的一些情况。后来，王桐老先生又带我们到他保存藏品的地下密室参观，里面收藏了很多鼎彝、古砚和佛像等。他举着蜡烛，让我们一个一个鉴赏。很显然，王桐老先生是为了躲避兵荒马乱，特意修建了这个密室。在骚然不安的北京城内，这样黑暗的密室究竟能派上多大用场，我们还无从得知。不过，这也充分反映出中国文人内心缺乏安全感的一面，想来不禁让人深深同情。

犬养毅、山口子爵、藤村义苗和武内金平是当今东京砚石界的四大名人。最近，洗砚会在工业俱乐部举办砚台展，很多珍贵展品都是出自以上四位所藏。

在中国自宋末至清初，共出现了端砚、歙砚、红丝砚和洮河砚等七十余种砚台。在中国和日本也逐渐出现了收藏与研究砚台的热潮。去年，我到中国长江流域进行调研时，曾专门到出产歙砚的安徽歙县三十六峰考察，然后又去了山东省考察红丝砚的产地，最后到北京转了一圈后才回到日本。不得不感叹，还是北京的爱砚家最多，而且珍品砚台的数量也数北京最多，尤其是故宫的武英殿，收藏着很多名砚。看到这么多好的砚台，我还真的是有点垂涎欲滴了。

北京的陈仲恕、林万里、王桐，山东济南的万其谊等人都是非常知名的"砚通"，他们收藏了很多精品砚台。住在中国的日本人中，比较喜欢砚台的有武内金平、土屋祯二、柿内常次郎、井上源太和日本驻青岛总领事森安三郎等，他们不仅是砚台的研究家，同时还是收藏家。

在华北地区，评价最高的砚台是红丝砚，分为七八个种类。我最下力气研究的也是红丝砚。有传闻说，去年春天，和田丰治还专门给华北地区的下属发去电报，要求他们努力独占红丝砚的交易。不过，我最近研究的是端溪水岩青花纹自然砚、虢州黄泥大砚和端溪水岩火捺大砚板等，都是天下难得的珍品。此外，我还收集了一些砚志、砚史和砚谱等。

洗砚会是由山口子爵、乡诚之助、犬养毅、加藤恒忠、加藤正义、松方正作和藤村义苗等人发起的一个民间组织，我也有幸参与了一些组织工作。与杉子爵侧重于研究古砚不同，洗砚会以高品质的砚台为研究重点，不分古今。洗砚会还聘请了理科大学的小藤博士等人做顾问，围绕砚台与墨开展多角度的科学研究。在日本，收藏名品砚台最多的要数武内金平、藤村义苗、松方正作、森氏、和田丰治和土屋祯二等人。武内金平收藏了七百多方。藤村义苗收藏了大约五百方。松方正作、森氏与和田丰治收藏了大约各三百方。土屋祯二收藏了大约二百方。端砚、歙砚、红丝砚和洮河砚是当今最为流行的四大名砚。

为了体味中国书斋的雅趣，我最近在寸香斋书斋内摆放了一组从中国带回的桌几。中国的工艺美术巧夺天工，不单单是手工制成的物品，整个中国的天地山川都可以算作是一件巨大的艺术品。所以说，中国对美的认识其实是包括了天然与人工两方面。中国的任何一件艺术品都能够很自然地体现出和谐之美，另外在作品的深度与趣味方面也有着日本人未曾体验过的高雅。

尤其让我颇感意外的是，中国自然景致的规模之大——无论是在北方还是在南方，中国的自然景致都非常雄大。此种雄大也形成了另外一种独特的美。与自然景致的雄大之美相反，一些非常小的工艺品，如一寸大小的鼻烟壶、各种各样的印材以及玉石做的小装饰物等，尽管它们的体积非常小，但中国的艺术家还是会极尽所能在狭小的面积上去绘制自然风光。这些艺术品充分反映了中国艺术品的特色，同时也催生了我对中国艺术品的兴趣。

其实不只是日本的美术家或艺术家在收集研究中国的艺术品，日本的一些实业家在中国旅行时也会特意去收集中国的艺术品。如果有充足的财力且不被中国的赝品所骗的话，收集中国的艺术品真的是一项很好的娱乐，同时也是一项很有雅趣的爱好，所以我希望日本的所有实业家去中国旅行的时候，都能够花点精力收集一些中国的工艺品。当然了，造假在中国是很常见的，有时候花了大价钱购买的艺术品很可能就是赝品，所以我们觉得没必要花大价钱去购买那种昂贵的工艺品，收集一些日常生活中能够用得上的、与日本住宅相搭调的，或是能够起到装饰作用的工艺品就足够了。如日常生活中能够直接用得上的桌几和花瓶等，这些东西在中国很容易就可以收集到。总之，我希望日本人到中国各地游历的时候，都能够本着自己的爱好去愉快地旅行。

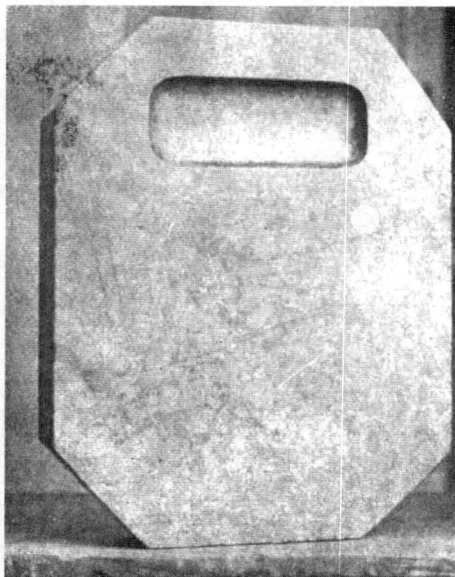

歙州豆斑石灵池砚

端溪位于广东，歙州位于安徽，两者都是盛产名砚之地。歙州砚石中又分龙尾、金星、银星、罗纹、卵石和豆斑石等种类。石如其名，豆斑石表面有豆子一样的斑点，其实是远古时代小动物的化石痕迹。

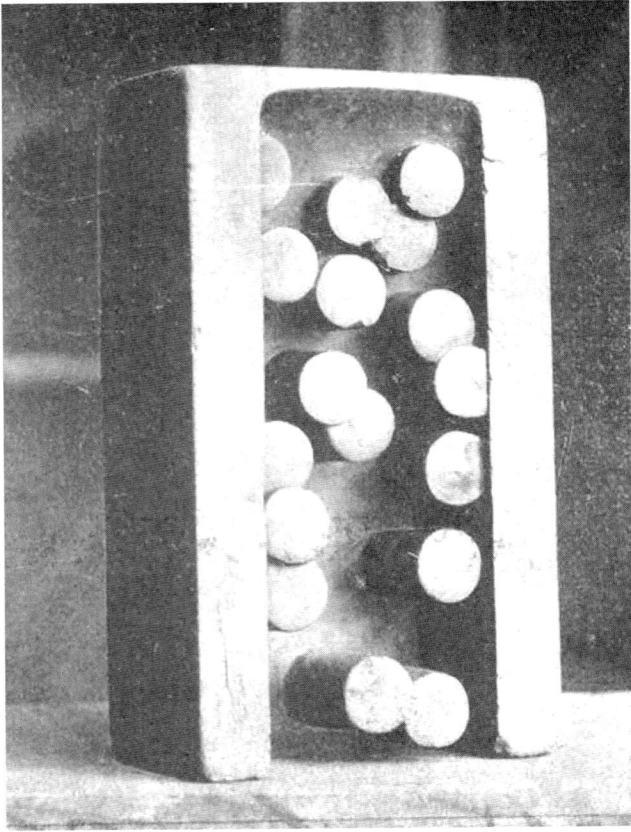

端溪明坑眼柱太史式抱真砚

此种样式的端砚多为宋砚，在明坑中出现带有如此多石眼的砚石实属罕见。本方砚台将砚石中天然存在的十七颗石眼巧雕成十七个眼柱，而且眼柱高度不一，分为多层，显得更为难得。

中国周代使用的指南车模型照片

摄自北京大学沈兼士教授带到东京的模型。

当前中国家庭中常见的文具

笔插、手帖、算盘、名片等。中国的手帖是折页式，外面会套一个小盒子。

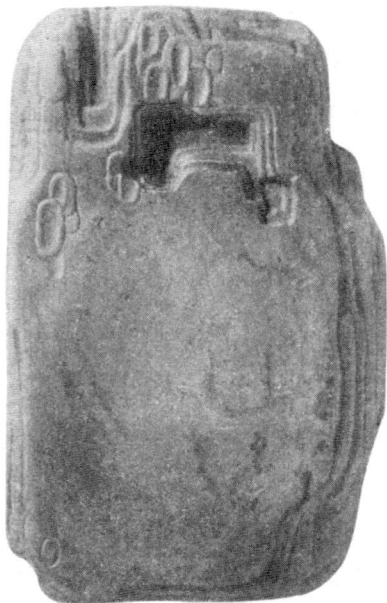

端溪水岩后涧天然砚

利用砚材天然的凹陷来当作砚堂，手感细腻，摸上去就像涂了蜡一样。

端溪太极八棱砚

乾隆御砚的样式，既充满典雅之趣，又非常实用。

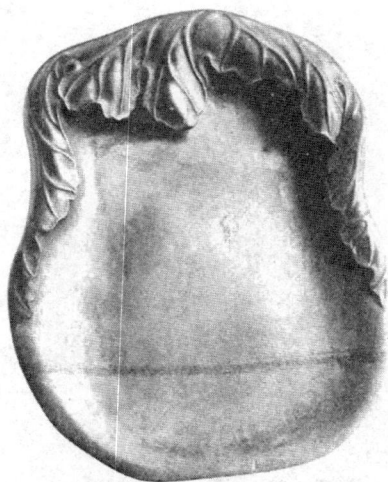

端溪莲叶天然宝砚

样式、石质和铭文都算得上是砚台中的上品，温润细腻，置于书桌之上，必会让人顿生挥毫泼墨之意。

玻璃制成的美丽砚台

主要用来磨朱砂墨，出自萨摩藩岛津家，后背山口弘达子爵珍藏。

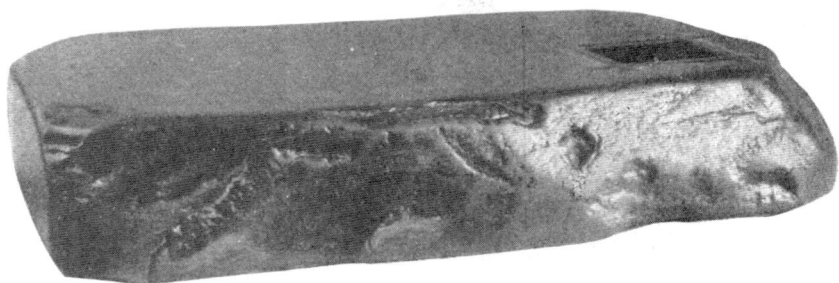

端溪水岩蕉叶白汲古砚

已故的小牧昌业博士旧藏。造型奇特古朴，称得上天然砚中的极品。

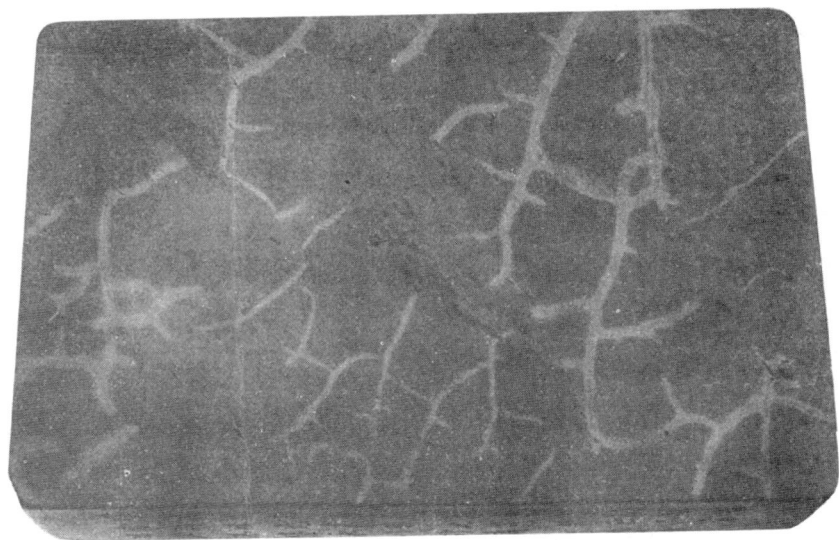

端溪水岩苹藻纹砚砖

纹样珍奇、磨墨佳，是我鉴赏过的四五万方砚台中难得的珍品。

中国的上流人士所喜爱的蟋蟀罐和装兰花的香筒

　　蟋蟀罐有竹制的，有专门用来斗蟋蟀的，还有用葫芦做成的。蟋蟀葫芦上端会有一个带螺纹的盖儿，盖儿上钻小孔，便于听到蟋蟀的悦耳叫声。最右侧是制作蟋蟀葫芦的模具。

梅花仙鹤大蛇砚

高：六寸一分　宽：四寸二分

　　在中国，除端砚和歙砚以外，红丝砚、绿石砚、兴化砚、蛮溪砚、蒲江砚和大蛇砚也非常出名。图中为一方大蛇砚，利用各层不同的材质分别雕刻出白梅和白鹤等纹样。没有铭文，应该为某位隐士曾用过的砚台。

歙州水波罗纹夔龙抱真砚

长：七寸三分　宽：四寸七分　厚：一寸三分

宋代苏轼喜欢安徽歙州的罗纹砚，从而使得罗纹砚的名声大涨。图中砚台银星满面，周边雕刻商周时代夔龙图纹，风格高雅且实用。

花鸟风字砂砚

长：六寸二分　宽：四寸六分　厚：九分

砂砚是中国的一种木砚。磨面上涂有金刚砂。我在中国旅行的时候会随身带着图中这方砂砚。此方砚台轻便且饰有漂亮的螺钿花鸟，颇得我的欢心。

第三章　象形之意

对联、首饰盒和三寸金莲绣鞋

　　图中物品出自作者在中国室的收藏。此副对联比较特殊，中间多出一大红色装饰物（编辑注：挂笺），底部被雕成了花篮形状，看起来非常美丽。首饰盒用柳木制成，上面施以精美的雕刻。三寸金莲绣鞋上面的刺绣花纹非常细腻。

毋庸赘言，如果要研究中国文化，对中国文字的研究肯定是必不可少的。如果想研究中国的古老文献，或是想窥探一下在文献出现之前的中国古代文化的话，尽管有各种各样的研究方法，但是象形文字的研究却可以给我们提供最多的线索，这是我们研究中国最古老文化的一条捷径，同时也是我们了解中国文化的关键所在。一直以来，有识之士都认可象形文字是重要的研究材料，但还没有人从象形文字的结构入手去进行研究。这其实也怪不得大家，主要是因为象形文字的收集和识读实在是太困难了，而且研究方法也一直未确立，结果使得大家连深入研究的机会都没有。

对于文字的研究，一是单纯以文字为研究对象；二是为了研究其他学科顺便研究一下文字。这和语言的研究有些类似，一是纯语言学的研究；二是在研究文献学时顺便做语言研究。在研究文化时所作的文字研究，应该属于为了研究其他学科顺便研究一下文字这一类型。对于当前的象形文字研究，我的心里是非常没底的。首先，收集和识读困难，其次，研究方法也没充分确立，所以我决定还是站在考古学的立场上对象形文字进行研究。

在中国象形文字的所有资料中，最具有学术价值的就是以下三种。

一、出土的商代甲骨文；

二、商周时期的古铜器铭文；

三、秦始皇之前的石鼓文。

出土的商代甲骨文，是指河南省彰德府安阳河畔小屯村出土的、刻在龟甲兽骨上的文字，还未曾听说其他地方出土类似的甲骨文[1]。

古铜器是指出土的商周时期的铜器、世代相传的商周时期铜

1.除河南安阳小屯村外，中国的其他地区也有商代刻字甲骨出土。作者在写作此书时，中国其他地区的商代刻字甲骨可能还未被发现，或是已经发现但作者未知。

器以及后人仿制的商周铜器等。铭文的老旧程度必须与铜器的时代相吻合，不能是后刻上去的铭文。

石鼓的原物收藏在北京孔庙大成门内。关于石鼓的刻石年代存在三种说法：一是"周宣王说"，二是"北周说"，三是"战国时代说"。

除以上所述的这三大资料外，还有古陶文和古玺文等。在书籍方面，《说文解字》是一本不可或缺的重要资料。在今天看来，这些资料中的很多文字已经变成了没什么用处的死文字，但是从考古学的角度来看，它们却是非常重要的资料。一些文字，在后世可能很少用到了，但是它们在古代却用得非常频繁。《说文解词》以及其他的一些研究文字的书籍中有"古字逸文"这一章节，专门载录一些已经不用的"死文字"。这些死文字还算幸运，至少在书籍中留下了身影。甲骨文和金文中有很多文字在后来的文献中直接就消失了，连载录到"古字逸文"中的机会都没有。这些文字的存在与消失，其实体现的正是文字兴亡的历史。通过对这些文字进行研究，我们可以窥探到隐藏在文字背后的当时的社会状态。

"馘"字

"馘"（今读guó——编辑注，后面的读音若无特别说明，为作者注）在低地吴语中的发音是"kuɑ"或"kuo"，与"獲"和"穫"（kuɑ，今"获"字繁体）的发音基本相同，所以说"馘"和"獲""穫"的意思应该处于同一范畴内。从文字的构成来看，"獲"是狩猎之意，"穫"是收获庄稼之意，而"馘"是杀伐之意。"馘"的意思貌似与"馘""穫"完全不同，但其实它们三者的本质是一样的。"馘"字反映出了当时残酷的社会现状，其字本意有斩获敌人首级之意，所以说"馘"与"獲""穫"的意思还是有相同之处的。

此外，在先秦文献中，在形容一个人面目憔悴的时候也会用到"馘"字。《庄子·列御寇》中有如下记载：

"宋人有曹商者，为宋王使秦。其往也，得车数乘。王说之，益车百乘。反于宋，见庄子曰：'夫处穷闾阨巷，困窘织屦，槁项黄馘者，商之所短也。'"

"黄馘"非常形象地反映出憔悴的神情。在对"黄馘"这一词进行思考时，我们很容易就可以联想到被砍掉的首级面部蜡黄的样子。"馘"由"首"和"或"两部分组成，"首"表意，"或"表音，同时兼表意。从字的结构来看，"或"是在"戈"的底部加一个"口"。"口"有国境之意，所以说"或"的本意应该是战士持戈镇守边疆抵御外敌的入侵，据此也可以看出"或"字其实也有几分武备杀伐之意。"馘首"的习俗其实并不仅限于古代，在中国历史上，"馘首"的例子经常可以看到，而且直到今天，这样的例子也是屡见不鲜。《礼记·王制》有云：

"（天子）出征，执有罪，反，舍奠于学，以讯馘告。"

"讯"指的是生擒的俘虏。"馘"最初指的是斩获的头颅，但后来由于战争中死的人太多，如果带那么多人头回去请功实在是太麻烦，所以就演变成从战死敌人的头上割下左耳。

《韩非子·诡使》有云：

"断头裂腹，播骨平原旷野。"

《左传·僖公二十八年》有云：

"秋七月丙申，振旅，恺以入于晋。献俘授馘，饮至大赏，征会讨贰。"

根据《左传·僖公二十八年》的记载，秋七月丙申，晋师凯旋而归，向晋文公献上抓获的俘虏和斩获的人头，晋文公非常高兴，举行了盛况空前的庆功大宴。可以看出，在当时的军队凯旋庆功宴上有展示敌军头颅的习俗。这和今天台湾地区的布农族及其他少数民族祭祀时在石台上摆放人头的习俗有些相似。不过布农族摆放的人头并不是血淋淋的人头，而是白骨化的骷髅。他们先把人头放在户外经受风吹日晒雨淋，直到变成骷髅后才会摆上石台，当作供品。

在中国的古代文献中，关于斩获敌人首级的记载不胜枚举，例如《诗经·鲁颂·泮水》中如下诗句：

"明明鲁侯，克明其德。既作泮宫，淮夷攸服。矫矫虎臣，在泮献馘。淑问如皋陶，在泮献囚。"

其中有关于"献馘"的记载。诗歌描述得很详细，"献馘"和"献囚"就像是在眼前发生的一样。

《诗经·大雅·皇矣》中有如下诗句：

"临冲闲闲，崇墉言言。执讯连连，攸馘安安。是类是祃，是致是附，四方以无侮。"

后来随着斩获敌人首级越来越多，馘首逐渐被割掉战死敌人的左耳所代替。《诗经·毛传》中对馘的解释是："馘，获也。不服者杀而献其左耳曰馘。"不过，我觉得这应该不是"馘"字的原意。如果是《诗经·毛传》中所解释的意思的话，那直接用带耳朵偏旁的"聝"字来表示就可以了，根本没必要用带"首"的"馘"字来表示。《书经·康诰》中提到了周代的两种刑罚——"劓刑"和"刵刑"，我们从文字的结构上很容易就可以判断出这两种刑罚的具体内容，"劓刑"指的是割掉鼻子，"刵刑"指的是割掉耳朵。"馘首"和"劓刑""刵刑"的性质不同，"馘首"要比后两者残酷得多。割鼻子或割耳朵时用一把小刀就可以了，而砍头用小刀可不行，必须用"戈"或"钺"这种比较重的兵器。前文已述，出土的商代甲骨文是非常重要的古代文字资料，在甲骨文中被认为是"馘"字的是右侧这个字：

另外，可参考含有"馘"字的占卜用句子。

在甲骨文中，"馘"字右边的"或"被"戈"所代替，这其实是商代甲骨文中的合体字惯常使用的简化写法。其实"戈"字在甲骨文中还有很多更为复杂的写法。

"馘"字的古形

由首和戈两部分组成，甲骨文《殷墟书契》卷五之二十三。

在商代甲骨文中，有一些看起来像"戈"字的字其实并不是"戈"字，可能是斧钺的"戉"字，也有可能是繁体铁"（鐵）"字的右半边的"𢧜"，也有可能是"鐵"去掉"韭"之后的"𢦏"，可能还有其他的解释，但甲骨文中总之出现了上述四种类似于"戈"字的字形，而且所有的线索都显示这些文字与武器或猎具有关。另外，很多带有上述偏旁的会意字也可以证明上述偏旁和武器有关。

我们来看下面几个象形会意字。

这些合体字和"馘"字或"娥"字都属同一类型，可能是在表示一个人在战争或狩猎后，将获得的战利品或猎物挂在了自己

在龟甲兽骨中曾出现过的一例卜文

甲骨文《殷墟书契》卷五之二十三。

第一种（戈戌）　　　　　第二种（戕 戋）

第三种（矛？）　　　　　第四种（不详）

甲骨文中看起来像"戈"字的文字
从《殷墟书契》所录各原拓中摹录。

出自《殷墟书契》卷　　　出自《殷墟书契》　　出自《殷墟书契》卷四之
一之四十九、四十五　　卷六之十八、十九　　五十二、卷六之二十

"配有戈戟的人"的象形会意字

的武器上。至于准确的意思是什么，我们现在还无从得知，只能猜测。不过可以肯定的是，上述所有的合体字中都含有"戈"字这一部首。

以上我们列举了甲骨文中各种武器的写法，接下来我们再来看金文和秦篆中相同文字的写法，会发现甲骨文和金文之间还是有着密切联系的。

通过比较可以看出，金文和甲骨文中的"戈"字或"戌"字只是在字体的表现形式上稍微有些差异，其整体结构还是基本一致的。本节中所介绍的"馘"字由"首"和"戈"两部分组成。其中，

"戈"字在商周时代，甚至在商周之前更古老的时代，其写法应该都如同我在文中介绍的那样。

部分武器在金文或秦篆中的写法

从右到左：戈、戍、矛、我。

"囚"字

在上一节中，我曾经引用《诗经·鲁颂·泮水》中的诗句：

"明明鲁侯，克明其德。既作泮宫，淮夷攸服。矫矫虎臣，在泮献馘。淑问如皋陶，在泮献囚。"

其中提到了"献囚"这个词，单纯从字面意思上来看，"囚"字表示俘虏之意，这不存在任何问题。不过，如果研究"囚"字在甲骨文中的写法，你会发现一些颇有意思的东西。

《说文解词》对"囚"的解释是"囚，繫也，从人在口中"。至于"口"是什么，则没有明说。《尔雅》中对"囚"的解释是"囚，

商代甲骨文中"囚"字的写法
《殷墟书契》卷五之三十八、卷六之三十一、卷四之四十三、卷一之四十六。

拘也"。另外，《周礼·秋官》中有"掌囚，掌守盗贼"的记载。"掌囚"在周代应该是管理监狱的一种官职。《尔雅》和《周礼·秋官》也仅是对"囚"字做了解释或记载，对于"囚"字外侧的方形框子究竟指的是什么，也都没有做出解释。这个方形的框子乍看上去可能有点像牢狱，但是从甲骨文中"囚"字的写法来看，这个方形的框子并不是那么规整的，而是呈现出 ⊔ 形或 ⊔ 形，内部装有犯人，顶部有孔，仅供犯人的头部露出，无底，犯人的脚部呈半着地状态。很明显，这是一种类似于桎梏的刑具。如果将其还原出来的话，基本如下图所示。

　　直到今天，在中国的华南和西部地区依然保留着这样的刑具。四架四柱组成框形结构，四周是木头栅栏，一侧可打开，把犯人装入后，仅将头部从顶部露出，脚部呈半着地状态，要靠下颚部来支撑全身的部分重量。这种刑具应该属于枷锁型刑具，比那种套在脖

子上，锁住双手的平板型枷锁更残酷。从商代甲骨文中"囚"字的写法，我们很容易就可以推测出当时所用刑具的大致形状，但到了后来的金文中，"囚"字外侧的框子就只剩一个"囗"了，原有的四脚框的外形没有了。对中国的汉人来说，如果谈到囚徒，他们很容易就会联想到这种四脚框的刑具。通过甲骨文中"囚"字的写法，

我们可以对《诗经·鲁颂·泮水》中的"献囚"场景有更加具体的理解，同时对"献馘"的场景也可以有更加清楚的认识。

在带有"囚"字部首的合体字中，有一个"盅"字。《说文解字》对"盅"字的解释是"盅，仁也"。"囚"字下方配一个"皿"（）字，意为给囚徒饭吃，有对处于悲惨境地的犯人施以恩惠之意。试想一下，囚徒被关在了木笼中，连日经受风吹日晒，亲人故旧没有一个人来给送一口吃食，可怜的犯人到最后只能用牙去啃自己嘴边的木头，这是多么凄惨的一幅场景啊。在这时，如果有人能给送上一碗吃食，那真算得上是大仁大义了。

"旂"字

《诗经·周颂·载见》中有"龙旂阳阳，和铃央央。鞗革有鸧，休有烈光"的记载，其中的"旂"（qí）字是中国古代跟"旒旗"有关的文字中最为显著的一个字。根据金文中"旂"字的结构，我们可以窥见一些当时旗子的影子。

根据文献记载，"旂"是旗子中最有特色的一类，会在旗子底部点缀很多铃铛。《说文解字》对"旂"字的解释是："旂，旗有众铃以令众也。"《尔雅·释天》对"旂"字的解释是："有铃曰旂。"《周礼·考工记·韗人》中有"龙旂九斿，以象大火也"的记载。在古铜器的铭文中，也有被怀疑是"九斿"的文字，但具体的细节表现得并不是那么清楚。此外，《周礼·春官·司常》中有"日月为常，交龙为旂"的记载，据此可以看出当时的"旂"上应该绘着相交的龙。当然了，这些元素在文字中是表现不出来的，所以有铃铛就成为"旂"字的最大特色。如果观察中国古文字中"旂"字的写法，会发现在旗子下方还真的挂有像铃铛一样的东西。

"旂"字的象形结构中，铃铛是它的一个重点。在金文中，很多"旂"字的内部大都含有一个"单"字，有人认为这个"单"字指的就是铃铛，但我觉得这种观点有些不妥。

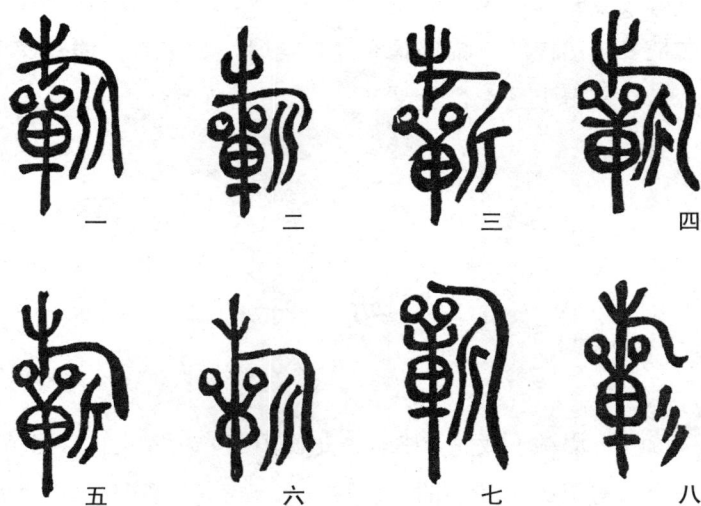

金文中的"旂"字："旂"字的原形

一、二出自晋姜鼎《啸堂集古录》；三出自颂鼎《积古斋》；四出自仔林父敦《筠清馆》；五出自追敦《积古斋》；六出自追敦《吉金》；七出自齐子中姜镈《攀古庼》；八出自迟父钟《啸堂集古录》。

因为在《说文解字》之后的所有关于文字的书籍中，"旂"字内的这个"单"字都消失了。如果"单"字指的是铃铛的话，那对"旂"字来说应该是很重要的一个元素，肯定不会轻易简化掉。从象形文字的惯常造字手法来判断，"旂"字中的"单"字应该和"禅"字中的"单"字具有同样的功能，即都是用来表音。而且，从表示祭天或祈愿的字中也多带有"单"字这一现象来看，"单"

字不可能表示铃铛。"单"字和祭祀用具有着密切的联系。《说文解字》中对"禅"字的解释"禅，祭天也"，其中就包含一个"单"字。"旂"字中也有一个"单"字，在商周时代，几乎所有"祈祷"中的"祈"字都是用"旂"来代替，如在表示祈求长寿这个意思时，不能用"祈眉寿"，一定要用"旂眉寿"才行。在中国的金文中，"旂"字的写法有数十种，今天仅选取具有代表性的部分字形予以介绍。

九　　　十　　　十一　　　十二

金文中的"旂"："旂"字的省略形

九出自旂鼎《积古斋》；十出自颂壶《积古斋》；十一出自鼎敦《考古》；十二出自伯旂敦《筠清馆》。

金文中的"禅"字

虢姜敦《考古》。

可以看出，"旂"与"禅"有很多相似的地方。"旂"字的原形由三部分组成，一是旗杆，二是旗旒，三是"单"字，而且"旂"字内还有个"斤"字。"斤"字是表音符号，同时也表示武器，所以说"旂"和"旗"应该是完全不同的两种东西。另外，在"旂"字的省略形中，所有的"单"字部分都被省略了，这就对后世了解

"旃"字的本意造成了障碍，所以，我们在研究"旃"字时还是将"单"字加回去为好。在"战斗"的"战"字中，我们也可以看到"单"字。

"战"字的金文及秦篆

从金文及秦篆中"战"字的写法可以看出，"战"字其实就是"单"字的异体字，或者是"单"字与旗杆的合体字。

在中国的古文字中，表示旌旗的文字不胜枚举，例如：

商代甲骨文中的旌旗

一出自《殷墟书契》卷七之二十六；二出自《殷墟书契》卷六之四十九；三出自《殷墟书契》卷六之二十六；四出自《殷墟书契》卷二之二十六的"旃"字；五出自《殷墟书契》卷七之一、卷一之二十二。

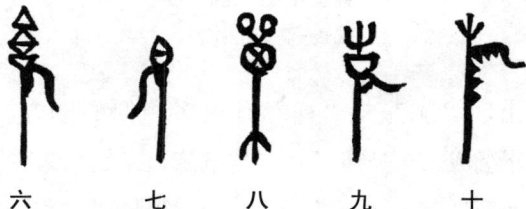

周代金文中的旌旗

在这些表示旗子的象形文字的旁边，如果配上旗手、军旅、战车或将帅的手等，就会形成各种各样的文字。例如，如果配上"戈"字，就是"战"；如果配上一个人，就是"旃"；如果配上两个人，就是"旅"；如果配上"又"字，就是"叟"。可以看出，以上所述的所有文字都和军旗有关。此外，在举行"禅"，即祭天等祭祀活动的时候，旗子又被当作祭具或仪式用具来使用。

在象形文字中，"旗"字与"矢"字合在一起形成"族"字；与"毛"字合在一起形成"旄"字；与"子"字合在一起形成"旒"字；与"斤"字合在一起形成"旅"字。可以看出"旅"字的本意是旗子和下方的斧钺，是一种武力的象征。金文中的"旅"字具有很强的象形感，通过"旅"字我们仿佛可以看到当时社会的情景。我认为"旅"字并非一定得要有铃铛，旌旗与斧钺戈戟的组合可能更符合古代宫廷的场景。在中国商周青铜器的铭文中，几乎所有的"祈"字都是用"旅"来代替，这可能并不仅仅是因为同音那么简单，可能还跟"旅"字既表示旗子，又表示拿着斧钺戈戟的战士，更能体现出仪式的盛大有关。

关于旗子的象形文字千差万别，研究起来很有意思。但限于本书的篇幅，我只能忍痛割爱略掉大半，先暂且介绍这些，希望读者能够谅解。

"乾"字

《易·说卦传》中对"乾"的解释是"乾，天也"。《周易·系辞传》中对"乾"的解释是"乾，阳物也"。《广雅·释诂》中对"乾"的解释是"乾，君也"。从"乾"字当前的写法来看，很难看出它与天、日、君有什么关系，所以说中国当前文字的结构并不一定与最初它所要表达的意思相一致。不过，如果追溯到"乾"字最原始的形态，你就会发现"乾"字中还是有元素与天、日、君王之意有密切关系的。《说文解字》中对"乾"的解释是"乾，上出也"。如果将"乾"字与跟他同类型的"敻"字或"朝"字作比较的话，你会发现"乾"字的象形文字的意思，其实是指让人对上天或君王产生强烈的虔诚或敬畏之念。

　　《说文解字》中对"乾"的解释是"上出也。从乙。乙，物之达也，敻声"，还介绍了"乾"字的籀文写法。其实，不管各类文献中对"乾"字作何种解释，"乾"字的象形文字的构成要素都是不变的，另外，还有很多和"乾"字是同一类型的文字作旁证，所以说如果想了解"乾"字最初的意思，其原始形态要比文献上的说明更为重要。在各类文献中，随着时间的流逝，一个字的意思已经发生了很多变化，但是我们却可以通过一个字的原始形态，推测出这个字最初的意思。综合考虑古文字中"乾"字的各种写法，你会发现"乾"字其实是一种旗子的象形。当然了，这种旗子并不是普通的旗子，而是旗杆顶部有三个叉，叉子底下有类似于旭日或三星的符号。以下列举几例"乾"字的古文字形。

"乾"字的古形
一是金文；二是籀文；三是小篆。

前文介绍的"旃"字也是"乾"字的一个旁证。此外，像"倝"字和"朝"字等也都与"乾"字有密切的关系。

"倝"字的古形
一是金文，二、三是小篆。

"朝"字的古形

"参"字的古形

"朝""参"两字的古文字形都是出自金文，在此就不再一一列举其出处了，请参照《朝阳阁字鉴》。

可以看出，"倝""朝"和"参"三字的象形结构都是出自旗子，而且其中都有"○"或"◉"的元素用来代表太阳或星辰。在商周金文中，单个"日"字的写法就是"◉"，在包含"日"字的合体字中亦是沿用了同样的写法。"乾"字的象形结构中同样包含"◉"字，据此可以看出，古人解释"乾，阳物也"应该不是贸

金文及《说文解字》中的"星"字

然提出，这一解释可能是从最古老的象形文字中沿袭下来的。

《说文解字》对"軌"的解释是："軌，日始出，光軌軌也。从旦聲疒。"籀文中"軌"的写法是"从三日在疒中"。

《说文解字》对"参"的解释是："参，商星也。从晶参聲。"

《说文解字》对"朝"字的解释是："朝，旦也。从軌舟声。"

《礼记·曲礼》中有"在朝言朝"的记载。"朝"乃君臣议政之处。

"乾""軌"和"朝"这些文字中都含有旭日或星辰这样的字义，所以在象形文字中也都有表示旭日或星辰的形象。"軌"字和"乾"字的交集最多，如果将其分解开来看，会发现它其中也包含一个"日"字。《说文解字》认为"軌"字中间不应该是"日"字，而应该是"旦"字，但我不这样认为。"旦"字在古文字中的写法是""。而"軌"字中很明显看不到这一元素。"軌"字除掉其中的"日"之后，剩下部分和"旗""旆""斿"等文字有一个共同的元素"疒"。可以看出，与"軌"字同属一系统的"乾"字应该也和旗子有很深的关系。另外，"乾"字中还包含一个"乙"，至于"乙"字代表什么意思则不是很清楚。《说文解字》对"乾"中的"乙"字的解释是"乙，物之达也"，而对单独的"乙"字的解释是"象春草木冤曲而出，阴气尚强，其出乙乙也"。此种解释有附会阴阳说之嫌，并不是"乙"字的本意。从古文中"乙"字的写法，我仅能看出它有物体移动之意，至于具体指的是什么，我还真说不清楚。

如果"乾"字的象形结构真的是起源于旗子的话，那"乾"字的字形应该表示的就是旗旒。和"斿"字是指带有铃铛的旗子

114

一样，"乾"字表示的应该是绘有旭日或星辰的旗子。而且"乾"字所代表的旗子并不是普通的旗子，而是附着了上天或君主的意思的旗子。

中国古代旗子形式之一
"旗""旆"和"旅"等文字中所包含的"㫃"的原形。

中国古代旗子形式之二
一、二、三出自"事"字的古文字；四、五出自"寿"字的古文字。

　　形式之一中的两种字形，表示的是由军旅或旗手等护卫的军旗。从"叓"字的意思可以判断出，形式之二中的五种字形，表示作为任命象征物由君王向臣下授予的旗子。君主赐给史官的旗子就如同形式之二所示。形式之一中的字形与形式之二中的字形的不同点在于，形式之一中的旗子由于是军旗，所以旗旒会随风翻转，而形式之二中的旗子作为象征性的旗子，则大多没有"旒"的象形。在形式二中，旗子已经变得形式化、模板化，所以它也就脱离了象形文字注重于描摹事物原状的原始特征，开始向部首的功能转化。

在文字已经出现，但历史还没有记载的中国古代，旗子的种类大致有四种，除以上介绍的两种旗子外，还有一种是"旐"，即前文中介绍的带有铃铛的旗子，专门在祭祀时使用；另外一种是"大旟"，即绘有旭日或星辰的用来宣誓王权和君主威德的旗子。综上所述，《易·说卦传》中将"乾"字解释为天，这和"乾"字的构成方法是完全一致的。

此外，在中国的汉字中还有一个"戴"字，这个字没有旗子的意思，但是戈的尖端却一样有三叉和日轮的元素。"戴"字的造型与其说是让人产生敬畏和虔敬之念，还不如说是想表达享有最高的天意和体验上天之心的意图。"戴"字体现出了君王想在外敌或百姓面前显示权威的心理。"戴"字在古文字中的写法是"𢦏"，即"𢦏"附着在表示武器或猎具的"戈"上，给人展示的是在干戈的背后飘扬着帝王旗和大旟的场景。虽然"戴"字并不属于旗子，但由于它和"乾"字有很深的关系，所以我还是在文末多说几句，权当作个附记。

"卑"字

"卑"之古音为"pai"，古意为下贱。《易·系辞》有"天尊地卑"。《诗经·小雅·正月》有载："谓山盖卑，为冈为陵。民之讹言，宁莫之惩。召彼故老，讯之占梦。具曰予圣，谁知乌之雌雄！"《管子·水地篇》有载："人皆赴高，水独赴下，卑也。"在以上三种文献中，"卑"与"高"相对，有低的意思。《说文解字》中将"卑"解释为"贱也"，这是从人的身份高低说的，其实其本意也还是低的意思。《说文解字》中对于"卑"的字意和字形的详细解释是"，贱也，执事者，从甲"。"执事"是指身份低下、具体办事的人。《说文解字》收录的是"卑"字的小篆字形，其实现在我们能够看到的"卑"字还有比小篆更为古老的字形。从这些更古老的字形中，我们可以获知一些关于"卑"字的最初所指。

"卑"字是一个会意字，由上下两部分构成。《说文解字》认为"卑"字的上半部是"甲"字，对此我持不同意见。在对中国众多的古文字进行收集和比较的过程中，我发现"卑"字的上半部分应该是某种器物的象形，而不应该是个"甲"字。在中国的古文字中，"甲"字的最初字形是"十"，后来演变成"甲"，很显然，这个字和器物没有任何关系。《说文解字》利用阴阳说对"甲"字进行了解释，指出"甲，东方之孟，阳气萌动，从木戴孚甲之象"，

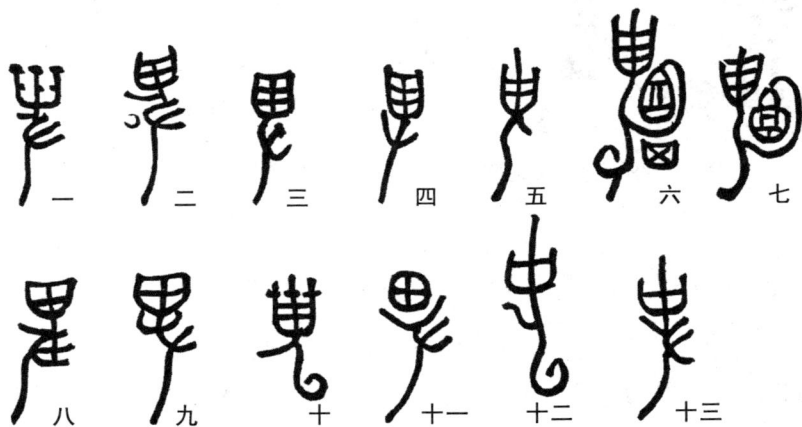

"卑"字在古文字中的各种写法

一出自伯启卣《古文审》；二出自宍敦《筠清馆金文》；三、四、五出自亚尊《西清古鉴》；六、七出自亚卣《积古斋钟鼎彝器款识》；八出自晋姜鼎《啸堂集古录》；九出自齐侯甗《积古斋钟鼎彝器款识》；十出自亚尊《西清古鉴》；十一出自齐侯镈《啸堂集古录》；十二出自季彝《从古堂款识学》；十三出自齐侯甗《积古斋钟鼎彝器款识》。

但是这一解释并不可信。对于我的这一观点，我曾在《东洋学报》第四卷第三号中阐述过，在此就不再赘述了。

根据"卑"字的古时写法，可以看出它的上半部应该是一个"畚"（香蒲做的器皿），下半部应该是左手，整个文字想表达的是"左手执器"之意。在中国的古文字中，"彐"表示的是右手，"屮屮"表示的是左手。中国古代有右尊左卑的风俗，所以"卑"字的下半部采用了左手，而没有使用右手，这和欧洲的风俗有些相似，在古代欧洲，"右"也是权力的象征。

十、十一没有使用手的形象，而是使用人形。中国古代的文字都是用刀刻的，为了用刀方便，很多文字的线条都有左倾的倾向。"卑"字也不例外，而且下半部直接就用了左手的形象。

十四　　　　十五　　　　十六　　　　十七　　　　十八

"卑"字在甲骨文中的字形以及与"卑"字有密切关系的古文字

十四出自《殷墟书契》卷五之二十六；十五出自《殷墟书契》卷六之五十七；十六出自《殷墟书契》卷六之二十二；十七出自《殷墟书契》卷四之十八；十八出自子母壬爵《从古堂款识学》。

从以上"卑"字的写法可以看出，"卑"字是由搬运用的容器和持有容器的手或人的象形构成。金石学家将此种文字结构称之为"人持畚形"，有的时候是把东西顶在头顶，有的时候是把东西抱在怀里或者是捧在手上。不管哪一种形式，都有搬运容器之意，而且表达的都是卑贱的意思。除了在字形上表现出卑贱之意以外，容器内的内容物以及容器也必须要与卑贱的身份相匹配。

在中国的古文字中，用"凵"来表示最简单的容器。如果容器内装了土块，则写作""（kwai），居字的下半部分即是这个字。另外，"缶"字的写法是"🝅"或"🝆"，表示有盖的容器。前者表示的是内容物，后者表示的是带盖的容器，虽然表示的意思不同，但"凵"表示容器却是不争的事实。在"卑"字的众多古文字字形中，很多字形的上半部分都是"🝅"，根据《说文解字》的解释，这一部分表示的应该是某种容器。今天"庿""畚"二字的下半部分都是"田"字，但我相信这两个字的下半部分在古时候应该不是"田"字，而应该是容器的象形。通过《说文解字》对这两个字的解释，我们很容易就可以判明这一点。

庿

罃（da）也。从🝅庿声。（"庿"又写作"𤭯"或"𤮰"）。

畚

蒲器也。𥶶属，所以盛种。从弁🝅声。

可以看出，"庿""畚"二字的下半部分指的都是容器。"🝅"所对应的就是今天的"凷"字。然而，关于这一象形文字，后世最为熟悉的还是"畚"字。从"畚"字的象形文字结构来看，最初的意思应该是指一个人用双手捧着一个带盖的容器"🝆"。根据《公羊传·宣公六年》"有人荷畚"的记载，可以看出畚应该是在春秋时期日常使用的一类器物。根据《左传·襄公九年》"陈畚挶，具绠缶，备水器，量轻重"的记载，可以看出畚应该是一种由竹篾编成的席笼。此外，根据后人对《左传·宣公十一年》中"畚筑"的注解以及对《周礼·挈壶氏》中"挈畚"的注解，可以看出畚应该是一种杂用笼，既可以用来盛土，亦能用来量粮食。

将带有此种容器的象形文字综合起来看，容器或深或浅，各种各样，不过各种笼形容器主要的还是以下两类。

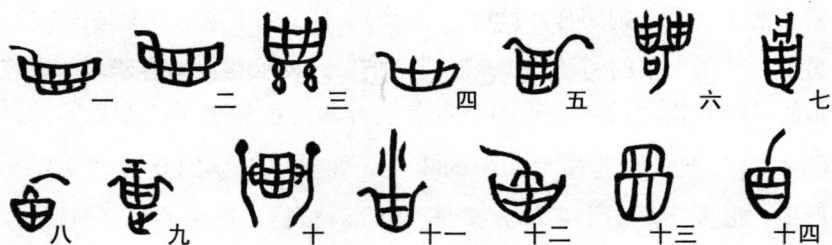

其一、"畄"字的象形文字

一、二出自父甲盉（幭）；三出自貺爵尊；四出自眉目祖庚爵；五出自㲆匜（幭）；六出自毛公鼎（粤）；七出自毛公鼎（庸）；八出自亚尊（酉）；九出自寰鼎（寰）；十出自田人鼎；十一出自甲骨文（甾？）；十二出自金文拓本（酉？）；十三出自祖巳父辛覆（器有覆）；十四出自亚尊（酉）。

其一参考

"其"字的古文出自中彝和纪侯敦等。

其二、"畗"字的象形文字

十五、十六分别出自甲骨文《殷墟书契》卷六之三十四、卷七之二十五；十七出自金文拓本。

其二参考

十八　　　　　　十九　　　　　　二十

其三、"酋"字的象形文字

十八、十九、二十分别出自甲骨文《殷墟书契》卷一之九、卷一之三十五、卷五之一。

以上材料的出处除甲骨文外，全部摘自《从古堂款识学》。

当然了，这些象形文字中所包含的容器未必一定就是席笼，还有可能是在素陶器的外侧包上了竹编一类的东西。上图三中的象形文字中，容器的底部有两根绳。图八、图十二和图十四的象形文字中，容器的顶部有一根绳，可以将整个容器拎起来。在父辛鼎和亚尊等青铜器的金文中，像　或　这样上面带绳的容器很常见。虽然说制作这些容器的材质并不仅限于竹子，但是从相关象形文字的写法，大致可以判断出以上象形文字中的容器大都是由竹片或藤蔓编织而成。从整体上来看，不管什么地方，陶制的容器还是占大多数，但是用编织成的笼子来装液体的情况也确实存在，但只占极少数。上述的第三种情况中的"酋"字，很多研究文字的学者认为是为了表明造酒的原料是大米，所以特意在容器中加了一个"米"字，但是通过对众多的"酋"字的原形进行研究，我还没有发现一例是中间加了"米"字的古文写法"　"，所以我觉得"酋"字的上半部分并不是表示容器中的内容物，而是对编织而成的容器的写实表现手法。在当今中国，用来盛酒或咸菜的竹编小坛子极其常见，坛子浅腹小口，椭圆形，

中国平民日常用的小坛子实物速写

里面贴纸，然后涂柿核液，类似于日本的一闲张漆器[2]，即便是装液体也毫无大碍。

我家中现有两个这样的小坛子，是我从中国带回来的，腌着龙须菜的咸菜，坛口用红纸封着，上面有个用来拎着的绳状提手，使用起来非常轻便。虽然从这竹编的小坛子我们还不能立即联想到"畚"字的古代象形写法，但是可以将其作为线索，再综合考虑各种图形以及"卮"和"卣"等外形类似的青铜器，暂且不论其内容物究竟是吃的、喝的还是其他的什么东西，基本可以断定"卑"字的上半部应该指的就是这种可用来盛东西的编织类容器。

如果以上所述没有大的错误的话，那基本就可以断定"卑"字的上下两部分"⿱"和"⿰"指的就是将物品盛在畚或席笼中，然后顶在头上或抱在怀里去搬运之意。

附　记

《说文解字》有云："东楚名缶曰⿱，象形也。"可以看出，"⿱"有"缶"之意。缶在不同地区的叫法也不相同，根据《诗经·陈风》中"盎谓之缶"[3]的记载，可以看出"缶"在陈国的叫法应该为"盎"。《说文解字》中对缶的解释是"瓦器也，所以盛酒浆。秦人鼓之，以节歌也"，可以看出"缶"在当时应该是由泥土烧制而成的器物。"⿱"与我上文所介绍的"卑"字的上半部分应该表示的是相同的器物，很显然这种器物不可能全部由陶土制成，《说文解字》中

---

2. 一闲张是日本的一种和纸漆器，先在木制模子上贴上多层和纸，然后去掉模子并涂上厚厚的漆使其固定成形。原本就结实耐用的和纸涂上漆后更增加了其强度。
3. 此处作者有误，"盎谓之缶"出自《尔雅》，而非《诗经·陈风》。

将""解释为"缶"应该有其失误之处。单纯从""字的象形写法来推断，与其说""是"缶"在方言中的异称，还不如说""是一种像搬运用的浅筐一样的编织笼更为合适。

另外，我觉得《说文解字》中收录的""以及"甾"和""等都是席笼之意。根据我在前文中介绍过的用来装咸菜的竹编小坛子的例子，可以推断出即便是这样像浅筐一样的编织类容器，用来盛酒浆也是毫无障碍的。

此外，在甲骨文中还出现了以下两个字符：""和""（《殷墟书契》卷二之三十八）。这两个字符和""表示的是否是同样的意思，现在还不得而知。鉴于其外形和金文中的""非常相似，所以在这里将其列出来，待以后再对其进行研究。

"丙"字

"丙"字古音为"pang"，早在殷商时代就已经出现在表示"十天干"[4]的文字中。"丙"在五行中属火，色赤。《说文解字》中对"丙"的解释为："丙，位南方，万物成，炳然。阴气初起，阳气将亏。从一入门。一者，阳也。丙承乙，象人肩。凡丙之属皆从丙。"从这段解释可以看出，丙与火有着某种联系，而且这种联系促成了后来"炳"字的产生。不过，从文字的结构来看，"丙"字究竟是如何与火产生了联系，我是完全弄不清楚。《说文解字》仅是从五行

---

4. 在中国古代的历法中，甲、乙、丙、丁、戊、己、庚、辛、壬、癸被称为"十天干"。

的角度对"丙"字的字意进行了阐述，至于其文字结构与字意的关系则没做任何解释。其他文字，例如"光""赤"（古时写作"炎"）和"黄"等的古代写法中都包含火字，所以很容易就能够得知其字

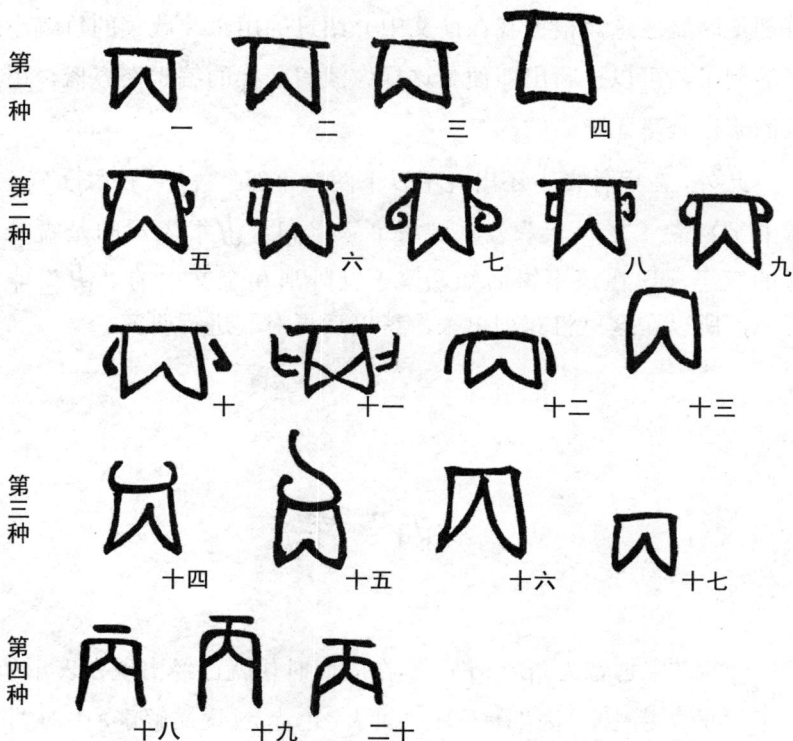

第一种

第二种

第三种

第四种

"丙"字的各种古形

一出自父己卣《奇觚室吉金文述》；二出自鬲亏《博古图》；三出自父己爵《奇觚室》；四出自丙爵《奇觚室》；五出自鬲爵《奇觚室》；六出自鬲彝《西清古鉴》；七出自瞿卣《西清古鉴》；八出自鬲亏《啸堂集古录》；九出自鬲亏《博古图》；十出自鬲亏《积古斋钟鼎彝器款识》；十一出自父己鬲《薛氏钟鼎款识》；十二出自父辛鬲《积古斋钟鼎彝器款识》；十三出自甲骨文《殷墟书契》卷一之二十一；十四出自祖丙爵《博古图》；十五出自祖丙爵《啸堂集古录》；十六出自父丙卣《啸堂集古录》；十七出自祖丙解《奇觚室吉金文述》；十八出自石鼓文、拓本；十九出自《说文解字》；二十出自继彝《积古斋本》。

意与火有关系。然而，"丙"字的象形文字中并不包含火字，而且结构也极为简单，完全看不出其与"火"有什么关系。有些研究文字的学者认为"丙"字中存在火字的省略形，对此我觉得不太可信。还有的学者认为"丙"字的字形寓意阴阳之气，对此我也是不敢苟同。东汉的许慎和郑玄等人武断地将"丙"字解释为"丙，炳也，如赫赫太阳，炎炎火光，万物皆炳然著见而明"，对此我觉得也不正确。

从上述"丙"字的字形，基本可以断定"丙"字是某类物品的象形。如果再进一步对其进行细分，又可以分为两类：一类是桌子或台座的象形；另一类是釜或鬲的象形。

可视为台座象形的"丙"字

甲骨文中的"帝"字体现的是在台座上烧火的场景。象形文字中的"丙"字与"帝"字中的部分结构类似，因此推测"丙"字在古代表示的是用来烧火的台座，所以"丙"字的古形都呈现出桌子的形状。此外，甲骨文中用来表示在石桌上烧火的文字也可以作为其旁证。

甲骨文中用来表示在石桌上烧火的文字有：

殷商时期的"帝"字

在举行祭祀活动时，往石桌上添加柴草是天子的职责，所以后来就用"帝"字来表示古代的祭祀仪式"禘"，同时也用来表示代表天子的"帝"字。但是，今天的"丙"字已经和天子没有任何关系。尽管如此，从"丙"字的古文字形，我们还是推测"丙"字最初应该是指用来烧火的台座，所以与火也就有了关联。如果我们进一步收集甲骨文或金文中与"丙"字有密切关系的词汇，并对其进行充分研究，也可以发现"丙"字与火的密切关系。以下是寮（燎）字的各种古形。

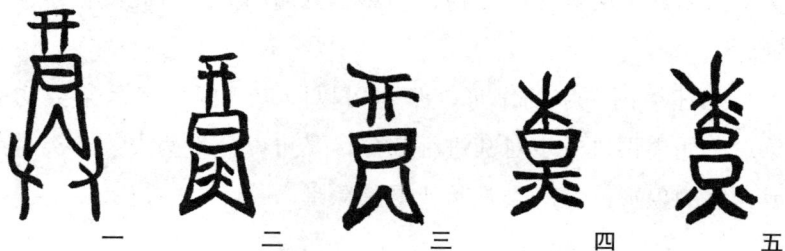

被认为是"寮"（燎）字之古形的甲骨文和金文
二、三出自甲骨文；四、五出自金文。

在表示寮（燎）字的各种象形文字中，我们都可以发现在台座上烧火的影子，而且这个台座并不一定是平的，凹状的皿形物同样可以。我们在研究这些文字时，最重要的并不是去弄清楚这些台座的使用目的，而是通过这些文字发现古代中国人在造字时的基本规律，即把自己日常看到的东西通过最简单的象形表现出来，让任何人看了都能够立刻明白这是个什么样子的东西。在《诗经》和其他的先秦文献中，有很多在庭院中点篝火的记载。但是，当时的篝火是否需要台座，我们还不得而知。近来在中国出土了汉代的灯具，中间是一根直的灯柱，周围有盛灯油的皿状物，里面盛上灯油，放入灯芯，点燃之后就可照明。在中国古代的上流社会中，人们使用博山炉来熏香，使用雁足灯来照明。而根据《诗·小雅·鸿雁·庭燎》[5]的记载，

---

5. 关于庭燎，国内通用的解释为庭院内用于照明的火把，而作者则将其理解为庭院内的篝火。

在一般百姓的住处夜间则会点起篝火，用这种原始的方式来照明。综观"丙"字的各种古形，都与今天的字形有着显著差别，尤其是在"囗"字上面再加上一横的例子极为罕见。同样的情况，"帝"字的古形中，在上面加一横的例子也是非常少见。"帝"字表示的祭天用的台座和堆在上面的木柴，据此我们也可以联想到"囗"字应该是用来燃烧木柴的台座的象形。今天如果我们去北京天坛看用来燃烧木柴的祭器，会发现那是一个巨大的金属质地的皿状物，在形状上与古代"帝"字式的台座已经有了很大差别。

可视为釜之象形的"丙"字

《诗·桧风·匪风》有"谁能亨鱼，溉之釜鬵"的记载。《墨子·七患》有"人君彻鼎食五分之三"[6]的记载。此外，《孟子·万章》和《礼记·少仪》中也有关于"鼎肉"的记载。在古代，鼎鬲等是用来烹饪的器具，这是无可争辩的事实。而且日常用的鼎鬲都不大（祭祀用的大鼎除外），百姓在迁移的时候可以随身带走。在古代的象形文字中，有很多关于鼎鬲的具体形象。例如，"鬵"字就是在"鬲"字上加上了烟和水蒸气的形象。在"鬵"字的古形中，左右两侧的结构看起来像两把弓，其实在那个时代弓箭还没有出现，所以这部分结构表现的是烟在上升的形象。此外，在古文字中还存在鬲与火组成在一起的文字。

然而，在所有的象形文字中，"鼎""鬲"与"丙"

"鬵"字的古形

——————————•——————————

6. 原文为："故凶饥存乎国，人君彻鼎食五分之三，大夫彻县，士不入学，君朝之衣不革制。"用白话文表示则为："一个国家遇到饥荒时，国君要撤掉鼎食的五分之三，大夫不能听音乐，士不入学而去种地，国君不能制新的朝服。"

字的古形最为接近。以下是"鼎"和"鬲"字的各种古形。

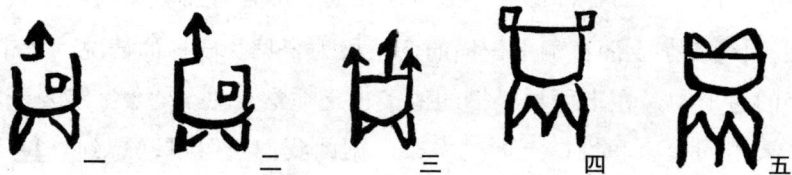

"鼎"字的古形（甲骨文）

一、二出自《殷墟书契》卷五之五；三出自《殷墟书契》卷六之三十四；四、五出自《殷墟书契》卷五之四。

"鬲"字的古形

六出自《殷墟书契》卷六之三十五；七出自召仲鬲《攀古廎》；八出自簋叔兴父鬲《奇觚堂古金文述》；九出自铲形布《奇觚堂古金文述》；十出自叔蔓父鬲《积古斋钟鼎彝器款识》。

从表面上看来，"鼎""鬲"两字和"丙"字的古形没有什么直接关系。但是，如果把"兩（两）"字放进来，你就会发现"丙"字与"鼎""鬲"二字的联系了——"兩"字的古形其实是"鼎""鬲"二字向"丙"字演变过程中所出现的一个文字。

"两"字的古形

一出自文王命疠鼎《啸堂集古录》；二出自使夷敦《筠清馆金文》；三出自晋姜鼎《啸堂集古录》；四出自齐侯櫑《筠清馆金文》；五、六出自秦钱《金文》；七出自季娟鼎《啸堂集古录》。

二、三、七是"两"字本来的古形，上面没有那一横。像四、五、六这样上面带有一横的"两"字是后来形成的。此处尤其需要注意的是第七个"两"字。从字形上来看，第七个"两"字和后来的"丙"字完全一样，而在当时却具有"两"字的含义，由此可以推测"丙"字应该是从"两"字演变而来。二十四铢为一两，这其实是"两"字后来演化出的意思。最初在造字的时候，"两"字就是釜鬲之意。在商周时代，鼎的腿比较大，而且是实心的，而鬲的腿则是中空的，并且一直延伸到腿的根部。"两"字的古形和商周时代的鬲极为相似。如果对"两""鬲"二字的象形文字进行比较，你就会发现"鬲"字的颈部削掉后就变成了"两"字。鼎本是三条腿，但是在所有的象形文字中都是两条腿。同样的道理，三条腿的釜鬲，如果用象形文字来表示的话，那也就会变成"丙"字的古形那样的两条腿。

通过将我前文中介绍过的"丙"字的古形与"鬲""两"二字的古形作比较，就会发现有部分"丙"字是在釜鬲的左右两侧各加了一个把手。加个把手的釜鬲自然就更容易被举起或放下来。《韩非子·十过》中有云："悬釜而炊，财食将尽。"将此语与加了把手的釜放在一起来考虑，可以更好地了解釜在古时的用法。

综上所述，"丙"字的古形和烹饪用具有很深的关系，可能就是从釜鬲演变而来。烹饪用具自然要在灶上使用，这又和火产生了关系。在古代中国，祝融被视为掌火之神，同时也被视为灶神。"祝"有侍奉神灵之人的意思，"融"是"鬲"与"虫"的合体。因为"鬲"与火及灶台的紧密关系，所以祝融才被视为灶神。

对于前文中曾介绍过的左右各带有一个把手的"丙"字古形，有学者认为这个象形文字并不是"丙"，而是表示火灾，两侧的把手也不是把手，而应该是火焰上升的模样。对此观点，我不敢苟同。总之，我认为"丙"字的古形就是从烹饪用具演变而来的。当前，根据鸟居龙藏博士的研究，在中国的东北地区出土了很多此种形状的烹饪用具。

上文中，我介绍了两种对于"丙"字古形的认识。如果硬要在两者之间选出哪种更接近于真实的话，我倾向于后者。

山东潍县陈寿卿的藏品中有一件古青铜器，金石学者刘心源称其为"虘觯"，其中的铭文中有右图字：

最后一个字很明显是个"丙"字，但刘心源将其解读为"鬲"字，而徐同柏则将其解读为"炳"字（参照奇觚室吉《金文述》卷六和《从古堂款识学》卷十四）。将其解读为"鬲"字，我多少还可以理解，不过将其解读为"炳"字，我就很难接受了。在徐同柏的著作中，大多数情况下都是将这一文字解读为"炳"字。在解读钱塘夏睫巢的藏品祖癸卣中的铭文时，徐同柏也是同样将这一文字解读为"炳"字。

□鱼父丁作（倒文）丙

首字有"虘"或"子鱼"两种说法，此二字至今存有争议。

徐同柏对此三字的解读为"祖癸炳"，并且还解释说，"⋒"乃古文之丙，两旁之"❨"是火之象，所以为"炳"字，有炳明之意。但是，

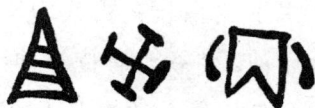

祖癸卣的三字铭文

就像我在前文"丙"字那一小节讲述的那样，这一文字很明显是釜鬲的象形，所以这三字铭文应该是祖癸（人名）的釜鬲的意思。

同样的道理，前述山东陈寿卿的古青铜器中的铭文也应该是父丁（人名）制作了一个丙（釜鬲）的意思。如果按照徐同柏的解释，那陈寿卿的古青铜器中的铭文就变成了父丁制作了炳明，很显然这就说不通了。此外，《奇觚室吉金文述》卷二中还有以下铭文：

（前略）

籛鼎

释文：惟天王正井方□。

其中未知的□即为我前文中介绍过的"鬲"字或"丙"字。正如鼎有圆鼎与方鼎一样，鬲也有圆的或方的，而上面提到的铭文中的"鬲"字应该指的是方鬲。

以上仅是一例，在中国商周青铜器的铭文中，有很多用"丙"字来表示炊器的例子。可以说，"丙"字除了在表示"十天干"外，大部分情况下都是在表示炊器，后来又演变为表示宴席用具或礼器，至于取炳明之意则基本没有。鸟居龙藏曾亲口对我说，在中国东北出土的古代的炊器中有很多陶制的三脚釜鬲，其外形就和金文中的"丙"字非常类似。现将鸟居龙藏的话作为一个旁证附记于此。

附　记

"丙"字的古文，尤其是在金文中，很多都是把轮廓内部涂成了"■"状。这并不是别的字，也不是指别的意思，和"Ｗ"字是同一个字，不存在任何差别。这样的现象也同样存在于"十天干"中的"丁"字上。

尽管在上文中已经介绍过一些根据商周时代的文字资料归纳出的关于"丙""兩"二字在象形上的特点，接下来我还想再补充一点内容。

　　"丙""兩"二字最初的字形分别如""和""所表示的那样，上面并没有那一横。不过从其字形上推断，"丙""兩"二字应该是某种烹饪用具的象形。二字在形状及结构上不同，表明二者表现的并不是同样的器物。也就是说，"丙"字表示的是一个釜鬲的象形，而"兩"字表示的是两个釜鬲连在一起的象形。在后来的灶中，既有只放一个釜的灶，也有同时放两个釜的灶，这也从侧面对我上文中的推测提供了证明。不过也有可能是另一种情况，即在古代"兩"字所表示的釜鬲可能外形和单个普通的釜鬲并没有什么区别，仅是在内部设了一个挡板，将内腔空间隔成了两部分而已。但不管怎么说，"兩"字表示的都是两个釜鬲之意。《周礼·天官·太宰》有"以九两系邦国之民"的记载。后人有注，言"两犹偶也"。此外还有"两轮"和"兼两"等词汇。可以看出，"兩"字创立之初就已经有了二者并列的意思，现在这一意思则更为明确了。后世对"丙""兩"二字来源于烹饪用具的事情是一无所知，不过后来"丙"作为"十天干"中的一员，再加上其五行属火，使其衍生出了"昺"或"炳"字。"兩"字的最初本意在发展过程中尽失，现在则仅剩下了表示数量的意思，变为一个量词。然而，从"丙""兩"二字的象形文字写法，我们还是能在一定程度上了解到这两个文字的本意。现在在"十天干"所包含的文字中，大多都是只知其形，不知其意。构成"十天干"的这十个文字究竟指的是什么，除了表示日子、数字和番号以外，其最初的本意是什么，这些都需要我们去好好研究。说实话，对"十天干"的研究要比对"十二地支"的研究难得多。"十天干"的思想在中华文明萌芽之初就已经出现。由于离我们太久远了，所以对这些文字的研究充满了疑团，不过我相信这些疑团早晚会在今后的研究中破解。如果确认"十天干"中的"丙"字是日常生活中烹饪用具的象形的话，那其他的九个字是否也可以从这个角度切入去进行研究呢？今后我还会对此另著他文阐述自己的愚见，同时也希望听到诸贤对此的高论。

"具"字

"具"字的古音为"ku"。《说文解字》中的解释为"具，共[7]置也"。《仪礼·馈食礼》和《荀子·王制》等将"具"字解释为"器具"。《说文解字》中收录的是"具"字的小篆字体"𦥑"，由目和两只手构成。不过小篆字体的"具"字和金文中的"具"字已经有了很大差别。金文中的"具"字是两只手捧着"贝"字或"鼎"字的象形。在金文中，"贝"字和"鼎"字极其相似，所以经常会将两者混用。此外，"则"字的古形是在"鼎"字旁边加了一个"刀"字。在古代"鼎"是刑法的象征，而"刀"是刑具的象征，两者共同组成了"则"字的本意，据此也可以推断出在古代"贝""鼎"二字相互代用或混用的情况有很多。"具"字古形中的"贝"字亦是如此，其实就是"鼎"字的代用。不过，如果追溯到最开始的话，这两个字应该不会被混用。以下为金文中的"具"字。

这些"具"字的结构都是两只手捧着一个鼎。在古代的金文

---

7. "共"通"供"。

一 二 三 四

"具"字的古形

一、二出自张仲簠《王复斋钟鼎款识拓本》；三出自鬲攸从鼎《积古斋钟鼎彝器款识》；四出自智鼎《积古斋钟鼎彝器款识》。

中经常出现两手举着釜鬲的形象，但是"具"字中的两手并不是指举着之意，而是双手捧着，供奉到前面并放好的意思。所以说，《说文解字》中将"具"字解释为"共置也"，其实就是从最初造字的结构得出的。从金文中"具"字的结构，我们可很容易想象到一个人双手恭敬地捧着一个礼器——鼎，并将其虔诚地供奉到面前的台案上的样子。

"嗣"字

"嗣"字古时有继承之意。《尔雅》中对"嗣"字的解释为"嗣，继也"。《书经·舜典》有"虞舜侧微，尧闻之聪明，将使嗣位，历试诸难"的记载。"嗣"字既有动词继嗣之意，又有名词新君之意。《左传·昭公七年》中有如下记载："兄弟之不睦，于是乎不吊，况远人，谁敢归之？今又不礼于卫之嗣，卫必叛我，是绝诸侯也。"根据《左氏会笺》[8]的注释，此处的"嗣"字乃新君之意。《说文解字》从造字的层面对"嗣"字做出了解释，"嗣，诸侯嗣国也。从册从口，司声。孠，古文嗣从子"。据此可以看出"嗣"字的继承之意。此外，在古文中，"嗣"字还有"孠"的写法，可以看出"嗣"字还有继承者之意。总之，整个"嗣"字的造字理念体现的就是继承之意。综合"嗣"字的各种古形来看，所有的"嗣"字基本都由三部分组成：一是后（君）字的镜像文字"司"字或"人"字；二是代表宣告嗣子的"口"字；三是代表简册记录之意的"册"字。不过有时也不用简册的形象，而是在"司"字底下直接加一个"子"字，也就是我在上文中提到的"孠"字。

"嗣"字的各种金文字形

一出自盂鼎《说文古籀补》；二出自毛公鼎《说文古籀补》；三出自师酉敦《积古斋钟鼎彝器款识》；四出自石鼓文《拓本》；五出自齐侯镈《博古图》。

从以上"嗣"字的结构，我们基本可以推测出"嗣"字的本意。可以看出，"嗣"字并不是为了庶人百姓等身份低微的人的继嗣或指定嗣子而造的，而是为了表现诸侯的世子继承王位、册立王后，或是确立世子等特意造的。《谷梁传·僖公五年》有记载，称只有王室的继承人才能称世子。不过据林博士研究，在中国古代各诸侯

8.《左氏会笺》是日本人竹添光鸿为《左传》做的注疏性质的一部鸿篇巨制，是研究《左传》的必读书。竹添光鸿，又名竹添进一郎，日本著名汉学家，著有多部汉学著作，其中以《左氏会笺》最为重要。

的继承者也都称世子(请参考林博士著《周公与那个时代》,304页)。确立世子时的详细仪式,我们已经无从得知,不过从一些文字中保留下来的痕迹,我们多少还能窥见一些当时的影子。

古代国君在让位给世子,或是世子继承王位时都要履行一定的仪式。如果王位的继承没什么异议,那还好说。当有人争夺王位,或是对王位的继承存在异议的时候,先君或有司[9]需对此做出决定,然后将关于继承王位的文书交到新君手中,并且用简册记录在案,这也就是所谓的只有通过册命才能继承王位的由来。《说文解字》对"册"字的解释是"册,符命也,诸侯进受于王也"。此外,《书经》中亦多次出现了表示简册之意的"册"字。例如,《尚书·金滕》有"乃纳册于金滕之匮中"的记载;《尚书·洛诰》有"王命作册"的记载。"册"字的古形与"嗣"字中表示简册的部分完全相同。在古代,竹简或木简要在上下上端用熟牛皮绳或麻绳等编连起来,所以"册"字的古形中也会有横着的两条线。"嗣"字的古形中包含着"册"字,这表明当时的即位仪式非常庄重,并且必须要有权威的册命才能进行。

接下来,谈一下"嗣"字的构成要素"司"。不过,上文中列举的第一例"𩥉"字并没有"司"这一元素,而是"𠂊",是一个从侧面描写继承者站姿的象形。如果将这一元素再配上个"口"字,那就变成了"司"字。前文已述,"司"字是"后"字的镜像文字。"𠮠"与"𠨬"的形状虽然不同,但在字面上表示的是同样的含义,即王命、君主的言语或行王命之人(有司)。上述"嗣"字的各种古形中,第一例仅有将竹简授予继承者之意,所以仅用了一个人的象形;第二例缺少"司"的元素;第三、四、五例都体现出了有司的形象。此外,有人认为"司"字是"祠"字的缩写,不过在现已发现的所

---

9. 有司泛指主管某部门的官吏,此处是指行使王命的官员。

有的"嗣"字中，还没有发现一个包含"祠"字的例子。

部分"嗣"字的古形使用的是"乱"字的偏旁""。上文中列举的第三例中的"嗣"字出自师卣敦中的铭文"嗣乃祖鬲官"。清代的阮元[10]在《积古斋钟鼎彝器款识》中将"嗣"字解释为"嗣"字。我认为这是非常妥当的。在继承王位或诸侯之位时，即便是已经定了世子，也很容易出现争夺王位或诸侯之位的情况。在表示继承的"嗣"字中竟然包含表示争端的元素，这真的是一件很有趣的事情，值得我们去进一步思考中国古代的法制史。""字是一个会意文字，最初表示的是边界地区大的纷争。国与国之间的纷争必须停息，王位继承时的争夺也必须妥善处置。当甲乙丙为王位争得不可开交的时候，这时就需要有司根据国君的册命做出判决，确定究竟该由谁来继承王位。因此。部分"嗣"字的古形中含有"嚣"字，也是合情合理的。但是，在古代的金文中，不含有"册"字元素的"嗣"字更多地被当作"嗣"字来使用。"嗣"字的古形有很多种。

一　　二　　三　　四　　五

"嗣"字的各种古形

一出自宝父鼎《筠清馆金文》；二出自牧敦《积古斋钟鼎彝器款识》；三出自大司工簠《筠清馆金文》；四出自齐侯櫺《筠清馆金文》；五出自齐侯钟《薛氏钟鼎款识》。

---

10. 阮元，字伯元，号芸台、雷塘庵主，晚号怡性老人，籍贯江苏仪征人，乾隆五十四年进士，先后任礼部、兵部、户部、工部侍郎，山东、浙江学政，浙江、江西、河南巡抚及漕运总督、湖广总督、两广总督、云贵总督等职。历乾隆、嘉庆、道光三朝，体仁阁大学士，太傅，谥号文达。

第一例中出现了争夺王位者的形象，并且用"口"字来表示参与纷争者所陈述的语言。此外，第五例中的"司"字被写成了"后"字，而在第二例中又被写成了"右"字，不管怎样的写法，表示的都是平定之意。而且，"嗣"字并不仅限于王位继承时使用，从其结构上来看，"嗣"字还有听取他们的争论或诉讼，处理争端之意。

总之，"嗣"字是由宣布王位继承的"口"字，有时还包括争夺王位的"冏"字，对争夺做出判决的"彳"字或"司"字，以及起到决定书作用的"册"字这几部分组成。

"倗"字

"倗"字古音"pong"，是朋友之"朋"字的原形。《周礼·秋官·士师》中有云："六曰为邦盗，七曰为邦倗，八曰为邦诬。若邦凶荒，则以荒辩之法治之，令财，纠守缓刑。"东汉郑司农[11]曾对"倗"字注释，"倗，读如朋友之朋"。《说文解字》对"倗"字的解释为"倗，辅也，从人朋声"。在古代，倗、倗、崩、朋是异体同字，与庄子在《逍遥游》中提到的大鹏的鹏不同。不过，《说文解字》中收录的"倗"字的小篆字体"倗"，是将"倗"字与"鹏"字混为一体了。"倗"字在今天已经省去了人字旁，直接写作"朋"。

---

11. 郑司农，指东汉经学家郑众。因其曾官大司农，故称。后亦用以称誉博学之人。郑众，字仲师，经学家称先郑，以别于后汉郑玄，又称郑司农，以别于宦官郑众，河南开封人。明帝时为给事中，章帝时为大司农，以清正称。

古时的"倗"字已经变成死文字了。但是,《说字解字》中提到"倗"字有"辅也"之意,这一说法应该是来源于"倗"字在经济方面的含义。在古代的文献资料中,"倗"字有货币之意。《周易》中有"或益之十朋之龟"的说法。崔憬[12]对其中"朋"字的解释为"双贝为朋"。据此也可以看出古时的"朋"字有货币之意。此外,《诗经·小雅·菁菁者莪》中有如下诗句:

"菁菁者莪,在彼中沚。既见君子,我心则喜。菁菁者莪,在彼中陵。既见君子,锡[13]我百朋。"

郑玄在《郑笺》[14]中对"百朋"的解释为"古者货贝,五贝为朋。赐我百朋,得禄多"。很明显,古时的"朋"(倗)字确实是有货币之意。此外,在《诗经》时代,"朋"字还有"两个"之意。例如,《诗经·豳风·七月》中有如下诗句:

"二之日凿冰冲冲,三之日纳于凌阴。四之日其蚤,献羔祭韭。九月肃霜,十月涤场。朋酒斯飨,曰杀羔羊。跻彼公堂,称彼兕觥,万寿无疆。"

《毛诗》中对"朋"的注释为"两樽曰朋"。可以看出,当时的"朋"(倗)字还有"两个"的意思。后世的朋党、朋友中的"朋"字与"两个"之意完全吻合,不过其在古文中的写法应分别为"倗儻"和"倗友"。古代金文中"倗"字的写法主要有三种。

这些金文都是由人和钱币(贯钱)组成的会意字。"ʔ"是人侧面的形象。在"倗"字中,人的手是往前伸的,手中拿着两串垂下来的钱币。从有些"倗"字的结构可以看出,有时候两串钱币是

---

12. 崔憬,唐代易学家。史传不载,生平不详。生活年代在孔颖达之后。崔氏易学,重易象和易数,不墨守王弼《周易注》,在注重玄理的同时,也兼采象数。

13. "锡"通"赐"。

14. 西汉时期的毛苌、毛亨父子所收集的《诗经》叫作《毛诗》。之后,郑玄对《毛诗》所做的解释叫《郑笺》。

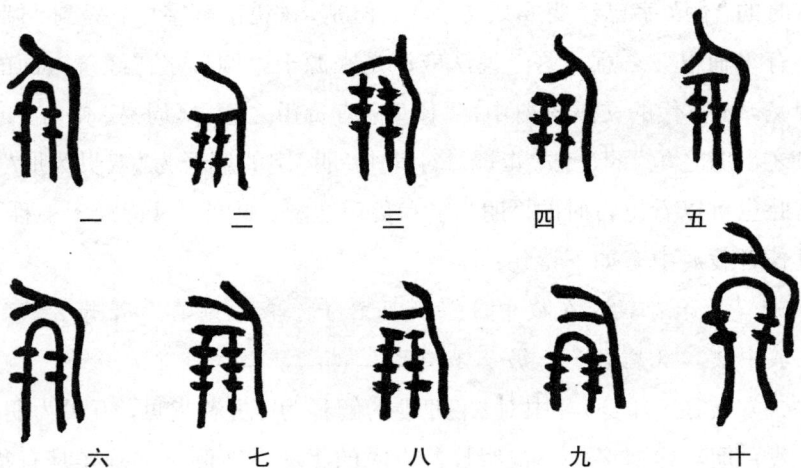

一　二　三　四　五

六　七　八　九　十

"倗"字的第一种写法

一出自齐侯钟《啸堂集古录》；二出自格伯敦《筠清馆金文》；三、四出自塱敦《筠清馆金文》；五出自寅簠《古文审》；六出自齐侯镈《啸堂集古录》；七、八出自倗卣《拓本》；九出自凤尊《说文古籀补》；十出自楚王孙遗者钟《荆南萃古编》。

系在了一根棒子或竹棍的两端，这样提起来就更为方便了。不管怎么说，第一种写法中的"倗"字是一个人拿着两串钱币的形象。上文中曾提到过，东汉的郑玄对《诗经·小雅·菁菁者莪》中的"朋"字的解释为"五贝为朋"。事实上，当时的钱币并没有按照这一计量方式，而是很多钱币用一根绳穿在一起，类似于后世缗钱[15]的串钱方式。在古代，"朋"字仅是一种串起钱币的方式，有时可能是五个一串，有时可能是十个一串，甚至还有可能是由更多的钱币串成一串。在中国，成串的钱币被称作"贯钱"。观察"贯"字的古形，会发现它其实就是由"串"字与"贝"字所组成的，而且从字形上来看，"串"字表现得其实就是成串钱币的形象，所以说串（患）贯同，理由也正在于此。

---

15. 缗钱：用绳子串起的成串的钱。

"贯"字的沿革

如对"贯"字的沿革进行研究，可参考《奇觚室吉金文述》第16卷的""字。古金文中的"宝"字，外侧是一个府库的形象，内部堆满了成串的钱币。据此可以看出，在中国古代就已经出现了金库。对于钱币的文化史观察，我在后文中还会予以介绍。

在"倗"字的第二种写法中，人的形象都被省略掉了，剩下的仅有成串的钱币。而且，钱币的样式也不相同，有的是两串钱币，有的仅是一串钱币，不过依然像两串一样垂了下来。"朋"字在后世衍生出来的"唇齿相依"或"有无相通"的意思可能就是从"朋"

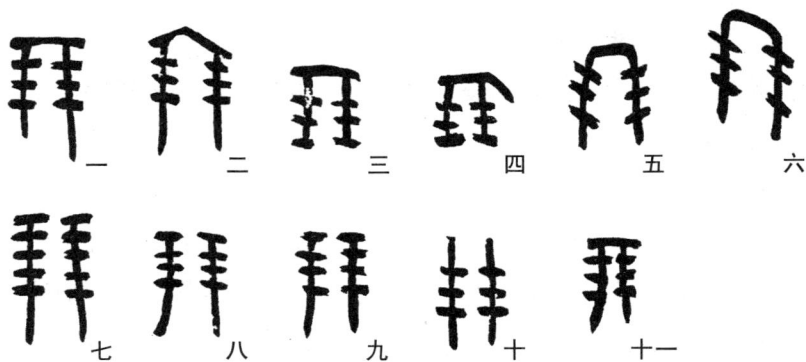

"倗"字的第二种写法

一出自受季尊《古文审》；二出自遽伯晨彝《积古斋钟鼎彝器款识》；三出自周敦《筠清馆金文》；四出自女婆彝《筠清馆金文》；五出自敔敦《啸堂集古录》；六出自敔敦《博古图》；七出自己酉方彝《啸堂集古录》；八、九出自母乙卣《啸堂集古录》；十出自三家彝《积古斋钟鼎彝器款识》；十一出自且子鼎《说文古籀补》。

字中成对出现的贯币形象演变出来的。第一种写法中含有人的形象的文字是"倗"字的原形，第二种写法中已经把人的形象去掉了，所以是改造形。

　　在原形和改造形之间，还存在一种呈现出中间状态的"倗"字，存世量很少，基本就是以下这三种写法。

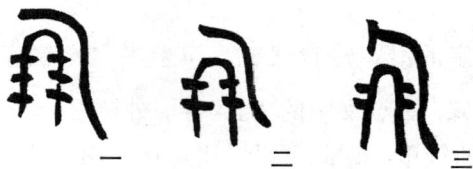

"倗"与"朋"之间的过渡期古形

一、二出自鼎子钟《薛氏钟鼎款识》；三出自齐侯钟《啸堂集古录》。

　　通过这些金文中的"倗"字可以看出，"人"字形象渐趋消失。从字体演化的规律来看，将第二种中的金文全部解读为"倗"字是合情合理的。同时也可以看出，随着历史的推进，手持串钱的人越来越受到轻视，而作为金钱存在的串钱则越来越受到重视，因此也就出现了将人的形象省略化的倾向。

　　此外，从象形的描写方法来看，在"倗"字的第一种写法中，所有的人都是侧面的象形，而所有的串钱则都是正面的象形。不过话说回来，如果将数条串钱从侧面去描绘的话，也实在是太困难了。所有象形文字的写法都是以方便为主，至于是否合理则不会考虑那么多。"倗"字的第一、二种写法中，串钱的表现手法比较抽象，仅可以看出是一根绳子串起了一些薄片状的物品而已。在接下来将要介绍的"倗"字的第三种写法中，串钱的表现手法就比较具体了，而且人的描写也不再是侧面，换成了正面描写。第三种写法的人的象形类似于一个"大"字，肩膀上挂着两串长长的串钱。

　　在《礼记·曲礼》和《礼记·玉藻》中出现了古代的一种颈饰，叫作"缨"。有人根据"缨"字在古文中的写法，判断上文中的第

"佣"字的第三种写法

一出自荷贝父丁鼎《积古斋钟鼎彝器款识》；二出自子荷贝父乙彝《积古斋钟鼎彝器款识》；三出自子女鼎《积古斋钟鼎彝器款识》；四出自册册父乙觯《积古斋钟鼎彝器款识》；五出自子父乙觯《从古堂款识学》。

三种写法应该不是"佣"字，而是不带绞丝旁的"婴"字，并且还往前追溯到了更原始的表现形式，如下图所示甲骨文或金文中"婴"字的古形，其实就是在人的肩膀上装饰上了很多的钱币。

确实是，从上述文字的写法很容易让人联想到天子的冠饰或颈饰等。不过，我不太认同这一观点，我还是认为上述文字是"佣"字的另一种写法。阮元在《积古斋钟鼎彝器款识》中将第三种写法中的一""解释为"子荷贝两贯父丁"。用绳将许多钱币串成串，

根据甲骨文和金文推断出的"婴"字的古形

这被称为"贯"，阮元对此象形的解释也正是基于此。另外第三种写法中的二与三表达的也是同样的意思，都是一串贯钱搭在肩膀上或挂在脖子上的形象。这种在肩膀上或者脖子上挂成串钱币的习俗并不限于古代，即便是在今日的中国，也依然可以时不时地看到。去年五六月份，当我在中国华北考察当地风俗的时候，就曾见过中国人肩膀上搭着两串圆形方孔钱在路上行走的场景。例如，像在天津这样的开港通商城市，当时还是清朝，当地的中国人会将制钱[16]用

---

16. 明清两代按其本朝法定的钱币体制由官炉铸行的钱币，以别于前朝旧钱和本朝的私铸钱。

很长的绳子串成缗钱状，然后尽可能多地搭在肩膀上，来到日租界的货币兑换店将其兑换成日元。后来到民国之后，由于政府严禁货币流出，所以这种明目张胆的货币兑换方式就不行了，但百姓自有办法，他们会穿一件很肥大的衣服，然后将成串的方孔钱藏在衣服里面以躲避官方的检查，偷偷来到日租界将其换成日元。有的人还会将几串方孔钱藏在腰间，或是藏在人力车的车座底下，或是藏在盆栽的花盆中，随车一起运到日租界。总之，中国人为了卖出他们手中的方孔钱，可以说是用上了他们所有的智慧。根据中国人往日租界运制钱的方式，我们基本能够想象出古文中"子荷贝两贯"的具体形象。虽然古时候的贝币与后来的方孔钱完全不同，但是人情风俗自古至今却是一样的，这真的是一件有趣的事情。

综合中国古代"佣"字的三种写法来看，"佣"字应该就是朋友的"朋"字的原形。虽然"佣"字的结构和形状有好几种，但是造字的原理却是一样的，都是一个人拿着两条成串钱币的形象。可以看出，整个"佣"字的重点应该就是想表达身上带着钱财这一意思。

此外，"朋"还是中国古代的一种货币，有"五贝为一朋"之说。从《周易》中"十朋之龟"和《诗经》中"天子赐百朋"的记载也可以看出，"朋"字在古代就是货币的名称。《说文解字》解释"佣"字有"辅也"之意，这可能是因为"佣"字有钱财之意，而钱财又能救助、辅助他人，所以才解释成"辅也"。"朋"的原意本是两串钱币之意，或是由两串钱币衍生出来的互通有无之意。要想弄清"朋"字"辅也"之意的由来的话，我在上文中的解释应该算是其中的一种解释方法。如果从中国人的国民性来考虑，中国人对金钱的认识其实是非常露骨的，将"佣"字解释为金钱的融通或钱财的援助也许更为合适。中国留下了很多关于金钱与交友的史实，可以看出中国人对这一问题的认识自古至今都是一贯的，没有什么变化。

例如，《史记·范雎蔡泽列传》中有如下一段露骨的记载：

"'范君之仇在君之家，愿使人归取其头来。不然，吾不出君于关。'平原君曰：'贵而为交者，为贱也；富而为交者，为贫也。'索隐曰：（中间略）以言富贵而结交情深者，为有贫贱之时，不可忘之也。"

从这段记载可以看出，中国人结交朋友是为了在将来自己身陷窘境或是陷入贫困时能够有人帮助自己，所以中国人自古至今都喜欢和有钱人做朋友。[17]

附记　考古学上的"贝"

众所周知，贝在中国古代经济史中有着非常重要的地位。"贵""宝（寶）""贮""贼"字中都含有"贝"字。"财货"[18]二字中也都含有"贝"字。"分"与"贝"组成了"贫"字。"贝""又"和"臣"字组成了"贤（賢）"字，"贝"有"钱"之意、"又"有"有"之意、"臣"有"人"之意，所以"贤"字最初应该表示的应该是"有钱之人"的意思。"彳""贝""寸"三字组成了"得"字，"彳"有"去"之意，所以"得"字的本意应该是"去拿到钱"。此外，在"宾（賓）""赏"等字中也都含有"贝"字。其实并不仅限于经济方面，在一些礼器或装饰品中也都颇为重视"贝"。《周礼·地官·舍人》中有"天子含实以珠，诸侯以玉，大夫以玑，士以贝，庶人以谷实"，可以看出士在入殓时口中是含着贝的。此外，

---

17. "贵而为交者，为贱也；富而为交者，为贫也"存在多种解释。作者理解的意思是"富贵之人去结交朋友是为了自己将来可能会身陷贫贱之境做准备，希望到时朋友能够帮助自己渡过难关"，而国内一些人对此句的解释为"显贵了还要交低贱的朋友，是为了不忘低贱时的情谊；豪富了还要交贫困的朋友，是为了不忘贫困时的情谊"。
18. "财货"是日语中的汉字，在汉语里是财物的意思。

根据"坟（墳）"字的结构也可以看出贝是作为陪葬品和遗骸一起被放置于棺椁之中。《礼记》中有用柷和壶漏陪葬的记载，不过我推测在此之前应该也有用贝陪葬的情况存在。在商周时代，君主会赐贝给有功之臣。每当臣子得到君主的赏赐后必然会铸一个祭器，然后将君主对自己的恩宠刻在祭器上，以期子子孙孙永世流传。可以看出，在古代贝是很贵重的，可以直接被当作钱或礼物来使用。后来在模仿贝币的基础上出现了角制或金属制的货币，出土的蚁鼻钱（鬼脸钱）就是此类货币。从《诗经》或《易经》等文献中，我们能够发现贝被当作货币使用的痕迹。后来在秦统一全国后，原有的贝币和泉币等都被废止了，统一为圆形方孔钱。在中国，贝被当作货币来使用的年代，大致上应该是从象形文字出现之前的石器时代一直到周朝末年。在如此长的时间段内，又被中国人如此重视的贝究竟是什么样的贝呢？据研究，被用作贝币的贝主要是宝贝科海螺。在日本，这样的卷贝被称作"子安贝"，孕妇分娩时会握在手中，据说可以确保母子平安。根据东北地区汉代遗迹的出土文物（《东学报》第二卷第三号滨田耕作的论文）以及蚁鼻钱等，我们基本可以推断出当时的贝币应该有 1.5 至 2 厘米大小。今天子安贝的产地主要分布在中国南部海岸、菲律宾、日本南部海岸、小笠原群岛、印度洋和非洲西海岸等地。在中国古代黄河流域广泛使用的此种贝币主要是从山东地区或是从吴越地区流入的。由于产地离黄河流域非常遥远，所以导致子母贝在黄河流域非常珍贵。直至今天菲律宾的土著人依然佩戴用子母贝串成的项链。我在新渡户博士那里见到过此种项链，所有的贝壳被一根丝绳串在一起，而且相互之间并不是按相同的方向排列，而是里外交叉一个紧挨着一个排列，非常紧密。贝币的重量要比后来的铜币轻得多，所以人将成串的贝币搭在肩上行走丝毫不会感到吃力。今天在中国内地旅行时，如果要带很多成串的铜钱的话，用人扛肯定是不行的，一般都会将其搭在驴马背上，让驴马驮着走。所以说，还是古时的贝币运输起来省力。"贝"字在考古学方面跟"俩"字有关系的内容也就基本上是我上文中叙述过的这些了。

最后需要注意的是，上文中叙述的"俩"字的原意适用于先秦所有的文献。例如，《论语》中的"有朋自远方来"可以解释为有人带着成串的贝币从远方给自己送来。看到有人给自己送钱来，有谁会不高兴呢？后来经过漫长的岁月，文字的字形变得越来越规范，等到了孔子时代后，很多文字最初的意思基本都消失殆尽了。后世在追溯"朋党"之"朋"字的源头的时候，很多人都像汉代的平原君一样，将"朋"字理解成了朋友的意思。

"嘉"字

"嘉"字古音为"ka"，古代有善美之意。《周易》和《书经》等文献中都有"嘉"字的用例。《周易·随卦》中有"九五，孚于嘉，吉。象曰，孚于嘉，吉。位中正也"的记载。此外，《周易·乾卦》中还有"元者，善之长也，亨者，嘉之会也，利者，义之和也，贞者，事之干也"的记载。《书经·无逸》中有"其惟不言，言乃雍。不敢荒宁，嘉靖殷邦。至于小大，无时或怨"的记载。《周礼·春官·大宗伯》中有"以嘉礼亲万民"的记载。"嘉宾""嘉殽""嘉谟""嘉猷"和"嘉蔬"等词汇在先秦文献中出现得非常多。另外，嘉还有"乐也"之意，《礼记·礼运》中的"交献以嘉魂魄"就是这一字意。"嘉"字的古意与其字形结构有着不可分割的关系，以下是我搜集的关于"嘉"字的各种古形。

"嘉"字的第一种古形

一出自儿钟《说文古籀补》；二出自陈侯敦《积古斋钟鼎彝器款识》；三出自陈侯敦《积古斋钟鼎彝器款识》；四出自邾公钟《说文古籀补》；五出自郮子钟《薛氏钟鼎款识》。

"嘉"字的第二种古形（异形简化字）

六出自郮子钟《薛氏钟鼎款识》；七出自嘉母卣《说文古籀补》；八出自晋姜鼎《啸堂集古录》。

"嘉"字的几种写法，除"六"和"八"中"嘉"字上部是一个"吉"字外，其他的各种古形基本都是由"壴"和"加"两部分组成。《说文解字》认为"嘉"字是一个形声字，其实它是一个形声与会意兼备的文字，即"加"字除有表音功能之外，还有表意的功能。很多文献将"嘉"字解释为"善也""美也"或"乐也"，但是从"嘉"字的金文结构来看，它表达的应该是一种跟农事有关的喜悦。接下来，我将分别从"壴"和"加"这两个组成元素去进行证明。

"壴"字

楷书中的"壴"字，写法已经是完全固定的了，但是在甲骨文和金文中却存在好几种字形，尤其是其顶部的三叉样的象形出现了各种各样的变形。

148

甲骨文和金文中"喜"字的古形

一出自宝林钟《筠清馆》；二出自公牼钟《拓本》；三出自今中钟《筠清馆》；四出自沈儿钟《说文古籀补》；五出自古玺《说文古籀补》；六出自甲骨文《殷墟书契》卷四之十八；七出自甲骨文《殷墟书契》卷五之十八。

《说文解字》中对"壴"字的解释为"陈乐立而上见也"。"壴"字的古音为"ku"。以"壴"字为偏旁的汉字除"嘉"字外还有"喜""鼓"和"尌"等字。《说文解字》将"喜"字解释为"乐也"，与"欢"同意。鼓是一种乐器，有"周礼六鼓"[19]之说。不过，"喜""鼓"二字中"壴"字部分的写法和"嘉"字的上半部分的写法还是稍有差异的。

金文中"喜""鼓"二字中的"壴"字部分是否如《说文解字》解释的那样，是从乐器的象形演化而来，我现在还不得而知。不过单纯从字形来看，"壴"字和笾豆[20]中的"豆"更为相似一些。

甲骨文和金文中"鼓"字的古形

一出自师酥父敦《说文古籀补》；二出自齐侯镈《啸堂集古录》；三出自般敦《西清古鉴》；四出自郪子钟《薛氏钟鼎款识》；五出自丰姞敦《积古斋钟鼎彝器款识》；六出自甲骨文《殷墟书契》卷二之十二；七出自甲骨文《殷墟书契卷》五之一。

---

19. "六鼓"是指雷鼓、灵鼓、路鼓、鼖鼓、鼛鼓、晋鼓等六种传统乐器。
20. 笾和豆，古代祭祀及宴会时常用的两种礼器。竹制为笾，木制为豆。

我个人觉得，"壴"应该属于"豆"的一类，而且其顶部出现了各种各样的变形。在周代还有一种盛酒的容器叫作"丰"。乡射礼中有"司射适堂西，命弟子设丰"的记载，其中"丰"的外形和"壴"也非常接近。从后世流传的"丰"来看，这是一类像花瓶一样的礼器，瓶颈很高，上面可以插各种各样的东西。"丰"的繁体字除了写作"豐"外，还可以写作"豐"。不过，"豐"与"豐"在甲骨文和金文中的写法并没有什么区别。以下为"豐"和"豐"字的古形。

按照《说文解字》中的解释，以上所列举的"丰"字的各种古形的下半部分是一种醮礼用的礼器。不过，我觉得这部分应该和"喜""鼓"字中的"壴"属于同一类器物，都是脖颈很长的瓶状物，而且并不仅仅在醮礼或乡射礼时才会使用，在一些欢乐的场合一样会用得到。

根据"禾""麦"字的古形，我们基本可以判断出在"嘉"字的古形中，"壴"的上面所插的就是稻麦。

"嘉"字的上半部分的此种写法，表示庆祝丰收或是在祭器"豆"上供上秋天收割的第一束稻穗之意。总之，"嘉"字的上半部分表示的是农业中某种庆祝的象形，和下半部分"加"字的原意

"豐"与"豐"字的古形

一出自甲骨文《铁云藏甲》卷二之三十八；二出自甲骨文《殷墟书契》卷五之五；三出自丰姞敦《积古斋钟鼎彝器款识》；四出自丰器《说文古籀补》；五出自聃敦《说文古籀补》。

有着密切的联系。在楷书中，上文中作为旁证提出的"喜""鼓"和"丰（豊）"字中的"壴"字旁和"嘉"字的上半部分的写法完全相同，但是如果往前追溯到最初的古形的话，就会发现"喜""鼓""丰（豊）"和"嘉"字中"壴"的写法还是存在区别的。"嘉"字中"壴"的上面有稻麦的象形，而其他三个文字则没有。也就是说，仅有"嘉"字中的"壴"和农事存在关联，而其他类似文字中的"壴"则看不出跟农事的关系。

甲骨文中稻麦的写法

参照《殷墟书契》卷二。

"加"字

前文已述，"嘉"字中的"加"兼具表音与表意的功能。然而，从造字层面来看，"加"字却是由"力"和"口"组成的会意字。在金文中，"力"字也不是像今天这样的写法，而是一只手配上一把耒耜的象形。

**周代金文中"力"
字的古形**

柄部弯曲的耒耜

参考唐人陆玑的《陆氏草木鸟兽虫鱼疏图解》卷五中对《诗经·豳风·七月》中"三之日于耜"的图解。

金文中的"力"字和图解中耒耜的形象非常像，都有一个曲柄，而且前端也都分了好几个叉。不过，金文中的"力"字在耒耜的象形之外还附加上了一只手的象形。据此也可以推断出，"力"的原意应该是一种可以用手握住的器具。另外，从周代金文中"男"字的写法还可以推断"力"字表示的应该是一种农具。"男"字是由田和力组成的会意文字，最初表示的是在田里出力之意，后来变得更加具体，变成了在田里使用耒耜的象形。

周代金文中"男"字的古形
请参考拙著《文字之研究》的绘图。

总之，"男"字是和农事有关的一个汉字，"田"和"力"这两部分并不单是体现在汉字上，在中国古代的文献中亦有记载。例如，《尚书·盘庚》中有"若网在纲，有条而不紊；若农服田力穑，乃亦有秋"的记载，其中的"田力"指的就是"男"字。《说文解字》中对"力"的解释为"筋也，象人筋之形"。我觉得这一解释并不全面。总之，"力"字的本意应该是手拿三叉式的耒耜从事农业劳动之意。"加"字是在"力"字旁边加了个"口"字，表示的是在共同从事农活时相互聊天之意。《说文解字》中对"加"字的解释是"语相增也"，指的就是在干农活时大家相互聊天，自然"语"就增多了。

综合我对"嘉"字各要素的研究，基本可以断定"嘉"字的本意应该是农夫在丰收之后，你一言我一语相互之间进行祝贺之意。古时的农夫对于丰年的喜悦之情在文献中多有记载，例如《诗经·商颂·烈祖》中有"以假以享，我受命溥将。自天降康，丰年穰穰。来假来飨，降福无疆"的记载；《诗经·小雅·甫田》中有"黍稷稻粱，农夫之庆。报以介福，万寿无疆"的记载。从春秋时代的农夫在秋天丰收之后"万寿无疆"的喜悦之情，我们可以联想到在更为古老的文字刚刚出现的时代，农夫在丰收之后的心情应该也是如此。

"橐"字

"橐"字古音为"kon"，囊之意。许慎在《说文解字》中将"橐"字视作"橐""橐""橐""囊"四字之部首，并明确表示其有"囊"之意。《说文解字》还解释说，古时的囊有两种，一种是没有底儿的"囊"，另一种是有底儿的"橐"。"橐"字与"橐"字属于同一系统，所以"橐"应该也是有底儿的。"囊"与"橐"不仅可以通过是否有底儿来进行区别，还可以通过大小来进行区别。通常来说，大的叫"橐"，小的叫"囊"。《诗经·大雅·公刘》中有"笃公刘，匪居匪康。乃场乃疆，乃积乃仓。乃裹糇粮，于橐于囊。思戢用光，弓矢斯张。干戈戚扬，爰方启行"的记载。可以看出，在春秋时代"囊"和"橐"已经被广泛使用。此外，《易经·坤卦》中还出现了"括囊"这一词。《孔颖达疏》将其解释为："括，结也。囊，所以贮物，以譬心藏知也。闭其知而不用，故曰括囊。"可以看出，当时的囊是贮物用的，并且需要将口扎上。当前中国，很多百姓依然会使用囊，尤其是行囊使用得最多。普通的行囊一般有三四尺大小，当然也并不只限定于这一尺寸，通常是将两块方布合在一起，然后将四条边缝合，再在中央部位裁出一个口，这样一个行囊就做成了。有的还会在行囊的角上做个暗兜，并在旁边绣上"天下太平"等字样。

至于"橐"字所示的囊究竟有多大，至今未详。但是从其内部能装下猪和缶来看，"橐"应该是一种非常大的行囊。以下为属于"橐"字系统，但又不仅限于"橐"字的一些文字。

属于"橐"字系统的文字的古形

一出自毛公鼎《说文古籀补》，"橐"字；二出自石鼓文拓本《说文古籀补》，"橐"字；三出自《说文解字》，"橐"字；四出自《说文解字》，"橐"字；五出自《说文解字》，"橐"字；六出自金文，"囊"字。

从以上文字的古形，我们可以判断出"橐"和"囊"在使用时两端的口是给扎起来的。以下是"橐"或"囊"和人组合在一起的象形文字，从左右比例我们可以判断出当时"橐"或"囊"的大小。

徐同柏在《从古堂款识学》卷七中将其解读为"东"字和"子"字，并且将"东"附会为"东楹"之意。

对此我是很不认同的。今天的中国人在制作行囊时会用到布或网等材料。对于可以装各种东西的囊来说，当然是越轻便越好。将表示装入缶等炊具的"橐"

此金文中的文字是一个人背着"橐"或"囊"的象形

字和《诗经·大雅·公刘》中关于装粮食的"囊"字放在一起来考虑，我们完全可以相信将猪装入其中也不是不可能的。所以说，"橐"字应该是一个象形字，表示的是将猪装在了"橐"中。可以看出，在古时候，囊应该是一种很粗陋且原始的物品，其中既可以装猪，又可以装缶等。日本也有没有底儿的行囊，从右肩搭到左腋下，然后在胸前系在一起。据此，我们也基本可以想象到"橐"的大致形状了。此外在扬雄《方言》和《广雅·释话》等文献中，我们还会发现一些与"囊"同物但异名的文字。例如，《扬雄方言》中有文"江东呼儋两头有物为腊",此处的"腊"指的应该就是挑在扁担两头扎口的行囊[21]。

装钱的囊与装猪的"橐"肯定大不相同。古时的钱囊又会是什么样子呢？我相信很多人会对这一问题感兴趣。钱囊在金文中的造型是荷包状，但并不表示必须要将其佩戴在腰间。钱包的古形是由"贝"与""组成的合体字，属于"橐"字系统。

囊中的贝指的是贝币，而"賣"表示的是有底儿的口袋，仅需要将上部扎紧就可以了。后世的荷包和这一文字的造型有些相似。《离骚》中有"苏粪壤以充帏兮，谓申椒其不芳"的记载，其中的"帏"指的应该就是用软皮制成的钱囊。严格来说，"賣"字并不表示其内部一定要用来装贝币，装一些贵重的小物件也可以，但是在金文中其内部装的都是"贝"字，所以我们也就猜测其为装贝币用的钱囊了。

《攈古录金文》卷二之三中

金文中的"賣"字

《说文解字》没有将此字收入贝部中，应该是一个散失的古字。

庚午父乙鼎中的铭文

释文：册友央锡賣贝，用作父乙尊□，册册。

将"锡賣贝"三字解读为"锡赖贝"，对此我持不同意见，在金文

---

21. 此处原作者有误。扬雄《方言》卷七曰："脼，儋也。"郭璞注曰："今江东呼儋两头有物为脼，音邓。"其中的"儋"同"担"。

中"賫"字就是钱囊之意，其中装很多贝币也完全说得通。另外，吴式芬、刘心源等一些金文学者将"賫"释读为"文"字，对此我也持不同意见。以下为两件青铜器上的铭文：

<table>
<tr><td>其一：改簋盍</td><td>其二：师害敦</td></tr>
<tr><td>《攈古录金文》卷二。</td><td>《奇觚室吉金文述》卷三。</td></tr>
</table>

这两处铭文的第一个字一直以来都被释读为"文"字，但"文"字在金文中的写法为"交"，很显然铭文中的第一个字应该不是"文"字。师害敦中第一个字的中央部位貌似是一个"心"字，但我觉得它以应该和"改簋盍"中的第一字一样，内部装的都是"贝"字。两处铭文中的第一个字应该是同一个字，最初内部装的都是"贝"字，不过后来在书写过程中，不知不觉就将"贝"字错写为形状类似的"心"字，并且将这错误一直延续了下来。但是，如果这个字是钱囊的象形的话，那它离荷包的形状确实有点远，反而是更加类似于我上文中介绍过的"橐"或"橐"的形状。

"函"字

"函"字古音为"kam"。《诗经·周颂·载芟》中有"播厥百谷，实函斯活"的记载。郑玄对其中"函"字的注释为"函，含义"。此外，《礼记·曲礼》中有"席间函丈"的表述，此中的"函"有"容"

之意。很明显，在以上这两个例子中，"函"字都具有包容之意。带有"函"字的合体字"颔"和"椷"也都属于包含之意的范畴。《说文解字》中对"函"的解释为"函，舌也。象形。舌体已已"；对"已"字的解释为"嘾也，草木之华，未发函然"。《说文解字》中收录的"函"字是秦篆中的字形"函"。在更为古老的时代，"函"的字形与秦篆中不同，是"弖"与"矢"字的合体字。金文中"函"字的古形是将矢收藏于某物中的象形，这和《国语·鲁语》中"金椟矢函"的典故完全吻合[22]。

金文中"函"字的古形

一出自不娶敦《攈古录金文》；二出自函皇父敦《说文古籀补》；三出自毛公鼎《攈古录金文》。

一与二中右侧所附着的小东西可能是个用来拎着的提纽。除了上述三个例子中将矢收藏于某物中的文字外，还有将弓收藏于某物中的文字，从其象形字很容易判断出外周是一个口袋一样的东西。

---

22. 孔子在陈国时，有一只鹰坠在陈侯的庭院里死了。楛木做的箭射穿了它的身体，箭头是用尖石做的，箭有一尺八寸长。陈惠公派人带着这只鹰，去到孔子住的馆舍询问。孔子说："这只鹰来得很远呢，它身上的箭是北方肃慎氏制造的。从前周武王打败了商，开通了去南北方各少数民族居住地区的道路，命令他们各自拿出本地的土特产进贡，使他们不忘记各自所从事的职业。于是肃慎氏就向周天子进贡楛矢和石砮，箭长一尺八寸。武王为了公开表明他使远方民族归附的威德，告示后人，让他们永远看到自己的权威，所以在箭尾扣弦处刻上'肃慎国进贡之箭'的字样，送给大女儿，并随嫁给虞胡公而带到他所封的陈国。古时候，帝王把珍玉分给同姓，用来表示血缘的亲近；把远方的贡品分给异姓，使他们不忘事奉天子。虞胡公是异姓，所以把肃慎国的贡品分给了陈国。国君如派管事的去旧府里寻找，大概还能找到。"陈惠公于是派人寻找，果然在用金装饰的木盒里发现了楛矢，像孔子所说的一样。

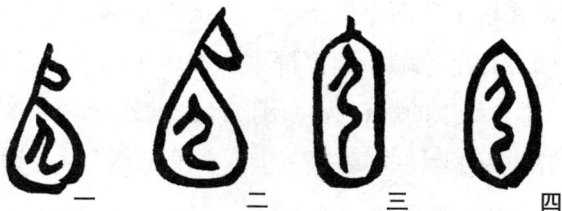

金文中"圁"字的古形

一、二出自录伯戒敦《攈古录金文》；三、四出自毛公鼎《攈古录金文》。

《攈古录金文》的著者吴式芬将一与二释读为"轵"字。无论是"轵"，还是"圁"，其本意都是"六韬"中的"韬"[23]之意。《毛传》中有"囊，韬也"的表述。可以看出，"韬"应当是由鞣皮制成的囊的一种。《说文解字》中对"韬"的解释为"韬，剑衣也"。其实，"韬"并不仅限于装剑，装弓也是可以的。同样的道理，根据前文中介绍的金文中"函"字的古形，其外周应该是鞣皮制成的囊的象形，内部装的是矢。

如果我以上的判断没错的话，那"函"字的象形表示的应该是囊与矢，而不应该是箱子与矢。再扯远一点，在青铜器出现之前的更为古老的年代，矢又是如何存放的呢？如果去查阅商代的甲骨文，你会发现很多以下所示的象形文字。

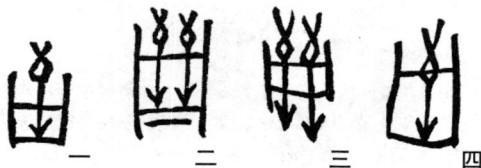

甲骨文中"箙"字的各种写法

一出自《殷墟书契》卷五之九；二出自《殷墟书契》卷五之十三；三出自《殷墟书契》卷五之十；四出自《殷墟书契》卷七之四十四。

---

23. 韬有剑或弓用的套子之意。

甲骨文是中国最古老的文字。从上述文字的写法来看，当时装矢用的器具可能和我前文中所述的囊袋有所不同。上述这四个文字，一般被释读为"箙"字，但我觉得将其释读为"医"字可能更为合适。先不管将它们释读成什么了，单从其形状来看，所表现的是在箱子内竖着插着很多的矢，这是毋庸置疑的事实。如果上述的"函"字表示的是用皮囊来装矢的话，那上述四个文字则表示的是用靫[24]来装矢。两者都是古代用来装矢的器具，只是材质和形状不一样而已。

总之，甲骨文中"医"字所表示的应该是用来装箭的方筒状的器物，而金文中的"函"字所表示的应该是用来装箭的囊袋。可以推测出，在当时无论是"函"，还是"韬"，它们所表示的都是用鞣皮制成的装武器用的囊袋。

"黹" 字

在周代青铜器的铭文中，我们经常可以看到"黹屯（纯）""赤市黹弓"[25]等词汇。《周礼·春官·司服》中有"祭社稷、五祀则希冕"的记载。郑玄注："希或作黹。"孔颖达疏："郑读希为黹。""希冕"中的"希"与《诗经·周南·葛覃》中的"绤綌"中的"绤"应该是同一个字，而且与"黹"同音。"希（绤）"有"细葛"之意，也就是说，"希（绤）"表示的是冠冕用的织物。这样说来，如果"希"与"黹"是同一个词的话，那"黹"表示的是否也是某

---

24. 靫是指日本平安时代用木头制成的用来装箭的方筒状容器，一般一个靫可以装 50 支箭。
25. 参考周颂敦等青铜器的铭文。

种织物？"黹"字的本意是什么？"黹"字的本意又是从何而来？接下来我将就这些问题略陈拙见。

"黹"字单独使用的情况不多，大多都是以合体字的面目出现，例如"黼"或"黻"等。"黼""黻"二字最早出现在《尚书·益稷·天子十二章》中，与其一同出现的还有藻、火、粉米、缔绣等词汇。此外，《诗经·小雅·采菽》中有云"虽无予之，路车乘马。又何予之，玄衮及黼"。《毛传》及《说文解字》对"黼"的注释为"白与黑相次"；对"黻"的注释为"黑与青相次"。可以看出，"黼"和"黻"皆为描述颜色搭配情况的名词。然而，在《尚书》的注释中有"黼若斧形，黻为两己相背"的记载。从"斧形"我们可推断"黼"应该为斧头状，来源于某种武器或日常用具的象形，从"两己相背"我们可推断出"黻"应该来源于两把弓的象形。在过去，对"黼""黻"二字大都是通过人类学或民俗学的角度去进行解释，属于自由研究的范畴，不过将其作为一种观点进行参考也并无坏处。在过去的研究中，将"黼""黻"二字解释为图案，根据《尚书》中的用法，这二字表示的确实是图案，而不应该是颜色的搭配。此外，"甫"和"犮"在其中仅仅表音。那么，去掉"甫"与"犮"这些表音部分后，剩下的"黹"是什么意思呢？在研究其含义前，我们先来看几个属于"黹"字系统的文字。

属于"黹"字系统的文字（黼、黻除外）：

"黊"（子对切），合五采缯色。

"黼"（创举切），合五采鲜色。

"黺"（方吻切），衮衣山龙华虫。黺，画粉也。

以上皆为五彩刺绣之意。因此，我们可推断这些文字的共同部分"黹"应该为用五彩金银线织成的刺绣。《尔雅·释言》中对"黹"的解释为"紩也"。郭璞在《尔雅注》中有云，"今人呼缝紩衣为黹"。《邢昺疏》中有云，"郑注司服云，黼黻缔绣为黹，谓刺绣也"。以上文献都将"黹"注释为"刺绣"。《说文解字》中"黹"的解释为"黹，箴缕所紩衣。从㡀，丵省，象刺文也"。

如果"黹"字与《周礼·春官·司服》中的"希（绨）"真的是同一个字的话，那么"黹"表示的也应该是"细葛"，是一种类似于精致的麻布或生绢的织物。但是从文字的结构来看，"黹"字的本意应该不是指织物的材质。

在《说文解字》中，"黹"字被解释为"象刺文也"，这表明"黹"字表示的应该是一种织物的纹样，而且是用"箴（针）"刺绣出来的。但是，这种纹样是什么样子的呢？文献中并没有明确记载。不过在"黹"字的各种古形中，我们可以发现很多几何学纹样或连续纹样的痕迹。这为我们了解中国古代美术提供了一些线索，而且这种纹样与商周青铜器的纹样还有着密切的关系。以下为"黹"字的各种古形。

"黹"字的各种古形如下：

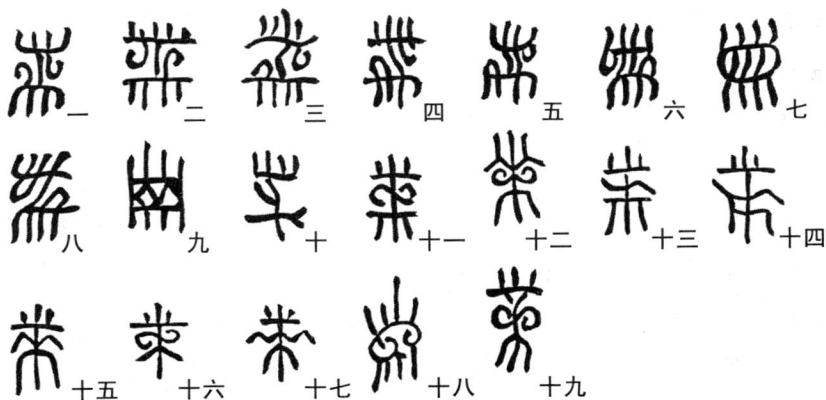

第一种

一出自宝文鼎《筠清馆》；二出自袁盘《积古斋钟鼎彝器款识》；三出自伯姬鼎《薛氏钟鼎款识》；四出自颂壶《积古斋钟鼎彝器款识》；五、六、七出自颂敦《说文古籀补》；八出自颂鼎《说文古籀补》；九出自颂鼎《积古斋钟鼎彝器款识》；十出自无专鼎《积古斋钟鼎彝器款识》；十一、十二、十三、十四出自宰辟父辟《啸堂集古录》；十五出自宰辟父敦《古文审》；十六、十七出自宰辟父敦《博古图》；十八出自古敦金索；十九出自曾伯霥簠。

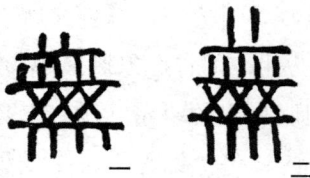

第二种　　　　　　　　　　　　第三种

一、二均出自己酉方彝《啸堂集古录》。　　　出自郑口伯作叔嚚鬲《说文古籀补》。

　　刘心源将此二字都释读为"册"字，当前已基本无人认可这一观点。此二字与第一种的九有些相似。

　　有人将此字释读为"黼"字或"带"字，我觉得将其释读为"黹"字更为合适。

　　以上为"黹"字的三种古形，虽然一度有人将第二种释读为"册"字、将第三种释读为"黼"字，但后来经过古文字的比较研究，这两种观点基本都被否定掉了。可以看出，无论"黹"字的哪一古形，其表示的都是图案纹样。当然了，这些纹样并不是单纯的纹样，而是经过艺术加工之后形成的纹样，所以它们并不限定于某一固定的格式。上文列举的二十多个"黹"字的古形，既有相同的地方，也有不同的地方。

　　在中国的工艺美术作品中，无论是雕刻、镶嵌还是刺绣，都会巧妙地使用直线或曲线，构成左右对称或上下相应的纹样，有的时候密，有的时候疏，有的时候繁，有的时候简，无论怎样都用得恰到好处，很能体现中国美术之美。毫无疑问，"黹"字就是来源于这些用心绘出的图案，图案中线条的组合最终形成了"黹"字。因此，前文中提到的"黼若斧形，黻为两己相背"，我们可以将其理解为"黼"指的是刺绣出一个斧子的形状，而"黻"指的是刺绣出两把相背的弓的形状。这样看来，"黹"字的本意应该是中国古代的工艺美术中常用的、用五彩丝线刺绣出的美丽图案。

附　记

前文已述，"黹"字表示的是一种非常美丽的图案纹样。不过，在中国的文字中，还有一个汉字与"黹"字非常相近，那就是"敝"字，但它所表示的意思就和美丽沾不上边了。

两者最大的区别就在于"黹"字比"敝"字多了一个"业"字。与"黹"字"箴缕所紩衣也"不同，"敝"字是"败衣也，象衣败之形"，也就是所谓的破衣烂衫之意。就我个人来说，我对这两个字是否存在相似性持怀疑态度。自古以来，中国穷人所穿的破衣烂衫和日本下层民众所穿的衣服是没法比的，中国穷人穿的那才真的叫破，数百条破布条垂在身上，肮脏不堪。在当前的中国，像这样穿着破破烂烂的衣服去要饭或者干苦力

"黹"与"敝"的不同

的穷人也并不罕见。"黹"字和"敝"字在字形上的相似性究竟是想表明什么意思，从现有的资料我们还无法给出答案，只能留待以后进行研究了。

"希"字

《说文解字》没有收录"希"字，所以关于其古意没有任何记载。不过，从石鼓文中"希微德德"和《周礼·司服》中的"希冕"等的记载来看，在中国古代"希"字是确实存在的。

在"希望"之意方面，《说文解字》中有"睎"字和"覬"字相对应。在"稀有"之意方面，《说文解字》中又有"稀"字相对应。

可以看出，"希"字的本意应该既不是"希望"，也不是"稀有"。在文献或金石文中，"希"字的本意与"绤"或"黹"字的意思相同。"希""绤""黹"相互之间有着密切的关系。以下为三者的古形。

　　"希"字的古形虽然看起来好像是由"爻"与"巾"两部分组成，但它并不是"爻"与"巾"构成的合体字，将其释读为一种刺绣图案可能更为合适。例如，"绤"字有细葛布之意，如果推测其上面还有刺绣，那也不是什么难事。同样的道理，我认为"希"字是中国古代的一种由两个斜十字形与巾字形组成的刺绣图案。

　　以上仅是我个人的观点，其实对于这一观点我本人也还是存有一些疑问。因为在中国的古文中，大多数情况下，"巾"

"希"字，石鼓文，拓本；"绤"字，《说文解字》；"黹"字，金文

字并不是用来表示图案，而是"韠"之意，即中国古代一种遮蔽在身前的服饰。此外，"市"与"巿"在字形上极其相似，但是在古代它们是毫无关系的，分属于不同的系统。《说文解字》中对"巿"字的解释为"韠也。上古衣蔽前而已，巿以象之。从巾，象连带之形"。此外，"巿"在中国古代有严格的等级区分，"天子朱巿、诸侯赤巿、大夫葱衡"，不同阶层的人所用"巿"的颜色也不相同。在下一节的"带"字中，我还会对"巿"字进行介绍。如果硬要说"希"字与"巿"字有关系的话，那"希"字的下半部的"巾"与"巿"字下半部的巾表示的应该都是遮蔽在身前的服饰。当然了，这一观点也并不是毫无可疑之处。为了加深大家的理解，在此略作附记罢了。

"带"字

　　《说文解字》对"带"字的解释为"带，绅也。男子鞶带，妇人带丝。象系佩之形，佩必有巾，从重巾"。后人对其中的"绅"字的注释为"绅，大带也"。此外，《诗经·曹风·鸤鸠》中有云："淑人君子，其带伊丝。其带伊丝，其弁伊骐。"郑玄注曰："其带伊丝，谓大带也。大带用素丝，有杂色饰焉。"根据以上记载，我们基本可以弄明白古时的带子是什么样子的了。此外，在《诗经·小雅·都人士》中还有以下表述："彼都人士，垂带而厉。彼君子女，卷发如虿。我不见兮，言从之迈。匪伊垂之，带则有余。匪伊卷之，发则有旟。我不见兮，云何盱矣。"可以看出，早在春秋时代，中国就已经有了"垂带之风"。

　　我们现在所使用的"带"字最早出现于唐代的凤凰双镜铭及其他的一些印面中，与古文字中的"带"字并不属于同一个源流。那么"带"字最初的古形是什么样子的呢？我觉得"带"字最初的字形应该和前文中所述的"禘"字差不多，甚至有可能在古代"带"字和"禘"字就是同一个字。

"带"字的各种古形

　　一、二出自宰辟夫敦《啸堂集古录》；三出自凤凰双镜铭《金索》；四出自《说文解字》。

　　对于一和二，吴大澂和刘心源均将其释读为"带"字，而孙诒让则将其释读为"禘"字。在音韵方面，"带"字与"禘"字并没有特别大的差别。举两个例子，"体"字的发音最初为"tai"，后来演变成"ti"；"帝"字的最初发音为"tei"或"tai"，后来也演变成"ti"。同样的道理，"带"字的发音为"tai"，"黹"字的发音为"ti"，两者的发音是相通的，这并没有什么值得奇怪的地方。"tai"应该是更为古老的发音，而"ti"是后来演变出的发音。在音韵学上，"带"与"黹"并非属于两个不同的系统，他们共同保留着古老的发音元素。从中国音韵史的角度来看，将其完全分开来区别对待是不合适的。

"带"字的古形与我们今天所使用的"带"字虽然有相似的地方，但是其源流却是完全不同的，而"黹"字自古至今的形状则没有发生太大的变化。如果"带"字与"黹"字真的没有差别的话，那"黹"字的本意也应该是"象系佩之形，佩必有巾，从重巾"。"带"与"黹"的象形确实有着不可分割的关系，但是综观"黹"字的所有古形，有几种写法好像还无法用"佩必有巾"去解释，也就是说并不是所有的"黹"字都可以用"带"字去解释。

"巿"字与"黻"字在古代应该属于同一文字，不过"巿"字的历史更为古老一些。《说文解字》中对"巿"字的解释为"衣蔽前也"，所以将"巿"字的古形视为遮蔽在身前的服饰的象形应该是妥当的。不过，从"巿"字的各种古形来看，它与图案或者刺绣的关系应该不大。

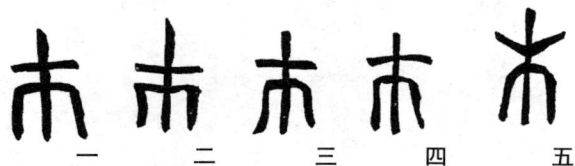

一　　二　　三　　四　　五

"巿"字的古形

从"带"字与"黹"字的关系来看，"带"字最初的起源也应该与"黹"字一样，是以图案为本位的，所以说"带"字与"黹"字应该没有直接的关系。

"带"字的古形与"黹"字大体上相同，所以将我在"黹"字小节中列举的各古形释读为"带"字也没什么问题。"带"字与"黹"字的起源应该是相同的，不过后来在发展过程中发生了变化，一个演变成了"带"字，另一个则演变成了"黹"字。如果抛开"黹"字，单纯从"带"字的古形来看，将其释读为佩玉用的带子或女子外出时系在腰左的拭巾，是毫无问题的。然而，从"带"字与"黹"字最初字形的一致性来看，将其释读为是一种图案纹样的象形也是没有错误的。前文已述，"黹"字表示的是刺绣出的图案的象形。同样的道理，"带"字表示的可能是一种系在身上绣有花纹的装饰。中国人的此种装饰既有非常素雅的，也有绣龙绣凤、极其复杂精巧的。"黹"字的古形表现的是几何纹样。"希冕"中的"希"字表示的是冠冕上的刺绣。同样的道理，"带"字表示的应该绣有花纹的装饰。虽然从字面上我们无法对此做出判断，但"带"字和"黹"字都是表示古代美术纹样的象形文字却是无可争议的事实。

"兑" 字[26]

《说文解字》对"兑"字的解释为"冕也，周曰兑，殷曰吁，夏曰收，从兑，象形"。很明显，在周代，"兑"指的就是冠冕。此外，《说文解字》还指出"兑"字是"兑"字后来演变成的字形。

---

26. 古代用来表示冠冕的文字。

不过，"![弁]"字在汉隶以后又逐渐演变为"弁"字。所以说，将"弁"字视为"兜"字的异体字，应该没有问题。《周礼·弁师》载："弁者，古冠之大称，委皃缁布曰冠。"可以看出，弁为古时冠冕的统称。不过，中国古代还有"凡大夫以上服冕，士弁"的制度，这样一来，弁就不是冠冕的统称了，反而是与冕相对的一类服饰，其地位要比冕低。另外，如果从象形文字的角度去研究古时冠冕制度，会发现"兜"与"弁"还是存在很多不同的。在本节中，我将介绍这两个汉字的起源及发展沿革，同时我们也可以窥见中国古代造字的一些奥秘。

"兜"字的沿革

"兜"字与"貌"字的右半边"皃"有着非常密切的联系。在籀文中，"皃"字从"豸"则为"貌"，"页"字从"豸"则为"䫉"，[27]通常都以结构非常复杂的合体字的形式出现。其实最初是单独用"皃"来表示"貌"。《说文解字》对"皃"字的解释为"颂仪也。从人，白象人面形。颂者今之容字。必言仪者，谓颂之仪度可皃象也"。"皃"字的造字结构非常简单，就是面部与腿的结合，和今天小孩子们随意画的东西有很多相似的地方，整体给人一种很幼稚的感觉。

接下来，我再介绍一下"兜"字，以作为其旁证。《说文解字》载："兜鍪，首铠也。从，从皃省。皃象人头也。""兜"字中面部两旁所附着的东西表示的是兜住头部的甲鍪。也就是说，"兜"字最初表示的是头戴着甲鍪之意。如果将代表甲鍪的附着物去掉，那剩下的毫无疑问就是人的面容了。

从结构上来看，"兜"字与上面介绍的四个汉字有着极为密切

27."䫉"为"貌"的异体字。

金文中的"皃"字以及与其同属一系统的其他文字

（皃、頪、貌、兜四字）一出自劈文《说文古籀补》附录部分；二、三出自唐鉴心镜《金索》；四出自《说文解字》。

的关系。以下为《说文解字》中"皃"字的写法。

此"皃"字的小篆字体虽然在金文中见不到，但是在商代的甲骨文中却有很多"子"字的古形与"皃"字极为相似。从这些甲骨文的造型，我们基本可以判断"皃"字与冠冕在一开始就有很深的关系。

"皃"字的小篆字体
由冠冕、面部和双脚组成。

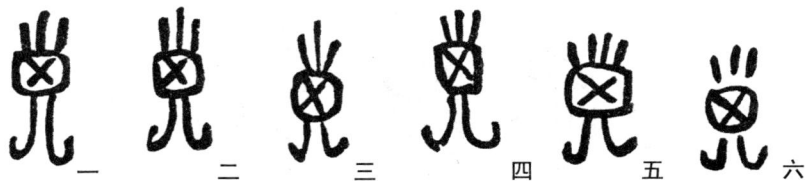

商代的甲骨文（"十二支"中的"子"字）

一出自《殷墟书契》卷三之四；二、三、四、六出自《殷墟书契》卷三之十；五出自《殷墟书契》卷三之八。

此外，在以上甲骨文中，头部象形的顶端也有"皃"字顶部类似的东西，至于是否与冠冕有关系，现在还不得而知。

"皃"字古形的沿革至今还不是很清楚。不过，通过以下这些甲骨文，我们多少可以看到一些"皃"字与它们的关系。

商代的甲骨文

《说文解字》中所收录的小篆字体的"兒"字，除人的象形外，其顶部更像是冠冕的象形。在象形文字中，人的头部一般被写成"白"字或是"凶"字，在表示人物关系的古汉字中经常可以看到。在上述的各种古汉字中，跟"兒"字关系最近的应该要数商代甲骨文中的"子"字。商代的"子"字并不仅仅是刻在龟甲上占卜用的文字，在一些古青铜器的铭文中依然可以看到它的身影。此外，在商周青铜器的铭文中，有些古汉字的顶部看起来就像是冠冕的象形。

周代青铜器铭文中的古汉字

这些金文顶部是否为冠冕的象形，现在还没有明确的证据，但是从其左右下垂的璎珞基本可以断定，这些金文所表示的器物应该是戴在头顶上的，所以将其顶部的图像释读为冠冕应该是恰当的。

不过，如果与其他已经确认释读无误的古文字作比较的话，还是会发现很多解释不通的地方，所以现在也只能将其停留在"小"字的程度。至于将其释读为冠冕的象形，仅是我根据其字形想象的而已。我推断，"皃"字应该是由"小"形与"兒"形的会意所发展出来的一个汉字。以上仅是我个人的一种臆断，更多的问题还需以后继续进行研究。

"弁"字

　　《说文解字》中收录的"皃"字的异体字和后来楷书中的"弁"字相同。"弁"字下半部的"廾"指两手捧着之意，这已毫无疑义，而且"弄""弇""昇""算""彝"等字也都是如此。《玉篇》对"弁"字的解释为"弁也，攀也，所以攀持发也"。如果依照《玉篇》中的解释，"弁"字上半部"厶"应指发髻之意。不过，这仅是一家之言，至于其具体指的是什么，现在还有很多疑问。

　　以下为"弁"字的各种古形，可以为我们了解双手捧着的究竟是何物提供一些参考。

一　　　　二　　　　三

"弁"字的各种古形（独体文字）

　　一出自《说文解字》所收录的籀文；二出自《说文解字》所收录的或体 [28]；三出自毛公鼎《说文古籀补》。

---

28. 或体字也叫异体字，指意义完全相同而形体不同、在任何情况下都可以互换的字。

根据上文中列出的"弁"字的古形，左右两手所捧的是何物依然不得而知，但很显然不是弁冠之类。此外，即便是与"朕"字等合体字中与"弁"字类似的部分进行比较，也依然难以判断出结果。

金文中的"朕"字（出自大鼎《筠清馆金文》）

"朕"字最初由"舟"与"弁"组成，后来"弁"演变成"关"。另外，"送"字中的"关"也是由"弁"演变而成。

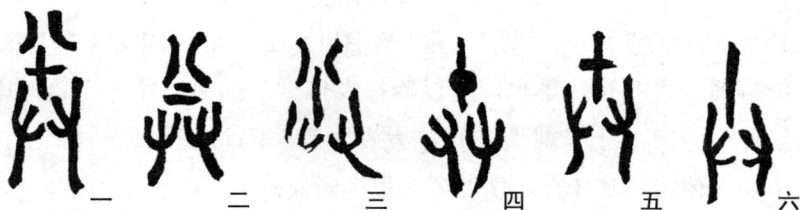

一　　　　二　　　　三　　　　四　　　　五　　　　六

"关"字的各种古形（部分古形是从合体文字"朕"中摘取）

一出自盨匜《金索》；二出自叔朕鼎《西清古鉴》；三出自叔姬敬敦《筠清馆金文》；四出自师酉敦《积古斋钟鼎彝器款识》；五出自秦铭勋钟《考古》；六出自仲叡父敦《积古斋钟鼎彝器款识》。

根据"朕"字的结构，我们可以看出双手确实捧着某样器物，至于这一器物是什么，现在还不得而知，不过双手捧着某样器物，想把它搬到舟中去却是不争的事实。可以断定的是，这一器物应该和舟有着密切的关系。另外也有可能是不搬到舟中去，就在舟旁用手捧着，这从结构上也说得通。总之，"朕"字的右半部分的"弁"字究竟指的是什么，至今仍然难以解释清楚。然而，就"弁"字的其中一种古形"𦥑"来说的话，通过"遷僊"的共有要素"罨"去进行研究也许是一条捷径。

"畧"字的四种古形

一和三出自《说文解字》中收录的小篆；二出自金文；四出自《说文解字》
所收录的籀文。

《说文解字》对"畧"字的解释为"升高也"。从"畧"字的
结构来看，它的上面是两只手，在往下递什么东西，下面是两只手，
在接着那样东西。如果将"畧"字古形中的中间部分去掉，那剩下
的"𦥑"就是金文中的"升"字。"升"字有两层含义，一是类似
于"扡"字的担挑之意；二是类似于"與"字的相互授受之意。

此外，从上文列举的"畧"字
的第二种古形，我们可以看到上面
的手是在授予某种东西，而底下的
手则在恭恭敬敬地接着。其实在商
代的甲骨文中已经有一些跟"畧"
字的第二种古形类似的文字。

"與"字的古形

"升"与"牙"的合体字。
中间部分的牙最初是音符，后来则
演变成"与"字。

根据收集到的古代资料以及
"畧"字的沿革，我们可以看出"畧"在最初造字的时候体现的是拜
受者的象形。上文中列举的"畧"字的沿革有点类似于古代的原始
图画，所以多少有一些不合理的地方，不过从其字形我们依然可以联
想到拜受者跪在地上，从授予者手中接过冠冕戴到自己头上的场景。
"畧"字所具有的升高、升职之意应该和其最初的字形有着密切的关
系，双手将冠冕接过来并戴在头上，表示的可能是从士阶层上升到高
一等级的大夫阶层。从字形上来看，"畧"字中包含一个"仓"字。"仓"

字在小篆中的写法为"料"，看起来虽然上面是"料"，下面是"卩"，两部分互不相干，但是如果追溯其最初的字形的话，会发现"夼"字表现的其实就是人的躯干外加左右两只手的象形，是一个整体。另外，商代甲骨文中很多跟人有关的象形文字可以很好地为我这一观点提供佐证。

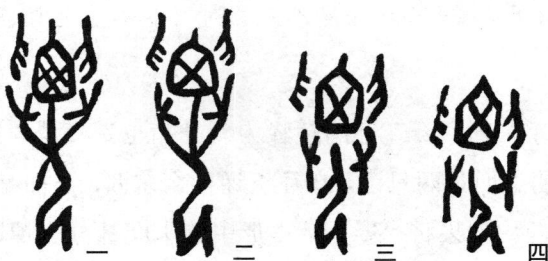

"罨"字的沿革

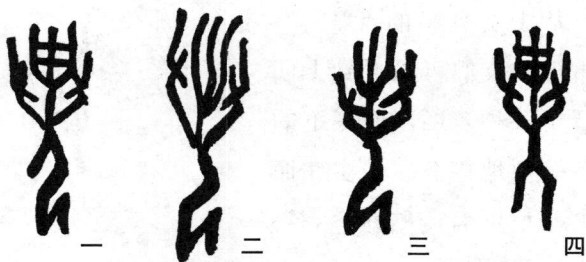

甲骨文中部分与第二种古形类似的文字

一出自《殷墟书契》卷六之五十七；二出自《殷墟书契》卷八之十一；三出自《殷墟书契》卷四之三十七和卷七之三十八；四出自《殷墟书契》卷五之三十八；五出自《殷墟书契》卷六之三十一。

　　如果上述观点没有错误的话，那"罨"字中央部位的"囟"和"囟"指的又是什么呢？我觉得如果从其字义上来分析的话，应该是代表职务或地位提升的冠冕以及其他具有某种象征性的物品，而且这一物品的外形直接被用作了造字的元素。我们可以假设中间部位的字形就是冠冕的轮廓图，然后再来考虑构成"罨"字的各要素所具有的意义。这样一来，就可以看出“䍃”字其实是由授冠者、被授冠者和冠冕组合在一起而形成的文字。

“䍃”与“弁”字的古形

通过比较很容易就可以看出其中的联系。

接下来，我们再把话题引回到“弁”字。如果也从“弁”字的造字元素去考虑的话，那它与“䍃”字就有着非常密切的关系。将“䍃”字中授冠者的双手和被授冠者的身姿省略以后就变成了“弁”字。

在古文字中，将人体容姿的象形全部删去，仅留一双手来表示人的例子有很多。“弄”字就是其中之一。如果将甲骨文中的“弄”字与金文中的“弄”字作比较的话，就可以很容易看到这一点。中国汉字在造字时要求简单明了，对于那些即便删掉也不会影响字义表达的元素都会尽可能省略掉。所以说，“弁”字中将人的躯干与腿部省略掉绝非偶然。要想真正了解中国的造字艺术的话，我们就必须具备良好的观察能力，要能够通过汉字中现有的元素勾勒出其他被省略的部分。

我们再来看一下“弁”字的或体“”。顶部的“”或“”表示的又是什么呢？朱骏声认为这些是毛发的象形。不过，我不认同这一观点，我觉得可能是笄，或是将冠别在头发上的簪子，还有可能是冠顶的装饰等。这一切都仅是猜测而已，没有明确的证据能够证明。此外，在上文中我还列举了“弁”字的其他或体，无论哪一种或体都存在现在还难以解释的地方，所以只能留待以后去继续研究了。

附记一　　刘心源之说

刘心源在《古文审》中将"🦌"字释读为"罨"。这和阮元等人的解释完全不同。不过作为对"弁"字的参考，我还是决定附记如下。

"🦌"字出自叔𦤗鼎。按刘心源的解释，此字应为古时"罨"字的异体字。不过，对于其中授受的究竟是何物，刘心源也依然没有给出具体的解释。

阮元将此字释读为"鹿"字。不过，在中国的古文字中，将"鹿"字写作"🦌"的例子还未曾有过。另外，如果单纯从其外形来看，也未必使人联想到古代的冠冕。至于手里捧的是什么，或是授受的是什么，我们都很难猜测到。不过，在中国古代，钟鼎等祭器的使用很兴盛，所以捧着或授受这些祭器的可能性应该还是非常大的。至于具体指的是什么，很遗憾最终也还是不明了。虽然上文所述对"冠冕授受说"有画蛇添足之嫌，但我还是觉得有必要将其原原本本附记在此，以给大家提供一些参考。

附记二　　"冕"字

接下来谈一下跟"皃"和"弁"字关系最为密切的"冕"字。还有一种说法，说"冕"与"皃""弁"其实是同一个汉字的三种异体字而已。

根据《说文解字》的解释，"冕"字的上半部分的"曰"指的是冠之意，而下半部分的"免"起的是表音的作用。所以说，下半部分的"免"字没有任何象形的意义。小篆中"冕"字的上半部分的写法为"冃"，和单个汉字"曰（凵）"没有任何相似的地方，反而是和冒、帽、胄等汉字的小篆字体中的部分结构完全相同。

这四个字所共有的结构"冃"看起来就像是头巾。可以看出，这一结构应该是某类包头物品的象形。据《说文解字》载："冒，蒙而前，从冃目，以物自蔽而前也。""曼，引也，从又冒声。"可以看出，"冃"与中国的葬礼中所戴的孝帽有些相似。中国的孝帽都是包在头上的，后面会延伸出一条长长的拖尾披在背后，和"冃"字的形象很相近。先不管我以上所述对与否，总之"冕"字的上半部分表示的是头巾式的物品，这是不难想象到的。而且，此类头巾式的物品应该是由罗或其他的织物制成。因为跟织物有关，所以后世在造字的时候，在"冕"字旁边又加了个绞丝旁，于是就形成了"絻"[29]。

"冕""冒""胄""曼"四字的部分古形

一、二、三都是"冕"字。一出自郱敦《考古》；二出自穆公鼎《啸堂集古录》；三出自井侯敦《古文审》；四是"冒"字，出自冒伯敦《拓本》；五是"胄"字，出自虡彝《积古斋钟鼎彝器款识》；六是"曼"字，出自曼父尊簠《积古斋钟鼎彝器款识》。

根据以上这些古文字，我们断定"冕"字的上半部分指的是头巾式的物品应该没有什么大的错误。中国古代的冠冕之制有着非

29."絻"，古同"冕"，意为吊丧时去冠，用织物包裹发髻。

常严格的规矩和礼法。《周礼·天官·夏采》载："夏采掌大丧，以冕服复于大祖，以乘车建绥复于四郊。"祭祀用的冕的种类有很多，有衮冕、鷩冕、毳冕、希冕、玄冕等。另外，根据《说文解字》的解释，冕是指大夫以上的官员所佩戴的冠，而且覆版很长，垂下玉璪，两侧悬挂充塞两耳的瑱玉。可以看出，在周代，冕是上流社会的人士才会用到的物品。关于服饰方面的研究，我以后还会再找机会陈述自己的拙见，在此就不做详细介绍了。

附记三　　汉代的冠冕一斑

在山东省嘉祥县武梁祠汉画像石中，有很多头戴冠冕的人物形象。根据这些资料，我们可以窥见汉代冠冕的一些样式。当然了，画像石中的冠冕的形状与象形文字中的形状还是存在巨大差异的，两者之间几乎就没有什么联系。不过，这些画像石上有中国保存至今的最古老的雕刻画像，对我们了解古代的冠冕可提供一些参考。

武梁祠汉画像石中的部分冠冕样式

由于当时人们的身份地位不同，所以戴的冠冕在样式上存在差异。这些戴冠人物形象都是汉代人所绘制的，可以为我们研究古代的冠冕之制提供很多重要的信息。另外，尽管这些画像并不能帮助我们直接解决"冕"字的问题，但是作为参考，我还是决定将它们附记在此。

178

第四章　景致之盛

庐山五老峰的奇峭身姿

　　五老峰位于庐山东南，李白曾盛赞其"青天削出金芙蓉"。五老峰海拔五千尺，虽然高度不如大汉阳峰，但风景奇佳，能够俯瞰海会寺和鄱阳湖。流传下来的关于五老峰的唐诗有好几首，一边登五老峰，一边吟诵关于五老峰的唐诗，你会发现别有一番趣味。

远眺山东的灯塔

　　我曾多次说过，中国的自然界绝对是世界上的一大乐土，而且我本人也是将这一大片乐土视为我的书斋的延长地带，每年都会轻松愉快地去中国一两次。中国不仅是一个古老的、巨大的书斋，同时还是一个现代的、开放的书斋，而且最主要的是，你随时都可以非常愉快地去实地进行研究。

　　对于中国，既然白人可以去，黑人也可以去，那日本的学者为何不多去对中国进行研究呢？难道是没有兴趣，又或者是没有勇气？不管什么原因，总之我是把中国视为自己研究的延长地带的，并且我也一直在宣传这一观点，为的就是能够有更多的日本人去关注中国。不过，研究中国的第一要义是要本着与新的、现代的要求相适应的观点，从各自独立的立场去进行研究。如果这样做的话，你就会发现现代中国其实是一个有着无限资料的宝藏。对中国的研究在将来肯定会大有前途，也必然会变得充满朝气。

　　我每年都会到中国的大江南北走一走，可是对中国的困惑却一年强于一年。在中国，我也有一些朋友，有时也会敞开心扉跟他们聊一些自己的感受。如果谈到中国的单个人，或者社会，或者自然，或者国土，我都是非常喜爱的，并且觉得它们真的很棒。但是一谈到作为一个独立国家的中国，我就有很多困惑了，并且越来越感觉中国是谜一样的存在。虽然和中国的年轻人交流会促进他们觉悟与反思，但有时又怕伤害到他们的面子，所以不能和他们说得太深。不过，我还是希望日本的有识之士一定要对中国进行认真研究，切不可模仿美国在中国做文化事业这种虚头巴脑的东西。日本人有一个通病，不会预先进行研究，只会机械地去模仿。十多年前，大阪的企业家发现商机，在棉纱生意上取得了很好的成绩，结果大家一窝蜂去模仿，最终导致日本的棉纱价格大幅下跌，谁都赚不到钱。要想在中国获得成功，就必须对中国人预先进行研究。这种研究绝对不是无用功。真希望日本的所有国民都能够早一日对中国的紧张局势有充分的了解。

中国风景之美

深受画家喜爱的偏僻乡村的景致

当你在中国大陆的南方各地游历，深入到偏僻的乡村之中，看到成群的羊或水牛在悠闲吃草的时候，我相信任谁都会萌生出对中国自然之美的喜爱之情。在块状分布的高粱地之间是杂草肆意生长的原野，而这也恰好成为放牧者的天堂。成群的黑色或白色的绵羊在原野中嬉戏。牧童一人在值守。高挑的高粱茎在微风的吹拂下飒飒作响。远处的群山将淡绿色的裙摆一直延展到山脚下。这所有的一切宛如一幅绝美的风景画。去年秋天，我和小室翠云画师到中国南方游历。一天黄昏，我们行走在江西省的乡间，看到一名牧童骑在一头大水牛的背上，大大的斗笠披在脑后，手中甩着一条长鞭，口中时不时发出特有的叫声，驱赶着羊群缓缓前进。面对此情此景，我深深感受到中国自然的那种柔缓之美。在中国游历时，小室画师有时会乘兴从交通工具上跳下去，把看到的风景用素描画下来，或者是用相机拍下来。我们为收集到如此多的素材而高兴。看到牧童赶羊这样美丽的风景，小室画师自然就想把它给拍下来，但当时的我们不知道拍摄这样纯真的风光有一个很重要的窍门，那就是不要打扰到对方。我们无所顾忌地直接就和那个牧童打招呼。牧童看到我们是外国人，很惊讶，就想赶紧走，原有的柔缓的风景就被打破了。

看到这种情况，我们只好给对方一点小费，让他配合我们拍张照片。就这样，牧童骑在牛背上，背上背着一个大大的斗笠，摆好姿势，让我们拍了一张毫无趣味的照片。后来，当其他的牧童知道那名牧童从我们这拿到小费后，也都聚过来。一个牧童赶羊可能还算是一道风景，但当一群牧童凑过来让你给他拍照的时候，那就没什么趣味了，所以要想捕捉到一则理想的绘画题材并不是一件容易的事。不过，在中国，如果具有审美的眼光并认真去发现的话，还是能够从中国的大自然中发现很多美丽的绘画题材的。例如，在一座坍塌老屋的入口处，一头母猪带着一两只小猪正在泥水中嬉戏，它们将鼻子拱进泥水中寻找食物，并发出"哼哧哼哧"的声响，这其实就是一则很好的绘画题材，是我们体味中国乡村气氛的良好素材。又如，城墙外侧是堆积如山的马粪，旁边有两三只雪白的绵羊在落满霜的地面上寻找着食物，这亦是一则很好的绘画题材。再如，远处是成排的秃树，树下仅有一个农夫在踽踽独行，这又是一幅无可挑剔的充满中国风情的冬日画题。

日本没有畜牧业，所以日本人无法充分感受到这等放牧之趣。不过，如果去中国大陆走一遭，亲眼去见识一下中国一望无际的大平原的话，可能就会认识到这样的放牧状态是最符合中国风情的。它是如此之悠闲，又是如此之纯真，应该是没有比这更为逍遥自在的事情了。家畜的动作、叫声与中国农夫田园生活的情趣深度契合，这着实有趣。此外，无论是农夫之姿，还是牧童之姿，在大自然中都如同是在画中一般。可以看出，在中国乡村，人与自然是高度和谐的。这在无形中给人留下了好感。

接下来，再根据本人的经验谈一点别样的光景。秋天的日暮时分，破败农居的屋檐前立着一棵掉完树叶的秃树，树下拴着一头驴，不时地发出几声如泣如诉的叫声，任谁听了都会不由地从心底生出一股悲情。这样的风景自然是哀伤的，也必然不会被画师用在表示愉快心情的画作中，但它却是中国寒村秋日黄昏的真实写照。如果对其进行艺术加工的话，我相信画师笔下的驴肯定是大长脸加大长耳朵，不仅会自带沧桑感，而且还会透出一种纯真。驴这种四足的牲畜，给中国寒村的秋日黄昏增添了最多的韵味。

此外，在山西省大同市的郊外，每到秋天收获高粱的时节，当地的农民就会在高粱地间的通道旁做出一块块方形的晾晒场。成千上万的晾晒场遍布田野，上面铺满了从高粱穗上脱下的高粱粒。由于是偏僻农村，所以农夫干活并不是那么上心，基本都是马马虎虎，凑合了事。大部分农民穿的都是破破烂烂、缝满补丁的衣服。可怜兮兮的两三个小孩子在晾晒场上嬉戏。日暮黄昏，村庄内的炊烟袅袅升起，不时传来几声驴的哀鸣，整个世界仿佛都弥漫在一片凄凉之中。我相信，每一位到中国华北地区旅行的人，当傍晚行走在偏僻乡村的田畔时，肯定会经常看到这番凄凉的光景。

拍摄牧童的窍门

对于那些只到过中国的城市地区的人来说，他们是很难体验到中国乡村的赶驴、骑水牛或牧羊之趣的。要想真正接触这些自然景物，毫无疑问，必须亲自来到远离城市的偏僻乡村才行。当然了，在这样的偏僻乡村是不会有日本人的。不过，在这样的地方却有很多富有韵味的绘画素材，如果想去接触这些景物的话，我觉得日暮黄昏时要比中午时光更有情趣。日暮黄昏时分，所有的景物仅能看到一个模模糊糊的轮廓，所有的细节一概看不见，这样反而会给绘画增添别样的趣味。如果一幅画画得像照片一样纤毫毕现，反而就变得索然无味了。相反，如果画中的风景朦朦胧胧如在云雾之间，反而会勾起人们无尽的想象。日暮黄昏的景物正是如此，给人留下了充分的想象空间，同时也催生出旅人的哀愁。大自然之美中浮现出了中国大陆风光的悠然之趣。

要想得到黄昏时分的良好绘画素材，就必须深入到中国的乡村才行。有些地区是相当危险的，任谁去之前都会担心不已。不过，从我多次前往中国乡村游历的经验来看，其实也没有那么危险，至今我还没有遇到过一次比较危险的情况。中国的乡村地区几乎就没有时间概念，从年头到年尾都过着日出而作、日落而息的生活。这样的生活如果说平凡的话，那确实是极为平凡。不过，这却是最为自然的生活状态。古人日复一日、年复一年过的应该就是这样的生活。在中国的乡村地区，只要我们不做违背社会良俗的事，就不会有人主动对我们的旅行施加危害。我一直坚信，虽然国度不同，但是人的感情却是相通的，我相信人性本善，并且也是凭着这一理念游走各地。在乡村中，无论是对路上的行人，还是对住在破屋子里的穷人，我都会以诚相待。无论到任何地方，只要秉承这一理念，而且对方又能够感受到的话，就肯定不会出现任何危险，反而是对方会因为好奇而主动凑到你身边，小孩子会摸你洋服的扣子，大人们则会摆弄你的钢笔。他们看到日本人都会觉得挺稀奇，所以会盯着你看，甚至去摸你，而且很乐意和你聊各种各样的话题。我对他们当然也不会摆任何架子，会像对待兄弟一样去对待他们。这样一来，对方就会对我越来越亲近。当然了，在有些地方，尽管关系处得已经挺好了，但想拍一张孩子的照片也还是很难的。中国的有些乡村非常保守，认为被拍照片会让人折寿，我甚至还遇到过有母亲怕我给她的孩子拍照，亲自跑到我的住处把孩子拖走的情况。所以说，每当遇到不想被拍照的情况，我都会假装拍远处树木的树梢或者拍其他方向的景物，然后趁孩子不注意，瞬间按快门拍下我想要的画面，当对方察觉到异样时，一切都已经拍完了。当然了，这样的拍摄手法多少需要一些技巧和急智。此外，这样做并不是什么坏事，所以作为在中国旅行中的一种拍照方法，任何人都可以去尝试一下。

中国的偏远乡村到处都有像南画[1]一样的优美风景。而且在我看来，中国的大自然也在张开双臂欢迎着画家、艺术家以及对中国景物感兴趣的人前去对其进行描绘。如果将如此优美的风景舍弃在那里，不加任何关注的话，那真的是暴殄天物。所以，当我在中国游历时，如果身边没有个艺术家陪着，我都会倍感遗憾。

水边的风景

在看惯了日本水景的基础上，如果踏上中国的土地，看到中国南北各地的水景，肯定会生出完全不一样的感觉。首先是在水的清澈度方面。虽然中国的一些地区也有极为清澈的水，但是大部分地区的水都是浑浊的。北方的黄河、海河等都呈现出茶褐色。南方的长江一般都是红黄色，但有时也会受到光线的影响呈现出淡粉色。中国各地的江河整体上都比较浑浊，但多少还是存在一些差异。当然了，这种浑浊和东京隅田川那种黑亮的污浊并不是一回事。中国江河呈现出的颜色与各地的土质有着密切关系。中国中原地区的土质大多为黄土，所以流经这片区域的江河自然也就呈现出淡黄色。在日本这样山清水秀的国度生活惯了的人，来到中国后看到水如此之浑浊，可能会生出污秽之感。但是对于数千年就生活在这片土地上的中国人来说，他们觉得大江大湖本来就应该是浑浊的。另外，中国江河湖泊的黄色浑水在视觉上会给人带来一种柔和的感觉。

---

1. 南画是指源于中国的南宗画，江户时代中期传入日本，是日本文人画的典型代表，以池大雅和与谢芜村的艺术成就最高。

日本是一个岛国，地形如马脊，山多树多，深山中的水大都是清澈的，呈现出绀青色或是琉璃色等，与翠绿色的山林搭配和谐。中国中原地区的地形与日本完全不同，这也就导致中国中原地区的景致和日本完全不同。景随地移，色彩亦会随之发生变化，这是大自然亘古不变之理。中国中原地区的水是浑浊的，土壤是黄色或茶褐色的，秃山或是岩石也都是暗黄的，土、石和水在色彩上呈现出高度一致。这样的风景，除了中国大陆，在别的地方根本看不到。例如，从江西鄱阳湖前往湖南洞庭湖的途中，你会发现河湖周边的土地全都是红土，而且河岸湖边的绝壁也都是赤壁。到了中国之后，我才知道所谓的赤壁其实并不仅限于苏东坡《赤壁赋》中吟诵的那段绝壁，在中国南方的江畔到处都是红色的土壁。所以说，用红土黄水来形容中国南方的色彩是颇得要领的。中国的水景和日本的水景是完全不同的，所以我们在把中国的水景和中国人对水的感知当作中国大自然的本体去进行考虑的时候，一定要把它与日本清澈透明的水景区分开来。

中国的水景柔和，日本的水景吓人

　　接下来谈一下中国的海。上海附近的海面，如果从远处望过去，不像是海，反而像是长江的延长线，整个海面都被染上了一层黄色，所以被冠以了黄海[2]之名。此外，黄河和海河全都流入了渤海，这使得整个渤海湾的西南部都呈现出一片黄褐色。在中国长期旅行的人，如果已经看惯了中国的海的颜色，一旦他们来到外海上看到广阔无垠碧蓝的大海，或是看到从门司、下关到六连岛之间碧蓝的海

---

2. 此处作者有误，长江流入的是中国的东海，非黄海。

水，他们一定会感受到那种急剧的色彩变化。在中国，如果说哪里的水景好的话，我相信任谁首先想到的都会是杭州的西湖。西湖的水不浑浊，是清澈的，透出一种柔和之美。不过西湖水底的淤泥看上去却是很深的样子。深深的淤泥给西湖染上了一层古色。西湖的色彩是模糊的，界限不分明，但正是这种模糊给西湖营造出了柔和的韵味。另外，西湖的湖水很浅，这更为其增添了亲和力。日本的湖水给人的感觉与中国的西湖完全不同。中禅寺湖、芦湖和十和田湖都位于山中，湖水很深。深深的湖水虽然看起来碧蓝，但是越深越给人带来可怕的感觉。尽管这样的湖光山色可以用"山紫水明"来褒扬，但是给人心理上带来的却是负面的感觉，会令人不由得生惧。

真正能给人带来亲和感的湖水，其重点并不在于碧蓝的颜色，而在于湖水要浅。杭州西湖的湖水很浅，所以任谁见了都会生出一种安全感。西湖的平均水深为两三尺，最深的地方也不会超过五尺，而日本中禅寺湖的水深则达到了数百尺。当我们乘着画舫在西湖上泛舟游玩的时候，即便是突然刮起一阵大风把船吹翻了，那两三尺深的湖水也不会给我们的生命造成任何危险。这样一来，自然就给人带来了一种安全感。在西湖上泛舟时，如果摇桨稍微用力一点就可能会勾起水下的淤泥。其实不只是西湖，中国的很多湖泊都是非常浅的。例如洞庭湖在冬季枯水期和夏季丰水期，所呈现出来的景致是完全不同的。在冬季枯水期，洞庭湖的湖水基本就没有了，裸露的湖底就如同河床一样，上面只剩下一些细小的水流在缓缓流淌，而到了夏季丰水期，洞庭湖又恢复到碧波万顷的壮丽景观，但湖水的深度总体来说还是非常浅的。

中国的湖泊大都是平原上洪水泛滥之后自然形成的，水位一般不深，很多湖泊的湖底在冬季会直接变成平原。自古以来中国的学者和文人墨客等都对湖水充满了亲近之情，经常会纵情畅游于湖泊江上。因为有着这样的经历，所以他们不会惧怕湖水，而且还会把湖水当作自己绘画或诗文的题材。

不过中国的江河湖泊也不都是那么平静。沿长江逆流而上，在湖北和重庆地界内可以看到险峻的三峡，水流湍急，小蒸汽船在漩涡中滴溜打转，怎一个"险"字了得。不过在犬养毅先生看来，三峡之险并不在于水势，而是在于附近土匪的袭击和枪声。有些民船即便是听到了枪声也不会停船，而是想着赶快逃走。不过土匪可不会放过它们，而是拼命追上民船，然后肆无忌惮地进行抢劫。如果真的遇上了这样的情况，确实挺恐怖的，所以一些熟悉水情的船老大会特意选择一些危险的水路行船。他们在水中放下很多个用竹子编成的渔笼，沿着陡峭的悬崖峭壁，摸索着逆流而上。这样顶多也就是刮坏几个渔笼，只要不被土匪打劫一切就都妥了。所以说，比起水造成的危险，人造成的危险可能更大一些。

饮用浑水的习惯

日本的一些画家在画中国的山水，尤其是画中国的水的时候，会运用很多日本流的画法，例如，有画家就曾尝试用四条派[3]画波浪的方法去表现中国三峡激流飞瀑的气势。前些年，我曾在华族会馆欣赏过福田眉仙画师所绘的《中国绘卷物》三十卷，但福田画师在画法上受日本流的束缚太多，以致没能很好地表现出中国山水的神韵。不过，福田画师花费数年时光将中国风景绘制成画并将其介绍给日本国民，这本身就是一大壮举，我们应该给予充分的肯定和表扬。要想将中国的长江及其他湖水的柔美表现出来，我觉得还是用中国独有的画法会更好一些。我希望日本画家在画中国的水景时

---

3. 四条派为日本画中的一大流派，由江户时代居住在京都四条的松村月溪创立，是幕府末期和明治时代京都画坛的中心力量。

能够亲身到当地去感受一下，用画笔将自己内心的真实感受描绘出来，这样更有助于创作出优秀的画作。尤其是在画长江的时候，它那宏大的景象绝不是日本那些如在马脊上流淌的小河所能比拟的，所以要想画好长江就一定要到中国，沿着长江逆流而上，近距离感触长江的伟大气魄才行。

在对中国的水进行研究的时候，我们有必要将其放到当地百姓的生活中去进行考虑。中国各地的水大都如上文所述是浑水，不过如果挖井的话也是可以出来清水的。中国人对浑水并不讨厌，每天饮用的水也大都是浑水。在长江上航行的蒸汽机船上的饮用水是直接从长江上打上来的浑水。长江上的民船、木筏及沿岸百姓的饮用水也都是取自长江的浑水。当然了，生水肯定是不能直接喝的。身强力壮的人会一下子将直径四尺或五尺的大缸挑满浑水，然后让其自然沉淀，取上部的清水用作饮用水。长江附近的百姓通常还会在浑水中加入极其少量的白矾，这样可以促进泥沙和清水分离得更彻底一些。不过，对于那些不太注意卫生问题，喜欢从大自然中直接取水饮用的人来说，他们压根也就不会去关注明矾的净水效果——他们会用桶将浑浊的江水打上来，直接用来煮茶或做饭。稍显神经质的人肯定会觉得这样的江水奔腾了数千里，其中必然会受到了各种各样的污染，而且还被注入了大量的不洁物。不过，就如同即便有很多污水注入太平洋，但我们依然觉得太平洋很清澈一样，长江的水量实在是太大了，所以即便是受到了一些污染，被排入了一些不洁物，但我们依然会觉得江水挺干净。对中国人来说，他们对水的认识已经超越了污染或不洁这样的概念，只要是生水都可以煮沸后饮用，所以即便是污水他们也会像清水一样饮用。泥鳅生活在泥水中，整天喝的是泥水，照样生生不息。同样的道理，中国人祖祖辈辈生活在他们本国的土地上，自然也就习惯了饮用那片土地上的浑水。

这其实是极为自然的事情，"物竞天择，适者生存"，中国人生活在浑水的环境中，必然适应浑水才能够生存。在长期的历史演变过程中，那些不适应浑水的人已经因为浑水的卫生问题造成的消化系统疾病而被淘汰掉了，现在生存下来的都是已经对浑水有了免疫力的人。中国人已经在自己的土地上繁衍生息了两三千年，现在从外部进入的异族人如果神经兮兮地去担心他们饮用浑水的问题，那真是有些杞人忧天了。不过，通过研究浑水与沿岸百姓的关系、浑水与地方景色在色彩上的关系，以及长江整体的风光与蔚蓝天空的关系，我们或许能够了解到中国人饮用浑水的生活方式是如何和谐地发展到今天的。另外，那种黑乎乎阴沉沉的、看起来不是那么好看的戎克船[4]鼓着大大的风帆在江上慢悠悠航行的风景，也只有在中国的长江上才能看得见。

山的风景

在中国，地区不同，山的景致也完全不同。中国有个词叫"南船北马"，指的是北方大都是山地，所以出行主要靠马，而南方多湖泊河流，所以出行主要靠船。北方的山，除东北北部以外，基本都是没有什么树木、岩石裸露峻峭的秃山。在这样的山路上行走，坐马车肯定是不行的，因为没有减震，人坐在颠簸的马车内肯定会被碰得满头是包，所以说除了骑马外别无他法。另外，北方的山路大都是石块路，很容易就会生出深深的沟壑，车轮一旦陷进去，是很难拔出来的。总之，在中国北方的乡间山路上，除了骑马、骑驴或骑骆驼外，其他的一切交通方式都是不太可行的。

---

4. 戎克船即中国帆船，是中国独创的帆船类型。相传于汉朝出现，经宋、元时期改进，中国帆船在中国近海大量出现，明朝郑和船队改良此类船只遍游东亚、南亚，甚至远达非洲。

北方的山景整体来说是很煞风景的，树木稀少，在夏季就像披了一层草原一样。能长草的山还算不错的了，大部分山都是岩石直接裸露着，整个山体也只有土黄这一种颜色。在山西的高原或山上会散落生长一些树龄很老的树木，远远望去就像南画中所绘的景物一般。在中国的北方几乎见不到青翠欲滴的山。山东省的泰山是天下名山，以岩石耸立、奇拔峻秀而著称，但是山上松柏依然不多，星星点点散布着一点而已。过段时间，我会进入四川腹地进行探险，大家可以通过绘画或照片等见到四川的山，那边的山与北方的山完全不同，以峨眉山为首的四川群山有力压天地之势，规模雄大，峰高溪深，非比寻常。

长江两岸的山景

前文已述，中国南方地区是以柔美的水乡景色为主，一望无际的大平原与水的和谐搭配，构成了中国南方景色的主体。在中国南方，山仅是点缀而已，像四川或北方的那种雄奇巍峨的山很少。我曾在长江中站在船的甲板上远眺两岸的群山。这些山与其说是山，还不如说是稍微高出地平线的小土包更为妥当一些。这些小山的脊线都在尽可能地往远处延伸，无论是山峰，还是山脚，都非常平缓，让人几乎感觉不到倾斜的存在。站在甲板上眺望这样的群山，你会发现稍微近一点的山上往往都泛着些许的靛青色，更远处的群山的颜色则会显得稍微淡一些。这样的群山往往会有两重或者三重，一直延伸到影影绰绰看不清楚的地方。

在中国的南方，如果没有这样的矮矮的群山，那必然就会是一望无际的大平原。总的来说，中国南方地区的风景还是以水景为主的，山景很少。在长江下游地区有苏州的天平山、虎丘，镇江金山寺的塔所坐落的小山，南京下关的各座山丘等；在中游有彭泽县的马当山。这些小山都是仅高出地平线数百尺的小山丘，但由于其位于平原之中，所以显得弥足珍贵。此外，长江之中还有一些直劈天际、陡峭耸立的小孤山，打破了南方景致的单调之感，因此亦是南方天地间很珍奇的景色。这其实和日本关东平原上的筑波山有些类似。在平原或水乡中，稍微有点高度的小山就会显得颇为引人注目，也会为当地增添不少景致。也正因为如此，山在中国南方的价值是很高的。如果去江西九江，可以看到天下名山——庐山。自古以来千余年间，文人墨客不吝笔墨歌颂庐山山水之美，从而使其成为中国山水中最具代表性的名山之一。可以说，正是因为庐山位于中国南方，所以其价值才更加提高了一层。在后文中我还会对庐山予以介绍，在此暂不赘言。

长江以南的山乡

行走在中国南方的山乡中，我常常感觉那种氛围与日本的木曾山、耶马溪以及日本内地其他的地区并没有什么大的区别。在当地人或护卫兵的陪伴下，从一个山头奔往另一个山头，从一条溪流奔往另一条溪流，那种感觉和在日本内地的跋涉如出一辙。无论是潺潺的流水声，还是傲立在悬崖上的松树的英姿，又或是溪谷间的冰凉瀑布，都与日本山乡中的景致差不太多。不过，唯一让我感觉与日本山乡不同的就是中国南方山乡间的道路——所有的道路都被铺上了石头。铺路用的石材主要是薄石板或直接从山中采来的石头，如果是平路，就直接铺设；如果是陡峭的山路，则会做出一级级的石台阶，非常便于行走。当在中国南方的山谷间沿着溪流行走时，你会发现桥很少。在日本，每隔三里或五里必然会遇到两三座桥，而在中国的山中则很少能够见到桥，取而代之的是守在渡口的渡船。不过，如果在山中遇到稍微大一点的城镇，你又会被桥的精美所震撼到。安徽黄山附近有一座小城屯溪，城内有一座老桥[5]，那真的是不惜用材，而且架桥方式也是极为巧妙，其艺术性也被发挥得淋漓尽致。

　　总之，中国南方山中的道路和桥梁总能给人带来意外的惊喜。我曾走过日本、中国和朝鲜的很多乡村，但从来没有像在中国南方的山中行走那般愉快。中国南方的山道修得真是太好了，铺路用的每一块石头都拼得严丝合缝，如果东京的电车道也能够稍微借鉴一下此种铺路方法的话，那就再好不过了。当在旅行中累得筋疲力尽，鞋也被磨破了，脚趾头从鞋里钻出来，这时要是突然踢到点什么东西，那极度的疼痛真的是让人刻骨铭心。在我的整个旅行生涯中，这样的经历我有过多次，不过在中国南方的山乡旅行中我还一次也没遇到过。此外，中国南方山乡与日本还有一个不同的地方，那就是在山道上会有祭拜神灵的建筑物。当你在爬山之际，仰头望去，在一个云散雾去可以看见青空的地方，或者爬山途中将要翻过的某个山岭，你会很惊讶地发现那个地方竟然还有一座用各色颜色装饰的美丽的中国建筑，无论是屋顶的形状，还是建筑物的曲线轮廓，甚至檐下的接榫、圆柱的样式、墙壁的颜色、门扉的细部等，无不充满了风韵。有时行走在溪谷间，抬头望去，在悬崖上的苍松掩映下竟然也有这样色彩绚丽的中国建筑。这些建筑物往往是周王庙、观音庙或关帝庙等，是中国人信仰的产物。这样的建筑物与深山那种充满灵气的氛围是很搭的，它们不仅寄托了人们的信仰，同时也提升了山的品位。当在南方的山中旅行时，每当看到附近的山上或路途的前方有这样色彩绚丽的建筑物，内心都会生出亲近之感。有时眺望远方，在遥远的山峰顶部巍然耸立着一座九层高塔，而且每

---

5. 作者在文中没有给出具体的桥名，据译者考证，此桥极有可能是屯溪的老大桥，又名镇海桥，始建于明嘉靖十五年（1546），是一座六墩七孔石质拱桥，现为安徽省文物保护单位。

层都是出檐高挑，面对此情此景，自己仿佛进入一幅巨大的楼阁山水画中，变成了画中人，正在深山幽谷之间逍遥畅游，内心的愉悦之感油然而生。有时沿着溪流行走，不经意间就可能会碰到一座爬满爬山虎的形如眼睛的双拱石桥，附近会散落着一些古代建筑物留下的柱础，看起来在古时这里应该有一座寺庙。坐在古桥上，倚靠着栏杆，听着杜鹃的啼叫，旅途也就变得有意思起来。当然了，在日本也并非完全没有这样的景色，但日本毕竟是一个岛国，像这般具有浓厚南画意境的风景还是很少见的。

对于那些在日本画南画的人，如果他们想进行山水写生或希望搭建理想的山水画架构的话，我奉劝他们还是到中国大陆亲身感受一下中国的山水为好。我其实是很想与日本的画家一起在中国美如仙境的风光里畅游的。

以上所述的山间风光，是我花了一周多的时间，进入长江以南的安徽省至江西芜湖一带的黟县、屯溪和徽州府游历时见到的景致。不过我还想再补充一点，那就是从安徽至浙江一带的山乡也是非常幽静的，而且溪谷也很美，有好多地方和三峡有些相似。对我这种喜欢自然之美的人来说，中国南方的山乡简直就如同是仙境一般。经水路从歙县至浙江严州途中有一处叫茶园的地方，两岸的山姿就像南画中画的一样，连绵不绝的大山、奇拔的岩石，看起来非常优美。茶园的一隅树木茂盛，住着人家。水中还有一岛，与山遥相呼应。茶园的景致非常漂亮，我相信如果将其写生下来的话，一定会成为南画的好素材。从安徽至浙江的山乡中，有好多地方的景致都可以成为绘画的素材。

据说在中国的山中探险，有时并不是很安全。当我完成在中国南方山乡中的探险后，我才听说在安徽省内我曾走过的高塔下的山林中常有山贼出没。他们会抢劫旅客的行李和钱财，一直抢到旅客一丝不挂为止，但好在我没有遇到过，也算是我的幸运吧。我记得有一天夜里十二点或一点左右，我在山中沿着一条小溪旁的山路踽踽独行，但没有遇到一个怪人。后来遇到了一条贩茶的船，船老板正躺在船里睡觉，我走向前去叫醒他，表示想搭他的船一起走。我没有被吓着，反而是船老板被我的举动给吓个够呛。我这样的人即便在旅行中对山水有再多的感触也白搭，而画家就不一样了，这些感触可以成为他们绘画的素材。

我在中国南方的山乡中接触到的百姓都是非常亲切的。山乡的旅馆也是极为古朴，充满了田野之趣。如果画家想以中国的真山水当作自己的绘画题材的话，那我觉得他们还是亲自到中国看一下那如仙境一般的真实风景为好。

长江上的秋月

中国大陆的秋色是非常美的，而且给人的联想也很多。想来，今秋的月色和苏东坡《赤壁赋》中吟诵的"壬戌之秋，七月既望，苏子与客泛舟，游于赤壁之下"时的月色应该也无甚区别。之前，日本的一些文人雅士仰慕苏东坡的《赤壁赋》，曾专门组织活动沿长江逆流而上，在水波万里之上遥望黄州上空的秋月。天高月小，东坡寺还是往年那个东坡寺，不过今年长江的水位很高，汹涌的波涛拍打着江堤。

去年今夜，我曾在湖南岳州（即岳阳）欣赏洞庭湖上的秋月。我还曾欣赏过北满之月、万寿山之月、西湖之月、钱塘之月、大同之月、山东半岛之月、朝鲜之月和台湾之月。在这么多月亮中，我唯独觉得在长江中的停船中看到的月亮是最美的。最近我还在扬州五亭桥欣赏到了雨后之月。无论在何处赏月都很能激发人的诗趣。只有有充裕的时间，可以在长江的客船上生活半年或一年的话，才能真正地体味到长江秋月的妙趣。

长江上的秋月夜泊风雅且闲适，然而在长江无穷伟力的背后，却有着各种各样的故事发生。我这次沿长江逆流而上，经历了多次"长江夜泊"。我乘坐的是大贞丸，这是一艘老船，机械故障频发，整个航行途中在南京芦畔、九江荻汀和汉口码头三次因故障停泊。船长多次向我们道歉。但对我来说，能在长江上夜泊是可遇而不可求的，所以三次停泊完全没有影响到我的好心情，反而使我体会到了不一样的长江。像大贞丸这种出多次故障的情况是日清汽船公司创立以来未曾有过的，而且也是所有的汽船公司都不希望碰到的，但是对我来说却是一次难得的经历。

　　去年秋天吴佩孚来武昌时，为了确保安全，没有选择在陆上住宿，而是选择把住宿的船只停在长江中，然后再在周边停很多类似的船只，用来迷惑别有用心之人。最近，李烈钧在江西兵败后，其残兵百余人在半夜时分登上了大贞丸的拖船瑞阳丸，想搭船前往湖北。那些残兵在甲板上用餐的场景就如同是饿鬼的修罗场，真是可怜。自辛亥革命以来，中国的政界巨头、谋臣和大将等在长江上航行时都喜欢搭乘日本船，具体有多少位已经无法计数。在过去，中国的官兵只要看到船上挂着日本的日之丸国旗就肯定不敢加以阻拦，这也是为什么那么多要人热衷于乘坐日本船的原因。但是，现在一些中国的不法商人为了逃避税金也在滥用日本的日之丸国旗，尤其是在战时，滥用日之丸国旗的情况更为增多，再加上台湾人创办的戴生昌轮船公司也在使用日之丸国旗，结果导致日之丸国旗在中国变得不是那么好用了。有时候即便船上挂着日之丸国旗，中国官兵也一样会开枪射击。前年，我乘坐沅江丸前往洞庭湖，湖南的残兵就频频朝船开枪，为了保护汽船的安全，沅江丸在两舷安装了厚厚的钢板，但即便是如此武装，沅江丸也只能在长沙岳麓终止了航行，没能到达我的目的地常德辰州。今年我本计划乘云阳丸前往四川和重庆，但船行到万县白帝城时遭到当地武装的袭击，云阳丸无法继续前行，只能折返。其实不只是日本轮船，英国轮船也同样受到攻击，被迫终止了航行。近来，外国轮船在长江上航行时掀起的波浪经常会将四川的民船打翻，因此而丧命的船夫不可计数，所以说中国的地方武装袭击外国轮船其实是一种报复行为。鉴于此，我今年不得不中断了前往四川的计划。

因白居易的《琵琶行》而闻名于世的浔阳江，在之前的九江暴乱中也是受到很大的损害。暴乱的起因是驻九江部队的军官侵吞数千元军饷，导致士兵自一月以来没有领到任何粮饷，士兵大为不满，最终酿成兵变。兵变士兵在九江城内大肆掠夺，给城内的豪绅良民造成了巨大损失。九江城的城墙在兵变中被毁，大部分街巷也都被烧了，名胜古迹也被兵变士兵破坏殆尽。长江一带的无边沃野自古以来就是多事之地，几乎就没有安稳过。然而，长江沿岸的自然风光自古至今一直都是很美的。

现在很多东京的年轻人在计划新婚旅行时都会选择前往长江。东京日比谷大神宫的宣传栏内，也贴着将游览长江风光变成自己人生回忆的宣传海报。无论是人世间恶俗的争斗，还是琴棋书画等风雅之事，长江上的秋月都将其等同视之，所有事物的轮廓在月光下也都变得模糊起来。每年的盛夏时节，西藏、峨眉山[6]和打箭炉[7]等地的积雪就会融化，从而使得长江的水量大增，四川以东的水域在巨大水流的冲击下就如同经历了一番大扫除。在皎洁的月光的映照下，长江自夏至秋，都在上映着一幅水乡泽国的全景画。在长江携带来的泥沙的堆积作用下，位于长江入海口的崇明岛的面积每年都会大一圈，而且周边的江底也变得越来越浅，按照现在的这种趋势，

6. 峨眉山并非是一座雪山，并非要等到夏季雪才能融化，所以此处作者可能有误。
7. 打箭炉是个古地名，即今四川甘孜藏族自治州的政治经济中心康定市。

大约数万年后，江苏省可能就会与日本的肥前五岛[8]连为一体了。总之，长江的研究非常有意思，长江的风光也是非常美丽的。

长江名胜图绘

经常有人会问我，中国的自然和人文究竟有什么地方值得我们去研究，其研究成果又对我们的文化研究有什么样的好处呢？其实一直以来，对中国的地理或人文等方面的研究都没有什么显眼的成果。日本人瞧不起中国，所以没人愿意对中国的自然和人文进行研究，这也是为什么会有人提出开篇问题的原因。不过，对我们这些平时就对中国的自然和人文感兴趣的人来说，我们觉得中国历史中的英雄豪杰、建筑、艺术、文学，尤其是中国人的国民性等，其实都很有研究的价值。另外，中国的大自然，如山水的分布状态，恢宏的气势，与日本岛国完全不同的自然现象等，也很值得我们去研究。很多这方面的研究都会直接或间接地影响到文化研究，起到他山之石的作用。当前的中国缺乏英雄豪杰，在这样一个时代去谈论英雄豪杰似乎有些与时势不符，但是中国历史上确实有很多英雄豪杰。如果从日本或欧美的角度去看，中国历史上的英雄豪杰未必有值得颂扬的价值。但是，如果将其放在中国特有的历史背景和社会中去综合考虑的话，那这些人确实可以称得上中国式的英雄豪杰。对英雄豪杰的资格认定必须充分考虑其所在的社会的风俗、信仰和生活等所有人文上的因素。也就是说，在中华民族的民族性背景下，在中国传统价值观的认知范围内，这些人就应该被认定是杰出的英

---

8. 肥前国是位于九州西北部的一个令制国，东北部通过背振山地与筑前国相连，东南部筑后川的对岸是筑后国，西方面向西海海面，海上坐落着平户岛，五岛列岛等岛屿，南面是突出的岛原半岛，远方是中国东海，北方的玄海滩将肥前与壹岐国隔开，再往北是对马国。

雄豪杰。

与英雄豪杰同样的道理，只有将中国的山水放到中国独特的自然地理环境中，我们才能发现中国山水的真正价值。其实不仅是中国，南洋、南美、北美或欧洲等地的自然景观也都有着各地的特色，可以说，各地的自然景观都与其所在的那片土地有着天然的联系。之前提过，在形容中国的自然地理时有"南船北马"这样一个词。接下来我将介绍"南船"，即长江流域的山水。

我们如果只在日本、不去中国实地考察中国南方的山水的话，就只能从学校的地理教材或者前往中国旅行的外国人的游记，或是从自古至今描写中国的文学作品里体味中国的山水。当然了，这些材料都是比较粗浅的。稍微文雅一点的还有中国南画那样的画作。但是，上述材料仅能给那些没去过中国，全靠坐在日本想象的人提供一些帮助，离在脑海中描绘出真正的中国南方山水还有很远的距离。为了弥补这一不足，市面上出现了很多描绘中国广西桂林实景的山水画卷。前些年，我只身一人从上海出发，沿长江逆流而上七百八十里到达湖南，从地理学的角度最大程度地考察了长江流域的自然山水风光。

我当时手头有一本刘愭[9]绘的《长江名所图绘》，为我的此次旅行提供了很多帮助。我经常翻阅此画卷，然后对照画卷去实地欣赏长江及两岸无数的大小湖泊的景致。中国南方的山水给我留下了很深的印象。不过，画卷或画帖所表现出来的中国风景在细节方面必然会存在很多不足。在有限的纸面上去表现那些美丽的景致，在我看来反而是抹杀掉了中国山水的灵气。受画卷尺寸的限制，一些不太出名的景点被省略掉了，著名的景点每个仅能占据一小块画

9. 刘愭，字默台，一字书舫，湖南宁乡人，曾遍游吴、越及湘中诸名胜，绘为山水画稿。

面，一个挨一个密密麻麻地排列在画卷上。不过总体来说，使用起来还是非常方便的。例如，长江中画了一座名为小姑山的孤岛，旁边绘的就是马当山，接下来就是彭泽县，然后是九江。在九江的位置画有九江城、九江城外的帆船和白居易笔下的浔阳江等。可以看出整幅画卷上罗列了很多名胜古迹，给人一种非常拥挤的感觉。画卷或画帖的卷面有限，要想完整地展现长江的风景也只能像这样将知名景点缩小后绘在上面。毫无疑问，刘愕的《长江名所图绘》对我加深记忆提供了很好的参考，但是这样的画作所体现出的中国南方的山水之趣，与真实情况相比还是有很大差距的。如果我们不去中国，就把画作中所体现的中国山水当作事实去考虑，那也就罢了。不过一旦我们接触到了中国大陆的真实风景，我们就会发现居住在岛国上的我们无论怎样随意地发挥想象，怎样无限地对画卷中所描绘的名胜与名胜之间的景色施加幻想，都不可能有中国的真实风景所体现出的那番气魄。中国的景色非常宏大，一处名胜至相邻名胜之间的距离如果换算成日本的里数，可能就会有五十里甚至八十里之远，而且两处名胜之间未必就一定有着美丽的风景，可能就是比较普通的平原，但这平原却是一望无际，上面没有任何凸起的景物能够遮挡视线。长江沿岸也会有山，在云霞的掩映下，这些山岭的曲线也都比较柔和，绵延几里后就没有了任何坡度，接下来就是几十甚至数百里的大平原。

　　站在长江边放空自己，呆呆地看着眼前宏大的风景，不经意间，一艘长达六七十间[10]的大竹筏可能就会从你的眼前驶过，后面是高得令人惊奇的数艘戎克船，有的是从下游往上游走，有的则是从上游往下游去，有时候还会看到一些牧童乘坐的小舟。牧童用一根长

---

10. 作者原文中为"六七十间"，换算成今天的长度约为 120 至 140 米。

杆巧妙地指挥着数百只鹭鸶，在长江宽广的水面上悠然地划过。远处的天空上挂着大朵的白云，云彩的黑影投到淡粉色的江面上，就像有鲸鱼在水中一样，为长江增添了不少情趣。

　　长江的江面比较平静，行驶在上面就如同行驶在镜面上一般。乘坐日清汽船公司的轮船[11]行驶在长江上，比乘轮船行驶在濑户内海上还要平稳。站在船舷上极目远眺，远处的景色真的如古诗"水天仿佛青一发"[12]描述的那样，竹筏或是轮船上的黑烟不经意间就从水平线以下浮到了水平线以上。

　　如果让我讲长江景色的宏大之处，我就不得不提一下自宜昌或洞庭湖出发的由一个个小竹筏组成的超大型竹筏了。这些竹筏从宜昌或洞庭湖出发，前往下游的镇江，大约要耗费六个月的时间，一来一去差不多得要一年。时间太长，所以在竹筏上生孩子或者办喜事的情况就时有发生。这样的超大型竹筏通常是由几个家族同住，俨然已经形成了一个村落。在竹筏上你可以听到公鸡打鸣，还可以看到猪在嬉戏。一个大型竹筏可以住五十人，甚至上百人。如此大的一个竹筏在长江上驶过，看起来就像是整个村子在长江上漂游一般。有几次在深夜偶遇这样的大竹筏，恰逢竹筏上的居民在办喜事，屋檐下挂着红色和蓝色的灯笼，而且还有人拉二胡和弹奏其他的乐曲，听起来就像是一支江上乐团在演奏。可以看出，整个大竹筏其实就是一个非常悠闲的文化村。

　　长江上、中、下游的风景完全不同。在长江上，宽阔的地方能够达到数英里，狭窄的地方例如汉口和武昌附近仅有一英里（约1.6公里）。大多数船只在长江中并不是沿着中心线航行，而是沿着靠近岸边水流阻力较小的航线航行。虽然我将其称为岸，其实并

11. 大约为二千五百至三千五百吨的排水量。

12. "水天仿佛青一发"出自日本著名诗人赖山阳的名作《泊天草洋》，意指远处的水天相接之处朦朦胧胧，看起来就像是一根横着的头发丝一样。

不是严格意义上的江堤，而是江中芦苇丛生的地方。视线从芦苇丛上方望过去，芦苇丛的后面依然是宽阔的江面，挂着白帆的戎克船在江面上穿梭，再远处又是一望无际的芦苇丛。整体算下来，大约能有两三里的距离。夏季洪汛期，江面会变得更宽，一些农田和堤岸在夏季会变为江底。面对如此广阔的长江，我已经无法继续用河流去形容它，在我看来它就如同日本的濑户内海一般。但是，长江的江水确实是在流动的，而且浊流滚滚，水流速度很快，你又不能将它与平静的濑户内海等同视之。总之，长江幅员辽阔，窄的地方大约有一英里，宽的地方能达到数英里，从下游到上游能有一千余英里。有一次，我乘坐的轮船从湖南岳州的江面往南转入一片宽阔的水域，初时我不知道来到了哪里，直到后来看到左侧岳阳楼上的"卍"字瓦和右侧若隐若现的君山岛后，我才知道原来船已经驶入洞庭湖了。

洞庭湖碧波万里，其广阔程度着实超出了我的想象。有人曾说进入洞庭湖就如同进入大海一般，我当时的感觉就是如此。进入洞庭湖后我在心里嘀咕，怎么又到海里来了呢？船驶在洞庭湖上，三面看不到岸，最远处都是水天相接的景观。我乘坐的汽船并不是沿着湖水的中间行走，而是沿着东侧的湖岸往南行进。从洞庭湖最南端往西转可进入沅江，若不往西转、继续往南则可进入湘江。沿着湘江继续南行，经过长沙后可抵达湘潭。沿着西侧的沅江逆流而上则可抵达常德。日清汽船的航线主要是沿着湘江向南，行驶数小时后可以看到湘阴美景——远浦归帆。"远浦归帆"与我前文中提到的岳阳楼上看到的"洞庭秋月"一样，都是"潇湘八景"之一，同时也是中国文人在绘画中经常画的内容之一。其实自洞庭湖至湘江上游能够呈现远浦归帆景观的地点有好几处，但其中最能体现中国山水气韵的还要数湘阴。我去的时候恰逢夏季丰水期，湘江的水位线很高，远处耸立的听雨亭是一栋漂亮的六角形建筑物，其影子直接落在了湘江水面上，远处的长桥有着几十个拱形的桥洞，右侧远处是一座九层的高塔，高塔背后是重重叠叠的远山，左侧是鳞次栉比的民宅，归来的帆船在民宅前帆樯林立。整个风景就如同中国的南画一般，体现出柔和的中国韵味。

从湘阴沿湘江继续往南可抵达长沙的岳麓山。岳麓山是"潇湘八景"之一——"江天暮雪"的所在地，同时还有岳麓书院和黄兴、蔡锷的墓地等。站在岳麓山上可以望见长沙城内的天心阁。在这一地区，山是绿的，土是红的，水是碧蓝的，色彩的搭配极其协调，而且风光非常壮观。离上海七百八十英里的内地竟然有如此闲适的一片天地，这着实是我之前未曾预料到的。所谓的武陵桃花源的仙境应该也就不过如此吧。总之，湖南的山水还是非常优雅的，而且也很富有大陆风情。

接下来我们谈一下中国南方的山。安徽的九华山和江西的庐山都是位于长江南岸，山姿挺拔，文化底蕴深厚，自古至今都是文学家或艺术家创作的灵感源泉。这些山中多佛教艺术，很多六朝或唐宋时代基于佛教信仰建造的建筑物高高耸立于山峰顶端，给中国南方的天地增添了无限的趣味。泰山虽为五岳之尊，风景也不错，但是与南方的山比起来，还是差一些韵味。在南方的山中，我能够感受到在其他地方难以感受到的韵味。对中国南方地区的山来说，长江、洞庭湖以及一望无际的大平原都成为了它的背景。将山与长江放在一起来体会，我们更能够感受到山的雄伟。其实这样雄伟的山水景色并不仅在中国的南方才有，在四川及西藏的腹地也同样存在。千万年来长江滚滚不息，而且水流量巨大，据此也可以推测出位于长江上游的四川和西藏应该也有着雄伟壮观的风景。

在观察中国山水的过程中，我发现了中国永恒不变的一大特色，那就是受中国辽阔国土面积的影响，中国所有的事物在规模上都显得非常宏大，而且具有一种从容不迫的态度。这种状态不仅在人文界，在自然界亦得到同样的体现。例如，在平面上，中国的平原是非常辽阔的，可以一直延伸到地平线；在立面上，中国又有着很多耸入云霄的山峰，经历了千万年星月风霜的洗礼、风雨雷电的考验，依然昂首屹立。中国很多山峰的山姿都非常挺拔，而且越往蜀地走，挺拔的山峰越多。总之，无论从平面上，还是从立面上，中国的山水都展现出宏大的形态，对我们生活在日本这样一个岛国上的人来说，这些是根本不可能见到的景象。另外，像"白发三千丈"等具有宏大想象空间的诗句，也都是受中国宏大自然景观的影响才能够产生的，所以说中国的文学其实和自然环境有着密切的关系。

弥漫在"朔北之野"[13]上的北方气息

万里长城虽说是"万里"，但是换算成日本的里数，也就仅有八百里左右（此处为作者当时的认识）。各处的长城基本都差不多，不过离北京比较近的还要数八达岭长城。前往八达岭游玩的人大都是从西直门出城，然后还可以顺道去参观一下明十三陵。从南口车站下火车，雇驴马前往十三陵，来回大约需要一天的时间。十三陵地处东、西、北三面环山的小盆地之中，陵区周围群山环抱，中部为平地，正面入口处是用大理石建造的大门，中国人称其为牌楼。穿过牌楼就进入陵园的范围，中间是一条宽阔的神路，两侧摆着华表、石人石马等立像或坐像。这些雕塑在华北地区非常有名，很多人都会前来参观。

进入十三陵的陵园后，首先看到的就是长陵。长陵是明永乐皇帝的陵墓。除此之外，其他十二位皇帝的陵墓也都在陵园内。从十三陵继续往北可到达张家口。张家口地处长城以北，其风景已与

13. 朔北泛指我国的长城以北地区。"朔北之野"出自李陵《答苏武书》："流离辛苦，几死朔北之野。"

内地大不相同。张家口地区的耕地不是很多，高粱也都长得矮矮的，地里的收成很差，经常发生饥馑，百姓生活得比较苦，景色也比较荒凉。从张家口继续往西可到达山西省地界。山西省多石头山，山间的土壤不多，草木稀少。自大同府向北到其郊外地区就可以感受到浓浓的朔北气息了。在朔北，驴马是主要的交通工具，马车也可以，不过农村的道路非常差，一些路不好的地方，马车过不去，所以还是骑驴马更靠谱一些。一边听着驴马脖子上的铃铛声，一边慢悠悠地前行，别有一番趣味。最近，为了去看大同府的石佛古寺[14]，我在山西省北部的乡间走了一遭，来回路上看着周边的风景，心中不由得生出一种中国大陆的悲凉之感。

　　朔北的风光给人的感觉比较荒凉。尤其是日暮时分，看着远处地平线上薄且透亮的云朵渐渐由亮转暗，这时你才能够深切地感受到什么是真正的"朔北之野"，内心会不由得生出一种悲凉之感。无论是平地，还是山地，都被笼罩在一片荒凉的朔北气息之中，显现出一种难以名状的悲情。面对此情此景，任谁都会被中国大陆的那种悲壮之感所打动。每当我在中国北方看到这样的风景，我都希望自己能够融入其中，成为这风景的一部分。在这样的风景中，骑骆驼要比骑驴马更搭调。骆驼在北京城内经常可以看到，从北京前往蒙古方向的很多骆驼队不分四季，摇着脖子上"丁零零"响的大铃铛，迈着整齐的步伐，慢悠悠地行走在苍茫的原野上。如果不到朔北的话，通过观察骆驼从北京出发时的样子，我们也能够大致想象到它们行走在朔北原野上的那种感觉。

　　行进中的骆驼队就宛如是一幅画。在牵骆驼人的率领下，骆驼队从北京出发，经十三陵过居庸关，然后经过张家口到达内蒙古的

---

14. 石佛古寺即现存第五、六窟前的云冈寺院，为清顺治八年总督佟养量所修石佛寺，后世修葺。现遗存有山门、天王殿、厢房、石狮及钟鼓楼。山门上旧题"石佛古寺"，墙壁各嵌二字，左曰"蕴头"，右曰"念佛"。天王殿现侧左侧门洞上题"大佛寺"，右侧门洞上题"石佛寺"。

多伦。此条道路上每隔三里或五里会有一处"骆驼店"，每当中午酷暑时分，牵骆驼的人会将骆驼牵到骆驼店的棚子内让骆驼休息，牵骆驼的人也可借此机会睡个午觉、吃点东西等。此条道路沿线没有任何水源，骆驼店是唯一能够补充水的地方，进入骆驼店就如同在沙漠中碰到绿洲一样，意味着获得了生存下去的条件。骆驼和牵骆驼的人虽说是习惯了此条道路上五十多度的高温和阳光的暴晒，但我们还是不由得对他们的生活给予深深的同情，不忍心用那种文学性的、艺术性的奢侈眼光去欣赏他们。

骑骆驼或驴马也许是最能够体味中国朔北寂寥气氛的方式。这和满族的贵妇人骑驴马到北京郊外的乡间旅行时的景趣有些相同。满族的贵妇人骑着驴或马，右手摇着扇子，左手抓着缰绳。驴或马的脖子上拴着二十多个铃铛，走起路来"丁零零"作响。垂着发辫的儿童手中拎着提篮聚到驴马旁，向贵妇人推销自己篮子里的物品。驴马的后面跟着穿着粗糙中国布鞋的仆人，他们手中拿着贵妇人换下的花盆底鞋，赶着驴马从乡间民居的土墙边经过。这样的景致真的是充满了情趣。

在中国北方旅行的画家要想充分体验北方的气息，那骑骆驼和驴马等都是不可或缺的。其实体验中国北方的气息并不一定非得到朔北才行，在华北的很多农村地区，有些农民会特意挖一些小池塘用来饲养家禽等，这种乡野之趣也是非常有意思的。这和我前文中介绍的畜牧之趣一样，都是体味中国乡间气息的很好方法。不管怎么说，中国朔北地区的寂寥且恢宏的景色还是非常富有情趣的。

庐山的世界地位

庐山是东洋天地中具有世界地位的一座名山，原因有三：一是庐山的自然风光美丽；二是庐山是世界公认的避暑胜地，现在已经吸引到很多游客；三是庐山的历史积淀深厚，自古以来就很符合文学家和艺术家的趣味，是他们创作的佳地。

首先谈一下庐山的自然风光之美。庐山位于江西省。对那些实地探寻中国山水、对中国大陆的风景充满了憧憬的人来说，庐山是一个非常不错的选择。庐山的规模要比山东的泰山更为雄大，奇拔的山峰也更多。另外，庐山紧挨着长江和鄱阳湖，山水的结合相得益彰。庐山的东南方有五老峰，五座山峰奇石耸立，自山峰至谷底都是直下式的悬崖绝壁。五老峰被人们熟知已有一千余年的历史，中国的文人墨客对其不吝赞词。今天无论是西洋人，还是中国人，只要到庐山旅游，肯定会到五老峰去游览一番。我曾花费十天的时间在庐山各地跋涉，没有发现一处景点比五老峰更能体现出中国的自然风光之美。

庐山屹立在平原之中，由群山组成，峰与峰之间由山岭相连。瀑布从山上飞流直下，悬崖上的老松呈现出壮绝的身姿。庐山的天气瞬息多变，一会儿是云锁雾罩，一会儿又是云开雾散。在云雾的调节下，五老峰被映成了黑色、红色、紫色或薄墨色等不同的颜色，真的是非常有趣。云雾的增减所造成的色彩浓淡的灵妙变化可以说是大自然中最值得赞叹的风景。

从庐山的含鄱口，可以望见鄱阳湖上点点的民船在拖船的牵引下慢悠悠前行的场景，同时，波浪拍打湖中小岛的画面也清晰可见。鄱阳湖的湖水是碧蓝的，岛上的土壤则是红色的，再加上蔚蓝的天空，这种大自然的色彩之美，无论是水彩画还是油画都难以描绘其独特的气韵。日暮过后，东南或西南的天空偶尔会有闪电出现，划破天际的闪电把千姿百态的云朵瞬间映成红色，天地之间能够被闪电映射到的地方也都瞬间变成了红色，而未能映射到的地方则依然是青色。中国大陆的闪电与日本岛国的闪电不同，中国闪电的规模更大、亮度更高，可以把整个一方天空照亮。庐山的自然风光就如同是仙境一般，无论是白天晴天的时候，还是日暮时分被淡淡云雾包裹着的时候，无论是阳光从云朵的缝隙中洒下来将山峰的一部分照亮，还是夏天傍晚划破苍穹的闪电所映照出的色彩，这一切给人的感觉都是那样的漂亮与珍奇。

对于庐山山水的世界性价值，本人是很有自信的。庐山的海拔声称有五千尺，其实仅有三千五百尺（实际海拔高度 1 473.4 米）。从上海乘船沿长江逆流而上大概需要花费三天时间，从汉口沿长江顺流而下大概需要花费一昼夜的时间。庐山位于九江港后身的乡间地区。从九江至庐山山脚下有八英里的平地，如果乘车的话，大约数小时就能从九江港直接到达庐山山麓的莲花洞。然后换成坐轿，再走五英里，大约花费五个小时就能到达山中的牯岭。在中国一台轿通常是由四个人抬，如果想快一点的话建议选择六个人抬的，对于那些体重大或行李多的人来说，还是选择六人抬的轿子为好。牯岭最初是由英国人李德立开辟的避暑胜地，现在已有别墅八百余栋，每年夏天接待的避暑客能有三千人左右。在"一战"前很多俄罗斯人会来此度假，所以在英租界的外面又形成了俄国的租界。牯岭上的很多街名直接采用英式的命名方式，例如剑桥街和牛津街等。每栋别墅的建筑面积约有三千至五千坪（约 1 万至 1.65 万平方米）。牯岭内有二十几个网球场，数个世界上最先进的游泳池，也有很多游乐场、台球厅和电影院等，另外还有学校和教堂。总之，牯岭是一个掩映在青翠欲滴的森林里的小社会，这里水资源丰富，溪水清澈，山高景美。很多西方人都喜欢夏天来此避暑，他们往往选择在挨近山峰、视野开阔的地方建别墅，所以在山峰与山峰之间就形成了成片的别墅区。在冬天虽然也有部分外国人留在牯岭过冬，但大部分留下来的都是中国人，他们在牯岭经营中餐馆、旅社和杂货铺等。总之，在庐山三千五百尺的山中形成了牯岭这样一个世界性的文化村。

日暮时分，路灯的灯光在林间闪烁。当你在牯岭沿着溪流散步的时候，经常可以看到中国人奶妈推着西洋人的孩子在路上徐徐前行的身影，或是看到身着白色裙装的西洋女子挽着自己的丈夫沿着溪流散步的场景。牯岭的街口通常会贴有地图，而且会用罗马字（日语的注音）来标注街名。在牯岭也有日本人在做生意。竹内苞雄在牯岭开了一家名为"万岁"的照相馆，据说至今已有十七年的店龄。此外还有一家名为"大元洋行"的日本人开的旅馆。总之，对于那些在东洋的天地中选择夏季避暑地的人来说，我希望他们能够知道在庐山顶上存在着牯岭这样一个世界性的文化村。正如我在前文中所述的那样，庐山的景色非常优美，并且有着一个世界性的文化村，不仅能够吸引蒙古、中国东北，甚至靠近中亚地区的甘肃地区的耶稣传教士，同时还能够吸引到身在南洋地区的西洋人。可以说，庐山具有吸引全世界人民的力量，这也是庐山给我留下深刻印象的一个地方。

最近日本的物价飞涨，很多原计划去箱根、日光、比叡山或岛原避暑的游客取消了国内的行程，改为前往中国风光明媚的庐山。我相信今后几年间，肯定会有越来越多的日本游客前去庐山避暑。在庐山上，以北牯岭为中心形成了一个西洋人的生活区，在其周边生活着很多为西洋人提供生活物资的中国百姓。庐山的物价惊人地便宜，基本是日本物价的三分之一或四分之一，有的物品的价格甚至是日本的五分之一或六分之一。夏季最热的那段时间，庐山上的温度也不会超过二十四摄氏度，所以非常利于物品的保存。很多西洋人会在自己的住宅内挖地下室，或是在二层建造伸出窗外的阳台。西洋人建造住宅用的主要建材为花岗岩和混凝土，墙壁厚约一尺，房子四周建有庭院，其中会挖水池或建花坛等。西洋人住宅的建筑样式普遍很美，入口左右会有大的圆柱，屋顶采用古罗马式或文艺复兴式。这些漂亮的西式建筑与庐山雄伟的山姿相辅相成，最终造就了庐山的世界性气质。而且，在牯岭建造住宅也是出奇地低廉。当前世界经济并不景气，对"一战"后的避暑客来说，省钱是很重要的一个因素。我希望日本人在这一方面能够稍微反省一下。避暑本应以价格低廉且能悠闲地休息为目的，但日本人却将避暑整成了门面事儿，觉得必须奢华一点才行，这显然与西方人的观点不同。今后庐山会越来越吸引世界的目光。牯岭作为庐山的中心今后也会扩大十倍甚至二十倍，整个庐山都有可能发展为东亚地区的避暑胜地和世界性的文化村。

九江位于庐山的山脚下，英国人自五十年前就开始经营九江，在九江打下了坚实的基础。现在，九江港附近的道路及其他国家的领事馆附近的街区，都已经建得非常漂亮，可以说其他各国都有着长久的计划，而日本则没有，现在日本民会是在借用别人的地方办公。从长远来看，日本积极参与庐山的建设还是非常有必要的，可以修一条直达山内的可通汽车的公路，还可以自山脚下至牯岭修一条可上可下的双向索道。庐山的交通改善之后，其世界性地位必然会更加巩固，而且，这样做对日本也会有好处。我们日本人虽然一直在宣称扎根中国、发展中国，但是利用夏季避暑的好机会，从上海或汉口前往庐山与世界各国人民接触的日本人却很少。事实上，是我们日本人自己舍弃掉了庐山这一世界性的名胜，这真的是一件遗憾的事情。现在很多西洋建筑中会铺设榻榻米，使用起来也非常舒适，所以说西洋建筑中也并非不能使用日式设备。竹内苞雄所开设的万岁照相馆是一栋西洋建筑，但在二层一样铺设榻榻米，为了营造出日本的氛围，照相馆内还使用了很多其他的日式设备，整体看起来也都非常和谐。即便是在上海这样的国际化大都市，日本人也都是聚群而居，很少有人会到欧美人的居住区去谋生活。现在上海的英租界内，仅有正金银行、三井物产、台湾银行、朝鲜银行和日清汽船几家公司，很少有人居住在英租界。我们不希望这样的事情在庐山重演，所以就想营造出一种氛围，以促使更多的日本人能够接触到庐山牯岭这一世界性的文化村。

接下来谈一下庐山的历史。庐山地处古吴国和古楚国的接壤地带，故中国的史书称其位于"吴头楚尾，近南昌"。在六朝以前，庐山所在地区尚未得到开发。六朝以后，庐山得名"匡庐"，渐趋得以开发。庐山风光秀丽，适于归隐，故陶渊明等隐士选择在此隐居。另外，庐山还有东林寺、西林寺、秀峰寺、归宗寺、慈航寺和黄龙寺等佛教寺院，很多寺院至今尚存。

在庐山有白居易笔下"香炉峰雪拨帘看"的香炉峰，有李白笔下"飞流直下三千尺"的大瀑布，有陶渊明醉卧其上的"醉石"，还有宋朝的朱熹讲学的白鹿洞书院。庐山的自然和人文景观都非常有趣。在庐山光是被称作陶渊明故居的地方就有两处，究竟何处为真，至今争论不休。白鹿洞书院近来已被用作农林学校的校舍，虽然摆了很多学生用的课桌，但仍有很多房间空余，据此也可以看出白鹿洞书院的规模之大。白鹿洞书院内的风景和日本的庭院相似，都是非常小巧且富有韵味的景致。书院内有小山，有树木，有桥，有草地，还有潺潺的流水。朱熹选择如此佳地来治学，真是再合适不过了。

前文已述，庐山的自然风光具有世界性价值。自古以来，庐山作为中国文人墨客的"研究所"、学者哲人的"学问所"和寺院佛阁的"灵所"，是中国首屈一指的集自然与人文于一体的名山。不仅是在中国南方，就是从整个中国来看，庐山也是夏季首屈一指的避暑胜地。另外，从全年的风光开看，庐山也无愧于名山的雅号。庐山的交通便利，自上海乘坐日清公司的轮船沿长江逆流而上三日便可抵达庐山。在长江上航行就如同行驶在镜子上一样平稳，即便是不习惯坐船的妇女和儿童也绝不会晕船，整个航行比较舒适和悠闲。从上海到庐山大抵会用到轮船、汽车和轿子三种交通工具。庐山不仅是东洋的乐土，今后还会进一步发展为全世界的乐土。所以说，日本人一定要关注庐山，要了解庐山的现状才行。我在介绍中国的自然风光之美时曾介绍过泰山，泰山固然值得大加推荐，但是从与世界的接触来看，庐山要更胜泰山一筹。

仲秋的庐山又别有一番趣味。前些年我去庐山的时候正好赶上仲秋，蟋蟀在山谷的草丛中发出悲伤的叫声。庐山上的花与日本大致相同，深红色的胡枝子开得最多，桔梗和黄花龙芽也在竞相开放。虽然从整体上来看，庐山的秋景与日本存在区别，但当你散步在山中小径，眺望远方的时候，你会发现其实两者之间并没有什么不同。云雾深锁的庐山，不经意间云彩露出一条小缝，阳光透过这条缝隙洒在地上的芒草上，或是微风轻抚芒草的景象，都大大增添了庐山的景致。秋日的庐山已稍显寒凉，尤其是当清晨薄雾缭绕之时，即便是穿两层棉毛衫也依然会感到寒气逼人。庐山西部锦涧溪附近悬崖峭立，入秋之后很快就能够欣赏到生长在悬崖上的很多杂树的红叶。紫色的悬崖、红色的树叶将周边的景致映衬得就如同彩色的名画一般。不只是在秋天，春天的锦涧溪也非常美丽，漫山遍野的杜鹃花竞相开放，又为庐山增添了别样的景致。当我站在庐山顶上望着东方的满月或是天空中成行飞过的大雁时，我都禁不住会想到唐朝诗人的诗句。单是从这一点也可以看出，庐山既是一座浑身充满着雅趣的名山，同时又是一座具有历史价值的世界名山。

薰风沐京城

北京旅行指南

对日本人来说，如果提到海外旅行，首先想到的肯定是伦敦、巴黎、纽约、华盛顿和波士顿等欧美城市。不过，作为东洋人，我希望日本人在提到海外旅行的时候也能够把东洋的各大名城，尤其是中国的首都北京考虑在内。很多人会选择前往上海或香港，但典雅的北京由于离世界经济大动脉较远，所以去的人相对较少。然而，随着近来报纸、杂志和著述等东洋各方面的信息开始频频出现，现在想到北京去看一下的游客逐渐增多。其中很多都是长期在大连、天津或青岛生活，一直想去北京但却一直没有去的一些人。北京是个很迷人的城市，一旦去过以后，肯定还会想去第二次、第三次。

谈到北京，我首先想到的就是中国的文人墨客。接下来我想介绍一下前年春天从北京来日本的三位中国画家。前年春天，日华联合画展在丸内东京商工奖励馆楼上举行，北京的金绍城、陈衡恪和吴熙会三位画家出席开幕式。他们带来了民国现代画家的四百余件绘画和龚半千、吴小仙和沈周等人的十八件古画，同时展出的还有八十余件日本现代画。三位画家为了促进东洋艺术的发展特意前来日本。他们代表的是北京的陶镕、陈年、凌文渊、俞明、贺良朴、萧俊贤等，上海的吴昌硕、王一亭、杨雪瑶女士，安徽的吴康淑，广东的颜世清以及福建和浙江等地的画家，前年，一些日本的画家也曾到中国访问。今年，又有几名画家正在筹划前往中国。希望中日艺术家之间的交流能够长久持续下去，同时也希望普通百姓能够陆续前往北京观光。

日中两国间的频繁往来缩短了东京和北京的距离。现在前往北京主要有以下三条线路：一是在釜山登陆，然后经沈阳前往北京；二是经渤海湾在天津登陆，然后前往北京；三是从青岛登陆，然后经山东前往北京。

三条线路中自青岛前往北京的线路耗时最短。如果不讨厌坐船的话，从天津登陆前往北京最舒服。如果讨厌坐船的话，可以采用第一种方式，从釜山登陆，然后坐火车经朝鲜和中国东北前往北京。不过，无论以上哪条线路都要经过天津。当然了，如果以上三条线路都不用，而是选择从上海或汉口前往北京的话，那就无须经过天津了。乘火车从天津出发，大约历时四个小时可抵达北京城正阳门外的火车站。

北京的正阳门

在过去日本人对北京的称呼是"hokukin"[15]，明治十年（1877）之前去北京的日本人大都是这样称呼北京。"hokukin"是相对于南京的称呼，所以每当我听到有人如此称呼北京时，都会有很古老的感觉。现在基本不再有人称呼北京为"hokukin"了，变为"peichin"[16]，这更加接近于北京在汉语中的实际发音。前往北京的火车线主要来自四个方向：一是从奉天[17]前往北京；二是从上海、浦口前往北京；三是从汉口前往北京；四是从山西省北部、绥远大同方面前往北京。正阳门的西侧是京汉线的火车站，其他三个方向的火车站都是位于正阳门的东侧，所以对前往北京的旅客来说，正阳门是广为人知的一处地点。北京的城墙大致上是方形，开有九座城门，南侧是正阳门、崇文门（哈德门）、宣武门（顺治门）；东侧是东直门和朝阳门（齐化门）；北侧是安定门、德胜门；西侧是西直门和阜成门（平则门）。九门之中正阳门最为出名，相当于整个北京城的玄关。

正阳门的城台高约六间[18]，与人的身高比起来，是非常雄伟

---

15. 在日语中，"北"字的音读为"hoku"，"京"的音读为"kin"。
16. 此书创作于20世纪初，当前日本人称呼北京已不为"peichin"，变为"peikin"。
17. 奉天为沈阳的旧称。
18. 间是日本的长度单位，一间约等于1.944米，所以六间的高度大约为12米。

的。城台上修建的城楼也是令人惊奇地恢宏。城墙上有雉堞和女儿墙[19]，可以安全地在上面散步。站在正阳门的城墙上能够远眺故宫和天坛的美景。夏季城墙上丛生着很多酸枣树，行走起来比较困难。我是一名游走在乡间的旅行者，当我看到东京火车站和丸内的建筑物的时候，已经被它们的雄伟震撼到了，但没想到北京城的各座城门的城楼要比日本的建筑物更为雄伟。正如他人所说的那样，正阳门所呈现出来的雄伟完全符合中国这个"老大国"都城的气势。今天中国北京政府的财政和政令基本难以传到城墙以外，所以说正阳门也就仅剩下了雄伟这一个特点而已。不过单是从正阳门这一座城门的光景我们也能够联想到中华民国的大国气派。

中华门[20]、天安门、午门

自正阳门往南是前门大街，两侧店铺林立，往北是中华门。关于前门大街上的商店我在后文中还会予以介绍，所以在此先介绍一下中华门。中华门这一名称是民国建立后袁世凯给改的，其实在清朝的时候叫大清门。中华门周边的道路修得非常好，走在上面就如同走在坚实的镜面上一般。日本公使馆等使馆区的人员或者崇文门附近的人员要想到前门办事，必须要从正阳门左转出城。在出城之前大家在右手边可以看到中华门，匾额上的"中华门"三个镏金大字非常醒目。住在东交民巷和西交民巷的人员也会频繁地从中华门前经过。此外，与交通银行齐名的中国银行以及司法部等也都位

19. 雉堞和女儿墙是沿城垣上顶内外修筑的矮垣墙。雉堞位于城垣顶外侧，筑为齿状，起盾牌作用，以保护守城者免遭敌人攻击。女儿墙亦称女墙，为城垣顶内侧修筑的矮垣墙，作用是拦挡守城者，免于摔下。
20. 新中国成立后，中华门被拆除。

于中华门附近。

中华门及故宫内所有的门楼和屋顶铺的都是黄色的琉璃瓦。红色的墙壁、屋檐下美丽的彩画、蔚蓝的天空、黄色的琉璃瓦交相辉映，各种色彩巧妙搭配，共同营造出一幅美丽的景致，给人带来无限的愉悦。

穿过中华门继续往北走，可以看到一条东西走向的宽阔大街，这就是日本人非常熟悉的长安街。长安街东西两侧各有一座牌楼，东侧的叫东长安门，西侧的西长安门。天安门就位于东西长安门的正中间，面南而建。天安门的规模雄伟，采用宫殿式结构，整体遍布大理石雕刻，呈现出优雅秀丽的气质。如果单看正阳门和中华门，你会觉得它们非常气派，但当你看过天安门后，就会觉得正阳门和中华门相形见绌了。穿过天安门就渐渐有了进入皇宫的感觉。天安门的外观由黄瓦、红墙和白色的大理石组成，雄伟的规模与周围粗枝大叶的景象共同营造出了中国的大国气派。天安门的西侧是中央公园[21]。中央公园内有一座石头牌坊，这是将东单北大街上的克林德牌坊拆毁后搬到中央公园内重新组装的[22]。自中央公园再往西可以看到南海[23]的胜景。霞公府街上有一家山本照相馆，每次从北京饭店出发经天安门前往西城时都会经过这家照相馆，因为是日本人所开，

---

21. 即今天的中山公园。
22. 1900 年 6 月 20 日，德国驻华公使克林德在东单北大街西总布胡同西口与巡逻的清军神机营队长恩海发生冲突。克林德趾高气扬，蛮横无理，在轿中拔出手枪向清军射击，恩海也不含糊开枪击毙了克林德。后来，清政府和西方列强签订了《辛丑条约》，第一款规定要在克林德被杀地点建一座纪念碑。1903 年 1 月 8 日，克林德纪念碑建成，横跨在东单北大街上，位于西总布胡同西口的克林德毙命之处。在克林德牌坊的三块坊心石上分别镌刻着用德语、拉丁语、汉语三种文字书写的，对克林德之死表示惋惜、道歉内容的谕旨。
第一次世界大战结束后，1918 年 11 月 13 日，北洋政府拆毁了克林德牌坊。1919 年，法国驻北京外交代表会同中国方面，以战胜国的身份命令德国人将堆放在东单北大街的克林德纪念碑散件运至中央公园，重新组装竖立，并将原有文字全部除掉。
23. 南海即今天中南海内的南海，已不对社会开放。

所以倍感亲切。天安门前的一对华表也很吸引人的目光，它们与十三陵的华表样式不同，采用的是汉白玉的石柱，上面雕刻着龙。昔日的禁地现在已经允许百姓自由往来，大家可以在天安门前悠闲散步。道路的两侧现在都已经装了路灯，明亮的灯光将白色的大理石映照得更加明亮，营造出庄重的气氛，同时体现出一种非常高品质的艺术美。

穿过天安门后，正北是端门，道路的左侧是太庙，右侧是社稷坛，此处宫殿还不太多，但进入午门之后就是成片的宫殿了。站来北京饭店的屋顶花园可以俯瞰到整个故宫，但遗憾的是在今年春天，这个花园被烧毁了。

午门是紫禁城的正门，和太和殿、中和殿和保和殿共同位于南北轴线上。从午门进入后穿过太和门可看到太和殿。太和殿周边的空地上铺满了气派的方砖，中间步道上铺的是更大更美丽的石板，整齐肃然，丝毫不乱。太和门的东侧是东华门、西侧是西华门，它们是紫禁城东西两侧最为知名的两座门。自东华门进入后是文华殿、自西华门进入后是武英殿。对我个人来说，我还是挺喜欢这两座门的。

武英殿

紫禁城武英殿的门口挂着"北京古物陈列所"的牌子，内部其实是一个中国的帝室博物馆。武英殿位于太和殿的西侧，文华殿位于太和殿的东侧，两者呈对称状态。武英殿和文华殿是屈指可数的收藏中国书画等古代艺术品的场所。文华殿收藏的多为古画，虽然没有大英博物馆收藏的顾恺之的《女史箴图》这样的超级精品，但像唐伯虎、王叔明、董邦达、沈周、龚半千、仇英、沈南苹、郎世宁等画家的传世名作还是很多的。从外观上来看，武英殿就是一座普通的宫殿，但是一踏进殿内，你就会发现里面的珍宝真是琳琅满目。武英殿内现在展出的是从沈阳故宫和热河承德避暑山庄运来的宝物，虽然稍显杂乱，但是整个展览的档次还是很高的。古代艺术品的各大有名的种类基本都凑齐了，囊括了古玉器、宝石、雕刻、漆器、景泰蓝、陶器、瓷器、剔红、刺绣、绸缎和衣裳等。另外，古铜器在武英殿左侧的配殿内单独展出，囊括了钟鼎彝等各式古铜器。虽然武英殿内的展览经常更换，但是能够展出的宝物毕竟是少数，大多数宝物只能静静地躺在侧殿后方大煞风景的西洋风格的仓库中[24]。在武英殿的后部至今仍留有一处供乾隆皇帝的香妃沐浴的土耳其式建筑物。据传说，香妃来自西域，肌肤生香，颇得乾隆皇帝的喜爱。这栋小浴室正是香妃进行土耳其浴的旧址[25]。所有前往武英殿参观的人员肯定都会去这座小浴室看看。如果单是参观武英殿的话，可以选择乘汽车到西华门，然后自西华门进入，这样会比较方便一些。

进入故宫西华门需要买一张门票，然后进入武英殿还需要买一张门票。在武英殿的门口会有人兜售一些制作粗劣的照片和书画等。武英殿中不允许摄影和素描。展厅内有很多士兵值守，看管得非常严格，根本不可能让你用手触摸到宝物。在中国参观宝物时，还没有一个地方能有武英殿那么严格。

文华殿展出的主要是绘画。意大利画家郎世宁的《黑狗图》《戏马图》和香妃像等珍品名画有很多，非常值得一看。文华殿离东华门比较近，从东华门进会方便一些。如果将文华殿和武英殿内的展览全都参观一遍的话，大约需要四五个小时，整场参观下来还是非常累的。夏天最好选凉爽一点的日子去，冬季太冷了，根本忍受

---

24. 此处指的是故宫内的宝蕴楼。

25. 1914 年，古物陈列所曾在武英殿浴德堂展出一幅以《香妃戎装像》为题的清代女子戎装油画像。来自热河行宫的戎装像上贴有注明香妃的标签，并撰有《香妃小传》，并称那土耳其式建筑的展室就是当年香妃洗澡的地方。作者应该是受此次展览的影响，所以才有了上文中的表述。至于此处土耳其式建筑是否为香妃的沐浴场所，国内尚有争论。

不了，所以还是不要选冬天去为好。当然了，适合参观的最佳季节还是秋季。文华殿的展览不是每天都开，所以即便是你到了北京也不一定能看到文华殿的展览。前年来过日本的金绍城因为有特殊关系，所以能够临摹文华殿的古画，但对一般人来说，很少能有这样的机会。希望日本的画家有机会也能够去文华殿参观一下中国的名画。

紫禁城内的太和殿、中和殿、保和殿

游客进入紫禁城后，首先映入眼帘的就是它的色彩之美。看照片可能感觉不到什么，但现实中黄色的琉璃瓦、红色的高墙和白色的汉白玉台阶和栏杆为紫禁城增添了无以伦比的华丽之美。紫禁城的色彩在整体上显得比较大气，同时细部的色彩处理又比较自由，给人一种赏心悦目的视觉体验。故宫内建筑物的配置呈左右对称之势，显得整齐有序，且格调高雅。夏季站在高处远眺紫禁城，绿树苍郁，充满了润泽之感。给人的感觉非常舒服。我手头有一张紫禁城的鸟瞰图，仅有自中华门到保和殿这一段的景物。其实，自保和殿之后一直到景山的寿皇殿还有很多宫殿建筑。此鸟瞰图所表现的紫禁城连现实中的一半都不到。但是通过这张鸟瞰图我们还是能够判明紫禁城建筑的主要样式的。紫禁城的宫殿及重要部位的门楼采用的歇山式屋顶[26]，而一些附属性的建筑物或不太重要的门楼采用的是悬山式屋顶。此鸟瞰图中位于画面正中的太和门采用的就是歇山式屋顶。

---

26. 此处作者在原文中有误。紫禁城内宫殿的屋顶样式复杂多样，绝非一句话能够概括。例如，太和门和保和殿采用的是歇山式屋顶，太和殿采用的是重檐庑殿顶，中和殿采用的是攒尖式屋顶等。

进入紫禁城，你会发现无处不在洋溢着一种大国气派。尤其是太和殿，中国的大国气派被表现得淋漓尽致，任谁看到太和殿都会被它的气势所震撼。太和门和太和殿之间有一个大广场，如果从文华殿前往武英殿的话必须要经过这一广场。太和殿底部为三层的汉白玉石雕基座，周围环以栏杆。通过观察太和殿的照片，你会发现跟建筑物比起来，人显得非常渺小，据此也可以推断出太和殿的规模之大。此外，照片中的太和殿的中央部位往往挂有两面中华民国的国旗——五色旗。虽然今天张作霖宣称东北独立，但中华民国的国旗还是依然在采用包含中国东北的五色旗。五色旗有"五族共和"之意，包括红黄青白黑五种颜色，红色代表的是汉族，黄色代表的是满族，青色代表的是蒙古族，白色代表的是信奉伊斯兰教的回族和新疆地区的诸多民族，黑色代表的是藏族。

　　如果只看照片，是无法充分感知北京的宫殿建筑的，尤其是紫禁城的太和殿、中和殿和保和殿，它们是中国一流的大建筑物，只有真正走近它们，才能切实感受到中国词语中的"琼楼玉宇"和"美轮美奂"究竟指的是什么。进入这三大殿，仿佛进入了画中，所有的游客都禁不住仰头去观瞻宫殿的细节。站在北京饭店的屋顶花园上只能远眺到蔚蓝天空下紫禁城内层层叠叠的黄色琉璃瓦，如果不走到近前去欣赏建筑物的山节藻棁[27]和汉白玉步道的细节之美的话，我们就难以发现紫禁城的真正价值。不过，在此再多说几句，袁世凯登基后，他将太和殿、中和殿和保和殿分别更名为承运殿、礼元殿和建极殿，并将太和门更名为承运门。

---

27. 山节藻棁是指古代天子的庙饰。山节，刻成山形的斗拱；藻棁，画有藻文的梁上短柱。

蒙古风沙下的北京

参观中国的宫殿，任何季节都可以，不过七月应该是最好的月份。五六月份，从长城以北吹来的蒙古风沙，会把北京吹得昏天暗地，让参观的游客苦不堪言。蒙古风沙算得上是北京的一大名物了，一旦刮起来，真是威猛得很。对我个人来说，一向对中国的蒙古风沙和臭虫平常视之，有时遇到了还会觉得别有一番趣味。但是对大部分新到中国的游客来说，蒙古风沙确实有些让人吃不消。在低气压的影响下，蒙古戈壁沙漠中的尘土被旋风卷起，在西北风的作用下一路南下吹到了万里长城。自两千年前就声名远播的长城迎风而立，坚固的身躯从来没有被这样的风沙给吹垮过。我在北京的那段时间，每当遇到蒙古风沙天气就会联想到长城，同时也会联想到朔北肃杀的风景。

普通日本人很少知道北京城内宫殿的气派和庄重，但壮观的万里长城他们还是熟知的，现在在日本，即便是三岁的小孩也都知道万里长城。通过万里长城的规模和气势，我们能够感受到中华民族在建筑方面拥有惊人的智慧和力量，同时我们也可以据此得知紫禁城内的建筑物肯定也都有着雄伟的规模。

太和门与汉白玉狮子 [28]

太和门是紫禁城内最为壮丽的一座宫门。前文中已经介绍过一些远眺太和门和太和门内的广场的内容，在此再详细介绍一下

---

28. 太和门前现在摆放的是一对青铜狮子，但作者在文中所述为汉白玉的石狮子。此有两种可能，一为作者记错了；二为当时太和门前摆的确实是汉白玉的石狮子，但在后来给换成了现在所见的青铜狮子。

太和门的情况。照片可能拍得不是那么清楚，太和门屋顶上的屋脊兽和鸱尾其实是非常漂亮的。太和门的正中挂着写有"太和门"三个大字的匾额。正面有圆柱十根，柱顶均施以彩绘。太和门的前方是汉白玉的台阶，两侧同样配有汉白玉栏杆，另外在太和门所在基座的四周也都围着同样的汉白玉栏杆。我曾游览过位于北京城南的天坛的汉白玉圜丘，当时觉得圜丘的汉白玉应该是最好的了，但看了太和门的汉白玉台阶和栏杆后，觉得这里的汉白玉一点也不比天坛圜丘的差。在台阶左右对称摆放着一对汉白玉狮子和一对焚香炉，造型美丽且庄重。从艺术水平来看，太和门前的汉白玉狮子要比东交民巷日本公使馆前摆放的那对石狮子高超得多。

自太和门进入后，由南往北分别是太和殿、中和殿和保和殿。眼下是黎元洪出任中华民国的大总统，他将太和殿改成了参议院，将保和殿改成了众议院。在清代，太和殿是每年万寿节、元旦和冬至三大节，皇帝接受文武百官的朝贺，并向王公大臣赐宴的地方；中和殿是皇帝举行大典之前休息或是在祭祀前在此阅视祝文的地方；保和殿是每年除夕夜皇帝赐宴外藩使臣的地方。

景山

乾清门是紫禁城内廷的正宫门。进入乾清门后，一直往北走出御花园北侧的顺贞门，就可看到神武门。神武门是与紫禁城南侧的午门相对的一座门，位于紫禁城的北侧正中。出神武门是护城河，过护城河就是景山。景山上有一座绮望楼²⁹，给人一种凉爽之感，

---

29. 绮望楼位于景山公园南门内，并不是特别突出，而景山山顶的最高建筑为万春亭。从给人的感觉比较凉爽，且能从西山和玉泉山看到来推断，此处所述的建筑物极有可能是万春亭，而不是绮望楼。作者在书中所述可能有误。

所以很讨游客的喜欢。站在紫禁城的红墙上或是更外周北京城的城墙上，都能够清晰地看到绮望楼。当天气晴好的时候，在北京西山和玉泉山上也可以看到绮望楼，给人的感觉就像是浮在北京城的上空一般。另外，钟楼和鼓楼也可以从很远的地方看到，它们和景山一样，都非常显眼。当你走在北京大学[30]附近的大路上，一边散步一边远眺鼓楼、钟楼和景山的景象，更能体味到那种美轮美奂的感觉。

景山的绿荫中掩映着各式各样富有情趣的楼阁，很多景致仅是进行简单的写生，就可以成为一幅不错的中国画。景山又有"煤山"之称。据历史记载，元世祖忽必烈定都北京时为了备不时之需，在现在景山所在的位置堆放了大量的煤炭，因此得名"煤山"[31]。

元世祖忽必烈在建都时考虑到如果北京被敌军围困，燃料运不到城内的话，是非常危险的，于是就在现在景山所在的位置储备了大量的煤炭，然后在上面盖上土，再种上树，形成了一座人工的小山，称作"万岁山"。这也是今天景山的起源。

近来景山上的树木变得繁茂起来，郁郁葱葱，形成了一处非常美的人间幽境。

皇城内的景物

皇城位于紫禁城外、京城内，大致位于北京城的中心部位，有七八个紫禁城大小。皇城内在紫禁城外西侧有一条南北向的大湖被称为"太液池"。"太液池"存在两处收口，将整个大湖分成了

---

30. 此处的北京大学指的是北大的老校址，大致位于今天新文化运动纪念馆的位置。
31. 作者在文中关于"煤山"来历的观点与国内的惯常解释不同，国内认为明代兴建紫禁城时，曾在此堆放煤炭，故有"煤山"俗称。

北海、中海和南海三部分。三个"海"的风光都非常美丽，有堤岸、桥梁、建筑、树木、奇石，而且北海中还漂浮着一座被称为"琼岛"的翠绿岛屿。现在总统府及其他政府部门占据了太液池周边的景胜之地。太液池是北京城内的水乡，夏季可以来此乘凉，冬季可以来此滑冰。冬季整个湖面会形成一个巨大的冰场，北京城内的男女老少都会来到冰面上愉快地滑冰。另外，春季的新绿和仲秋的澄月，也都是非常美的风景。中海中有一座水亭[32]，可以说是中国建筑中极为漂亮的一座水亭，如果将其与湖南"潇湘八景"之一"远浦归帆"中的听雨亭并列为中国一北一南的两大名亭，我个人觉得一点也不为过。

中海之中有一座岛屿，景色颇佳。人们习惯称颂北海的琼岛和南海的南华园，这固然无可厚非，但中海中也有一些称得上"绝景"的地方。中海中的很多景点，我都是非常喜欢的。中海的轩和廊子不乏珍品。这些建筑物的屋檐和栏杆都设计得非常美丽，而且屋顶的曲线设计得也非常柔和，呈现出丰富的建筑表情。当然了，此类建筑在他处并非没有，仅是在此介绍到中海的建筑物了，所以多提几句。除此之外，中海内还有其他的一些水乡佳境，在此我就不多做介绍了。

南海比中海稍大一些。从南端的新华门进入后，正对的就是南海。南海的中心部位有一个大的半岛，现在有公务所等官署在此办公。南海的风景是非常优美的，很多画舫在湖中游弋。南海中建筑物的名称都很优雅，其中唯以待月轩的名称最佳。杭州西湖中有初阳台。以月亮和太阳来命名建筑物，真的是非常巧妙。中国的文人墨客巧妙运用文字的能力着实令人佩服。

中国北方的水景很少。太液池波光澄碧，宛如一处风雅的人间仙境。我将太液池、玉泉山和万寿山视作中国华北地区的三大水

---

32. 可能是指今天中海内的水心亭。

乡仙境。前往北京的日本游客如果想去看的话，在日本公使馆的帮助下很容易就可以得到中国政府的许可。

在南海的众多景点中有一处称为"流水音"的建筑物，颇有幽邃之趣。流水音位于南海南岸，为韵古堂东面建于水中的一座方亭。亭内石砌地面上凿刻九曲水槽。亭后假山上有人造瀑布流泉，有水道引水入亭，在亭内水道中盘旋回转后，排入湖中。

流水音的建筑样式有些类似于日式庭院，但是亭子顶部突出的飞橼却是日本建筑物中很少见的。流水音修建在青翠欲滴的树林深处，颇得游客的欢心。太液池整体呈现出的是一种非常悠闲的气质，但流水音却是在一处非常狭小的空间内设计了一组庭院式的建筑。尽管流水音的空间不大，但其中的水流却尽量保持自然的状态。我对中国庭园表现出的那种宏大景象，以及不落入人工，刻意追求自然的设计理念还是很感兴趣的。

访历史遗迹，涌怀古之情

国破山河在

古代历史如梦似幻，一去不返。在我巡游中国各地期间，曾多次踏访夏、商、周等古老朝代的遗迹。比起真实的历史遗迹，我对当地的神话传说故事似乎更感兴趣。

我曾踏遍中国四百余州，其中感触最深的就是，无论到中国的哪一个山郭水村，都能够听到非常有意思的历史传说，有的是古书史籍中记载的，有的就是单纯的故事传说。当然了，这些东西不可全信，但也不能说它们毫无价值。在历史的变迁推移过程中，很多地方的历史遗迹都已经被破坏殆尽，不过仍有很多遗迹被保存下来。我曾到一望无际的大平原中踏访邯郸故地，也曾站在山顶眺望井陉的深谷，还曾前往三峡寻找诸葛亮的兵书宝剑峡遗迹……无论到哪里都能引起我无限的感慨。有历史背景作支撑的中国各地的自然景观已经不再是单纯的山水或沃野，也不再是单纯的都市或乡村，而是能够引起所有人无限联想的地方。通过寻访中国的古迹，我有了如下认识。

历史事实固然重要，但是其荣枯兴衰与中国伟大的大自然相比，根本就算不上什么。历史遗留下来的治乱兴亡的遗迹最终都会化为一场空。无论是历史记录也好，还是口口相传的传说也罢，虽然有很多东西被保存下来，但是其中出色的东西基本就没有，即便是有那么一点点出色的东西被保存下来，但最终也都会随着时间的流逝化为零。古人云："国破山河在。"能够永久保存下来的仅有山河。与历代英雄豪杰相关的遗迹和遗物即便再辉煌，最终也会像埃及的金字塔、方尖碑和狮身人面像一样[33]，逐渐走向消亡。我担心中国的长城、大运河、超大的石人石马石佛等也会步此后辙，在历史的演变中逐渐消失。

历史变迁的方式各种各样。山东曲阜孔庙保存得比较好，这算是非常特殊的个例，其他大部分文物古迹都没有史迹保存会这样的组织去进行保护，而且没有人会对这些文物古迹上心，千百年来就任其破损下去，根本没有任何的保护应对之策。天龙寺的北齐石佛位于山西省的乡下，远离人烟，现在正在逐渐损毁中。听我说你可能还没有什么感触，当你真的来到实地目睹正在毁坏的现状，你

---

33. 在作者创作此书的那一时期，埃及的文物古迹保护得并不是很好，所以作者认为埃及的文物古迹正在经历一个逐渐消亡的过程。

就会深深地感到一种悲哀。天龙山顶部的古代佛造像现在除普贤和文殊两菩萨外，其他佛造像的头部都已经不见踪影，只剩下躯干部分。山西大同的云冈石窟亦是如此，近来也不断遭到破坏，消失殆尽应该只是时间问题。六朝时代是佛教艺术的鼎盛时期，当时的一些佛教遗迹就这样逐渐消失了，这着实让人觉得可惜。在中国内地，面对这样的景象我什么也做不了，只能任由这些文物古迹荒废下去。

自古至今，中国的文物古迹皆是如此，国破山河仍在，但是文物古迹却难逃逐渐消亡的命运，就如同唐朝诗人吟诵的那样，一切都如同是梦一场。例如，在唐朝时金陵（南京）秦淮河岸边的柳树依然如轻烟一样笼罩着河堤，但是昔日的繁华已经不在，唐朝诗人面对此景禁不住涌起了对六朝兴亡的伤怀之感，充满了断肠之愁情。又如，同是乌衣巷，在晋代这里是丞相的宅邸，而到唐代则变成了普通百姓的住宅，唐朝诗人面对乌衣巷的变迁禁不住联想到在晋代小燕子是在丞相宅邸的屋檐下做窝，而在唐代则飞入了寻常百姓家，对人世间的沧桑巨变充满了慨叹之情。

《台城》

韦　庄

江雨霏霏江草齐，六朝如梦鸟空啼。

无情最是台城柳，依旧烟笼十里堤。

《乌衣巷》

刘禹锡

朱雀桥边野草花，乌衣巷口夕阳斜。

旧时王谢堂前燕，飞入寻常百姓家。

乌衣巷是一条非常著名的街道，六朝时是王羲之和谢安等名士的宅邸所在地。

"南朝六百八十寺，多少楼台烟雨中。"南京城内的很多古迹时至今日俱已荒废，城内的大半土地化为耕地。这也正应了"国破山河在"那句话，再多的文物古迹最终都要恢复到那片山河原有的模样。世界上任何一个国家的文物古迹无不透出一种悲伤的情绪，中国这样一个老大国更是如此，那种悲伤的感觉更加浓重。在中国关于夏、商、周三代的记载仅有一些传说[34]，要想在地理上找出其具体所在，大概是不可能的了。

夏商时代的遗迹

山东是齐鲁故地，所以关于上古时代的传说有很多。济南城外耸立着一座历山，据说这里就是舜曾经耕田的地方。历山今称千佛山，离济南城不太远，出济南城大约花小半天的时间可爬到山顶。关于舜曾在此耕田的传说是我登上山顶和一位寺僧聊天时，从他口中得知的。历山面向济南的一侧奇削峻拔、断崖绝壁、山色与天连为一体，着实是非常壮观的景色。悬崖上有一座兴国禅寺，建筑美轮美奂。悬崖上刻满了石像和碑刻，如果仔细寻找的话，我们还能够从中发现隋朝大业年间的摩崖石像和碑刻等。如果到山中探险的话，说不定还能遇到跟舜有关的一些遗迹。

我曾乘坐画舫在大明湖上泛舟，也曾把画舫停在乾隆皇帝曾游玩过的历山亭下，仰头望着舜曾经耕作过的历山，内心忍不住思绪万千，觉得不把它当作传说而是当作真实的遗迹来看待，其实也挺好的，这样反而可以为中国人的信仰提供一些支撑。不过很有意思的是，舜不在济南附近的平原上耕田，而是跑到水利条件很差的几千尺高的历山上去耕田，这确实是有些超出人的正常思维。闵子

---

34. 此处作者有误，商周二代已有史籍记载与出土文物，并非都是传说。

骞曾在济南城外的高粱地中为舜建了一座小庙，其古迹至今尚存。在中国人的思想中，像舜这样的伟人，如果不是位于高山之上，那就不像舜了，所以才会有他在历山上耕种的传说。据此我们也可以窥见中国人非常有意思的民族性格。

这样的现象不只是舜，大禹亦是如此。三峡中自巫山峡至白帝城瞿塘峡的左岸高高耸立着一座约四五千尺高的桌子形的山峰，据说这座山峰就是当时大禹治水时一斧头劈下去之后形成的，劈完之后水流依然不畅，所以后来大禹又劈开了上游的瞿塘峡。三峡一带都是高入云端的山峦，根本就不可能靠人力劈开，所以以上仅是传说而已。不过当地的百姓却用大禹的名字命名了这条峡谷，由于是大禹劈错了，所以称其为"大禹的错开峡"。这名字其实是当地百姓根据峡谷的地形，人为地造出了这一传说，并根据传说给其命名而已，并没有什么深层的含义。但是对中国南方地区来说，自古至今政治的根本都是治水，所有很多地名跟大禹联系在一起也就成为必然。除错开峡外还有很多地名都与大禹有关，如重庆南岸有一座涂山[35]，据说就是大禹召集各部落首领的地方。

长江从巴蜀天地出来后就进入湖北境内。在武汉的大别山[36]上有一座禹王庙，正好俯视着汉江和长江。长江上游的来水、从洞庭湖湖口流出的湖水和汉江的水流汇集于武汉。每当洪水泛滥之时，整个武汉三镇及郊外的田园就会变成一片汪洋。武汉的百姓每年都深受洪水之苦。而且，汉江的水位比较低，每当发洪水时，长江的

---

35. 涂山之会一般被认为是中国夏朝建立的标志性事件，传说禹建都阳翟（河南禹县）后召集夏和夷的部落首领于涂山，史称"涂山之会"。当前国内普遍认为涂山位于今天安徽蚌埠怀远县的涂山，但作者认为传说中的涂山应该是指今天位于重庆南岸区的涂山。

36. 作者在此处所述的大别山并非现在通常意义上的大别山，而是指今天汉阳的龟山，在今天汉阳龟山电视塔右下方约200米的石壁上有"大别山"三个大字的摩崖石刻。据传说，大禹治水时途经此地，惊呼"一山隔两景，真大别也"，因此得名"大别山"。

水流都会倒灌入汉江。清末，张之洞在汉江上游修建了一座大坝，现在汉江沿线的水患已大为减少，但还没到完全杜绝的程度。长江中流夏季丰水期的巨大水流以及洪水泛滥时的惨状，对我们这些生活在日本岛国的人来说是根本想象不到的。第一道、第二道和第三道堤坝全部崩溃以后，千里沃野化为一片汪洋，那景象真的是非常恐怖。

每次看到长江泛滥的惨状，我都会不由得想起大禹治水的事迹。长江的大洪水主要是由于西藏、四川、云南、贵州、湖南和湖北地区降下大雨或者雪山上的冰雪融水所致，面对如此巨大的自然力量，任凭大禹有再大的能力也不可能完全治得了。上古时代大禹治水究竟治到了什么程度、具体是在哪里治的水，这一切都还难以判定。不过，以大别山地区为中心，在湖南、湖北地区的低洼地区和鹦鹉洲一带，关于大禹的信仰非常浓厚。虽然关于大禹的很多故事都是传说，但是面对恐怖的洪水，百姓还是愿意相信大禹治水是真的，所以专门在大别山上建了禹王庙进行祭祀。不过，近来这一地区军阀横行，经常会有部队在禹王庙内宿营，军号之声不绝于耳。

中国人普遍认为大禹的去世之地是在江南。浙江绍兴南郊，运河旁边有一座禹王殿，据说大禹完成治水大任后来到了会稽山麓居住，并最终在此地去世，因此百姓在此地建了一座很大的禹王殿用来纪念。禹王殿离东晋王羲之的"兰亭曲水流觞"遗迹不远。从绍兴城内出发，大约半日可到达运河岸边。当时我去的时候，岸边有很多石工在切割护岸用的石头，那种切割石头的声音让我不禁想起了古代治水的场景。大禹最终去世的地方是否在禹王殿现在很难断定，史书上记载大禹南巡时在会稽去世，只能根据传说将大禹的去世地点设定为此地。除了传说以外，能够作为证据使用的遗物和遗迹等一点也没有。不过在当地有一块被称为"窆石"的带孔大石头，据说是大禹的遗物，当地百姓还专门为这块大石头建了个亭子，至于这大石头是否是大禹时代的遗物还尚存很多疑点。大禹这个人在传说中很常见，但是与其相关的遗物却非常难寻。

后来到商周时代，青铜器迎来了最辉煌的一段时期。青铜器的断代并不难，但是现在市面上出现了很多奇怪的青铜器，一些钟鼎彝器自称为商代的，但是其真实性却非常令人质疑。在出土的商代文物中，除青铜器外，河南安阳河畔的殷墟出土的龟甲兽骨也非常出名。从这些龟甲兽骨的年代、甲骨文的原始形式和所记录的文字内容，我们大致可以推测出殷墟所在的地区应该就是商代的都城。另在，在中国各省现存的古代文献中，殷墟出土的甲骨文献应该算是最为古老的。

我个人猜测，在上古时代以河南为中心，黄河南北，包括直隶和山东一带应该是一片原始森林，而且一直到战国和秦汉时期，原始森林的面貌都未曾改变。原始森林里都是合抱粗的大树，人很难拿着斧钺刀叉进去，而猛兽则会经常从森林中出来伤害百姓。可能是因为那一时期老虎进入百姓居住区的事件经常发生，所以中国才有了"三人市虎"[37]这样的成语。进入汉代以后，百姓开始大量砍伐森林，到最后整片森林就彻底消失了。森林的消失带来了当地气候的变化，导致每年的降雨量大为减少。

中国的商代是一个喜欢狩猎的时代。每当天子外出狩猎时，就会用龟甲占卜是否会下雨，并且会将占卜的结果刻在龟甲上。后来，河南、直隶和山东地区的森林滥伐严重，森林基本全被砍光，即便是到深山之中也难以见到原始森林，像庄子和孟子所见到的那样合抱粗的老树到后来已经完全见不到了。森林消失之后，猛兽之

---

37. 三人市虎，又为三人成虎，意指三个人谎报集市里有老虎，听者就信以为真。比喻谣言多人重复，就能使人信以为真。

害也就随之没有了，不过雨水也变得越来越少。

今天当你在河南地区旅行的时候，可以看到黄河附近的很多百姓是住在窑洞中的。其实不只是河南，河北、山西亦是如此，从河北的获鹿或井陉娘子关前往太原的途中，你可以看到很多窑洞。如果尧舜禹时代人们过的是穴居生活的话，那这种窑洞很可能就是从那个时代一直延续下来的。另外，在巴蜀秘境及三峡的腹地，我在山崖上也曾见过一些洞穴内居住着人，并曾亲自爬进去观察过。这样古老的穴居生活应该不是后人临时起意住进去的，可能是当地的百姓在和自然斗争的过程中逐渐摸索到的一种最适合当地环境的生活方式。

穴居生活有很多种，有的是直接利用天然的岩穴，有的是挖土建造窑洞，总之这样的穴居生活我总是感觉带有上古时代的遗风。我对穴居生活的具体内容、生活状态和洞穴的结构种类等也很感兴趣，并且还进行了仔细研究，不过限于篇幅的原因，在此只能忍痛割爱，留待以后再进行介绍了。

孔子的舞雩坛

前几年，我从曲阜往南经兖州前往邹县，走到后来都是乡间小道，结果把自己给弄迷路了。站在迷路的地方能够望到十多里外的邹县的高塔，但是面前都是田畦一样的小路，马车根本无法前行。这时在凫村前面一点，孟母林西侧的高粱地中，我发现了一块高有丈余的石碑，上面清晰地刻着三个粗体的楷书大字——舞雩坛。《论语》的"先进篇"和"颜渊篇"中对"舞雩"有以下记载：

"暮春者，春服既成，冠者五六人，童子六七人，浴乎沂，风乎舞雩，咏而归。夫子喟然叹曰：吾与点也。"（《论语·先进篇》）

"樊迟从游于舞雩之下，曰：'敢问崇德、修慝、辨惑。'"

（《论语·颜渊篇》）

当年樊迟曾陪伴孔子一起到此游览，所以特意立了"舞雩坛"石碑以作纪念。石碑所在的位置视野良好，凉风习习，是一个观景的好地方。站在舞雩坛所在的高地上，能够俯瞰到南方的邹县。当年孔子就是站在这个高台上向自己的弟子讲学的，当我也站在相同的高台上时，那种感觉确实格外深刻。两千几百年前的这个高台应该比现在更高一些，观景的效果应该比现在更好。

这一地区的土质都是花岗岩粉碎后形成的细沙。在经年累月雨水的冲刷下，小路中间都被流出了一条凹槽，就如同药碾子一样。同样的道理，在雨水的冲刷作用下，我们现在看到的这块台地应该比孔子那个时代矮了许多。尤其是在附近，雨水将泥沙冲走之后，原先埋在地下的秦汉时代的石棺露出地面一丈有余，据此也可以看出现在的台地肯定比过去矮了很多。裸露出地面的石棺四周雕刻着汉朝的四神[38]图像，非常有意思。

曲阜、泗水等山东地区的很多地方因为跟孔子有关，所以广为人知。舞雩坛所在的丘陵在《论语》中有记载，我相信知道其典故的人应该不在少数。

孟子故里的彩绘牌楼

在曲阜县的南部、邹县的北边有一个名叫凫村的小村庄，这里是孟子的故乡，著名的"孟母三迁"的故事就发生于此。在村口有一座很大的彩绘牌楼，与北京孔庙前面群贤街上的牌楼基本相同，上面的彩绘非常漂亮。这些牌楼在一开始就建得非常大、非常气派，

---

38. 四神是指青龙、白虎、朱雀、玄武。

可以更好地起到对后代进行教育感化的作用。

其实不只是山东的乡村，在中国任何一个地方的中产家庭中，母亲都和古时的孟母一样，承担着养育和教育子女的重任，所以在中国经常可以看到母亲带着年幼的孩子坐在墙根懒洋洋晒太阳的温馨画面。每当见到这样的场景，我都会禁不住想起"孟母三迁"的故事。中国社会对儿童的影响要比日本显著得多。换句话说，即便是母亲再关注孩子的教育问题，如果从外界来的都是不良影响的话，那即使是像孟母一样为了孩子搬来搬去，也不会取得任何效果。站在凫村"孟子故里"的牌楼下面，虽然也知道附近已经没有了孟子的子孙，但依然还是会幻想如果孟子后裔还在的话，那我还真想去拜访一下。

古代鲁国的国土大约位于今天山东的西半部这一带。在鲁国故地的南端，隔着峄山能够影影绰绰望见尼山的远影。天气晴朗的时候，出曲阜往南走没多大一会儿就可以看到像眉毛一样的尼山的远影。峄山上有秦代的石刻碑，所以自古至今在金石家中都非常知名。此石刻碑算是秦代保留下来的比较有名的文物。总之，在这一地区保存下来的自春秋战国至秦汉时代的遗迹遗物还是非常多的。对于那些志在研究秦汉之前的历史的学者来说。如果他们能够掌握山东方言并能亲自前往这一地区进行实地踏查的话，那我相信他们肯定会有很多意外的考古发现。

秦始皇的五大夫松

游览山东齐鲁故地，必然少不了登五岳之尊——泰山。泰山南麓有东岳庙，溪谷中有六朝的经石峪，南天门外有秦始皇赐封的五大夫松。在泰山上，像李斯的封泰山碑和无字碑等古迹文物非常多，不过其中的五大夫松比较特殊。据传说，当年秦始皇登泰山时突然天降大雨，秦始皇躲在松树下避雨，后来就赐封这些松树为五大夫。今天泰山顶上的松树是根据这一传说在清朝时重新种的，其实并不是秦始皇时的原物。

泰山是中国的名山，有"登泰山而小天下"之说。在泰山顶上，有一段绝壁用红墙给围了起来，上面写着"禁止舍身"四个大字。在中国古代有一种舍身文化，说是从泰山顶上的这一绝壁跳下去就可以成仙，所以很多人跑到这里来跳崖，因此也就有了"舍身崖"这一称谓。后来政府严禁这样的跳崖自杀行为，用红墙把悬崖给围了起来，并标明"禁止舍身"以作提醒。在泰山上，你会切身感受到中国儒释道三教的竞争，这里既有道教的碧霞元君祠，又有儒家的孔庙，还有佛教金刚经的摩崖石刻。泰山上的一草一木都有其独特的意味和来历。另外泰山上的摩崖石刻还特别多，既有气势恢宏的乾隆皇帝写的万丈碑，也有路边的岩壁上不管有名的还是无名的历朝文人写下的数量众多、大小不一的题字。泰山上的松柏分布也很有特点，基本上半部分是松树，下半部分是柏树，所以说山顶的五大夫松长得还是很适得其所的。秦始皇给后世遗留下来的世界性遗产毫无疑问就是万里长城了。不过据史书记载，早在春秋战国时代燕国就已经在北部边境修建城墙以阻挡外敌猃狁[39]的进攻，所以说长城的初创者其实并不是秦始皇。

汉四神像石棺与即墨故地

在雨水的冲刷作用下，鲁国故地兖州城外一些刻有四神像的汉代花岗岩石棺逐渐裸露出地面。很明显这里在古时应该是一片墓

---

39. 中国古代北方的少数民族。

地。从裸露出土的石棺来看，其排列大致如
右图所示，呈倾斜的平行状。

　　有的石棺盖着厚重的石板盖，有的石棺
的石板盖已经被人拿走，有的石棺呈半闭合
状态，总之是呈现出各种各样的形态。但所
有的石棺都有一个共同的特点，就是石棺四
周都刻有四神的浅浮雕。毋庸赘言，四神指
的就是东青龙、西白虎、南朱雀、北玄武。

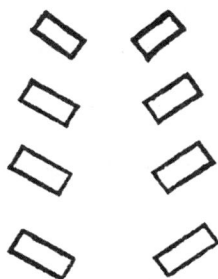

石棺排列

从墓葬的形制来看，应该是比较有身份的人的陵墓，但是石棺间的
相互距离太近，所以肯定不会是王陵。如果对各墓葬的出土文物进
行仔细研究的话，也许能够得到比较具体的结果。所有的石棺都是
汉代式样，但至于说是否就是汉代的东西，也还不太好确认。这些
石棺都位于偏僻之地，基本无人关注，如果以后有考古学家去曲阜
参观的话，如果能够顺道去对这些石棺进行一下考古学研究，我相
信肯定会有一些预想之外的有趣发现。

　　另外，齐国故地主要位于今天山东省的东部。即墨、莒县和
青州等都是一些很有历史渊源的地区。即墨是田单的故乡，《史
记》中对此有详细记载，可以说是人尽皆知的一个地方。我将山东
游历的最后一站选在了即墨，从城阳出发沿着即墨河逆流而上抵达
即墨。正如我在拙著《中国的社会相》中叙述的那样，当前即墨的
牛交易市场非常出名。跨过即墨河上的长桥，沿着遍植杨柳的林荫
道进入即墨城，我先去拜访了即墨县长凤文祺，和他聊了很多关于
即墨的历史。据凤文祺介绍，《史记》中所记载的即墨其实位于今
天即墨城以东八十华里的地方，现在变成了一片耕地，已无半点过
去城市的影子，今天看到的即墨城其实是六朝以后所形成的。

　　今天的即墨城沿河而建，商业繁荣，充满活力。山东自古以
来就以产牛著称，即便是今天即墨的牛交易市场也是非常知名。我

走过了中国那么多地方，也见识到了很多交易牛的市场，即墨的牛交易市场应该是其中最棒的一家。

三峡中让人联想到诸葛亮的遗迹

在长江三峡中，古代遗迹及民间传说中涉及的地名颇多。这其中有纪念屈原的屈原祠，有蜀国联合吴国共同抗魏的古战场等。很多地名都有很深的历史渊源。世人皆知，屈原是在湖南的汨罗江投江自杀。但据传说，屈原沉水之后，一条大鲤鱼找到他的尸体，然后用嘴叼着屈原的尸体一路逆流而上，来到三峡地区，将屈原的尸体交给了屈原的妹妹，使屈原得以魂归故里，入土为安。后来当地的百姓为颂扬屈原的品德，专门建了一座屈原祠，进行奉祀。屈原祠位于三峡的右岸，从宜昌逆流而上进入四川必然要经过屈原祠，但是大多数入蜀的旅客关注的都是白帝城、巫山神女祠和忠县白公祠等，很少有人会注意到屈原祠，所以我在本节的开篇力推屈原祠，其实就是想让更多的人去关注它。

在三峡的整个历史进程中，刘备和诸葛亮等英雄豪杰辈出的三国时代最为引人注目。在巫山峡和牛肝马肺峡之间有一处米仓峡。米仓峡位于一处浅滩旁边，据说当年诸葛亮和魏军作战时就是将兵粮储藏于此，因此得名米仓峡。米仓峡又名兵书宝剑峡，据说当年诸葛亮曾在此藏兵书和宝剑，因此得名兵书宝剑峡。这一传说与风箱峡白帝城下的"孟良梯"和"铁索横江"的小故事一样，能够帮助我们更好地了解古时在三峡中作战的战略。不过也有其不足，那就是容易把传说当成史实来看待。米仓峡两侧的悬崖壁立千仞，全部都由横向的方形板状页岩组成，远看就如同一册册的兵书一样。在中国任何一个地方，三国时代的传说和史实都非常受百姓喜欢，所以三峡的每一件景物都被赋予三国时代的传说故事也是势在必行。这一现象是我们研究中国国民思想的一条很好的线索。不过，这些被赋予传说故事的史迹是否经得住历史考证，还尚且存疑。

在长江中游地区的嘉鱼县有一处赤壁，这里与苏轼词中的黄州的赤壁不同。嘉鱼县的赤壁是三国时代著名的赤壁之战的发生地，当年曹操就是在这里大败。我有一些嘉鱼县赤壁的照片，每当翻看这些照片我都会禁不住联想到当年周瑜的军事实力，战船的优良设计，满载柴草的战船浇上油后在长江上舳舻相衔阵容整齐的场景。这和今天北伐军将大型民船集中起来，在长江上浩浩荡荡前行的场景应该差不多。

当我在中国各地游历的时候，有时会刻意找一些历史遗迹去参观。从年代来看，三国时代大约是公元二百年，算来距今约有一千七百年的历史。另外，从夏商周三代开始，历经战国和秦汉一直到三国时代也是经历了很长一段时间。当你站在历史遗迹或是传说中的地点时，你会真切地感受到过去的治乱兴衰之道，才会真实地融入历史当中。站在三国时代的历史遗迹上，一千七百年前发生的事仿佛就发生在眼前，你会觉得当年诸葛亮所见到的三峡的激流飞湍与你今天所见到的完全一样，不由得就会拉近与诸葛亮的距离。同样的道理，面对中国的月亮，你也会觉得唐朝时阿倍仲麻吕和空海和尚所见到的月亮与你今天所见到的月亮并没有什么不同。这样一来，古人当年的感受与自己的体验就完全吻合起来。古人的史实、伟人和圣贤的遗迹等也就自然而然与自己产生了联系。

我认为，当前的历史教育并不一定非得在学校内进行。通过讲课的方式来进行历史教育很容易造成教的人走过场，而听的人又漫不经心的问题。如果能够到历史事件发生地去亲身体验一下，给人留下的印象是最深的，而且还会给人带来无限的感慨。现在有人已经注意到历史遗迹对历史教学的重要性，所以在历史教科书中插入了一些图片，效果很好。使用这些教科书的学生感觉历史亲切了很多。如果能再进一步，历史教师在教授中国史时能够实地到中国的历史遗迹参观一番，那他们所讲出的内容必然会更加吸引学生。这样一来，两三千年前发生的历史事件就如同是当今发生的一样，学生会感觉亲切且容易理解。另外，历史教师还可以将中国历史与中国各地当前发生的事联系起来一起讲，这样的教育方式必然会更加有效。

在四川省见到的道路文学

在中国各地旅行时，经常可以看到各种各样的警示牌。例如，在北京和上海有"汽车慢走"的警示牌，意思是汽车要开慢点；还有"小心火车"的警示牌，意思是当心火车，别被撞了。火车站的售票处有"谨防扒弄"的警示牌，意在提醒你小心小偷。"弄"字特意选用三只手摞在一起的写法，其寓意一目了然。在一些不允许人进入的区域会有"闲人止步""闲人留步"和"贵宾止步"的警示牌。在一些不允许人小便的地方会有"君子自重"的警示牌，意思是不要在这里小便，这比直接说"禁止小便"委婉文雅得多。中国的公共厕所中通常会有"小便请进一步"的标识牌，意识是小便的时候往前一点流到小便池里，不要撒到外面。上海的一些房屋的屋檐下会挂着"水木两作"的广告牌，意思是能够承接泥瓦工和木工两方面的工作。当你在中国游历时看到这样的道路文学，肯定会深深地感慨中国真的是一个文字的国度。在日本，为了防止小孩子得麻疹，有在红纸上将马字倒写为"𩥍"的习俗。在中国也有类似的习俗，很多特殊的字符，如果你不仔细研究的话，根本就不知道它表示的是什么意思，例如在浙江省的农村地区有将五个斗字呈十字状排列，然后将其贴在屋檐下的习俗。

我个人觉得这可能是将北斗七星的天文图用文字来表示的结

果，当地很少有百姓能解释清楚这一习俗的来历，所以要想弄清楚其真正含义是非常困难的。

斗
斗斗斗
斗

我在宁波见到的用来除魔用的五个"斗"字

我前些年曾到重庆旅行。重庆是一座山城，城内的街道非常狭窄，这也就使得重庆市民在使用火时非常小心。重庆市民最怕的就是家中失火，一旦失火烧的可能不止自己一家，甚至会延烧到周围一大片区域。当前重庆城内的一些商业场所已经开始使用电灯，但是大家对防范火灾依然是极其用心。"小心丫烛"的警示语中特意将火字倒着写，其实就是提醒大家不要把油灯或蜡烛弄倒了。有一次我乘轿在重庆城内的小巷子里行走，突然瞥见一处陡坡旁边的夯土墙上写着"茶担出租"四个字。这一广告语我在别处没有见到过，所以立刻就引起了我的兴趣。按照日语语法，"茶担出租"的字面意思应为"在此开茶馆的人交租子"，但是广告语所在的地点根本就不具备开店的条件，所以我猜测这广告语应该不是日本人理解的字面意思，可能是"用来租借的茶摊"的意思。不过，当时贴这广告语的土墙后面并没有任何经营茶摊的门店，所以我猜测可能是别处的商家将广告语贴在了这一地方，但遗憾的是广告语上没有写地址和店名，所以这一广告算是白做了。

以上仅是我的猜测而已，当时并没有去进行证实，不过我脑海中一直存有这一疑问。两年后当我再次到四川旅行时，我开始在长江沿岸搜寻是否有同样的广告语，并最终弄清楚了它的真实含义的什么。"茶担出租"其实是指"经营茶水外卖的业务"。按照中国的传统习俗，宴会时用的饭菜外卖与饭后饮用的茶水外卖其实是分开的，由不同的店家提供，而且使用者要各自单独付费。在订茶水外卖时，使用者需要提前向"茶担出租"的店家预定，然后在约定的时间，店家会派人挑着一整套的茶具和茶叶上门服务，使用者只需事后付给酬劳就行了，一切都非常简单便捷。这样的习俗其实不止重庆有，在四川腹地同样存在。当我在四川旅行的时候，经常可以在大街上看到挑着茶担的男子匆忙赶路的场景。

赴石门洞拜访月樵大禅师

在日本内地、中国的台湾地区和朝鲜旅行时，能够拜访山寺的机会很少。我曾去过山形县的山寺，也曾拜访过耶马溪的罗汉寺，每当去这些地方，我都会被山寺与自然和谐共存的诗意状态和幽雅闲适的情趣所打动。不过，我在日本拜访的山寺并不多，但是当我到中国旅行时首选的就是拜访各地的山寺。

在三峡游历时，我曾特意绕到三峡的山后，专门去拜访宜昌石门洞内的灵泉寺。在山西旅行时，我先是去拜访了古刹圣寿寺，然后才去汾水和晋祠参观。近来我又拜访了宁波的天童寺和阿育王寺、舟山的普济禅寺、镇江的甘露寺和金山寺等。总之，每到一处，那里的山寺都会深深吸引我。宜昌的石门洞是一个非常大的天然洞窟，在洞窟的深处有一座灵泉寺，规模也很大。民国十三年（1924）我曾拜访灵泉寺，并在寺内与月樵大禅师问答。时隔多年之后，我再次赴四川游历，途经宜昌，我与同行的孤竹翁父子和佐藤机关长等商量，希望能够再次拜访灵泉寺，见一下月樵大禅师。众人对我的想法予以支持，日清汽船公司也给予我很大帮助，甚至还给我准备了轿子。石门洞距长江岸边大约有五十华里的山路，我们穿过长江岸边的田家，沿着山路旁边清澈的溪流，一直朝石门洞走去。当时除了想再见一下月樵大禅师，与他聊聊天外，其实还有另外一层打算，那就是想近距离感受一下山中幽雅的景趣。山路旁的溪流非常安静，与长江中的水流完全不同。微风拂过水面，岸边的树叶也随之轻轻摇动。清澈的溪水中群鱼嬉戏，村中老农像姜子牙一样在岸边悠闲垂钓，构成了一幅绝美的江村渔钓画面，充满了雅趣。这样的景致与宜昌段长江的景致有着天壤之别。长江的水流浑浊，江中的巨口细鳞[40]在浑浊的江水中繁衍生息了亿万年，由于在浑浊的水中眼睛的用处不大，所以经过亿万年的演化，巨口细鳞的视觉已经完全丧失，但触觉则变得更为敏感。与之想反，在如水晶一般清澈透明的溪水中生活的鱼，它们的视觉非常发达，所以能够撒着欢儿地嬉戏跳跃。日本的画家如果想描绘中国的长江风情的话，在旅行时多做一些长江垂钓的素描还是非常有必要的。

我问轿夫这条溪流叫什么名字。他用很响亮的声音回答我说："tyautyato tyautyatou"，而且还特意重复了两遍。我又问他是哪几个汉字。他告诉我他不会写字。"tyautya"的后面究竟是短音的"to"，还是长音的"tou"，由于轿子晃来晃去，所以轿夫发得不是那么准，不过我觉得短音"to"可能更准确一些。根据轿夫的发音，我推测此条溪流名称中的最后一个字可能是"沱"字，有流入长江的水流之意。不过当时也没有一份准确的地图能够对照，所以也就只能听一下就罢了。

另外，在途中经过一片绿荫时，我发现在路边的田边上立着一块石碑，上面写着"千古万秋抬子"六个大字，旁边的山路上摆着一排轿子，所以我猜测"千古万秋抬子"应该是租轿子的广告语或者歌颂轿夫的特殊词语。

在前往石门洞的途中，我们到茶亭休息了三次，充分欣赏了山中田家的野趣。很多农妇在田间帮着丈夫干活，她们戴的帽子吸引了我的注意。我在中国的其他农村地区从来没有见到过这样的帽子，它们由麦蒿编成，帽檐很长，左右下垂，前后上翘，呈现出美丽的波纹状，更加衬托出中国妇女在劳动时的婀娜身姿。后来在山

---

40. 长江中的一种鱼，出自苏轼的《后赤壁赋》，"今者薄暮，举网得鱼，巨口细鳞，状如松江之鲈"。

下的农家，我发现很多走在回家路上手提重物的妇女也都戴着同样的帽子，所以我觉得这应该是当地劳动妇女所特有的一种帽子。在山与天连为一体的壮丽的大自然背景下，波纹状长帽檐的帽子为山乡女性增添了美感，这和京都大原女[41]头顶物品行走在旷野中的风情有些类似，如果四条派的画家能将这样的景致绘入画中，那就再好不过了。

在前往石门洞的途中，天然形成的大圆筒状的峰峦有数十座，底部是险峻的溪谷，顶部高耸入天际。在此生活的山民利用圆筒状山峰的倾斜地开辟出一块块的梯田，即便是如同猫的额头一般的小块土地也不舍得浪费。著名的白岩山屹立在眼前，我们从山的右侧经过，在山腰上有一座茶亭，茶亭的旁边有一处茂密的竹林，五六只山鸡用爪子刨着枯枝败叶，寻找着其中的虫子。整个氛围安宁而祥和。我们从轿子中出来，在竹林间驻足，欣赏着竹林的景致，同时还得提防竹枝刺伤眼睛。我当时就觉得这些竹叶与南画中"介"字画法的竹叶是如出一辙，所以就随意推断《南画指南》中"四君子"[42]之一的"竹"可能就是在这样的竹林中的写生，并将这一想法告诉了旁边正在搜肠刮肚思索诗句的诗人孤竹翁，他对此倒也无不同意见。

轿夫们取来滚烫的热茶，一边用嘴吹着，一边喝。抬轿子是一份非常辛苦的工作，轿夫们在走山路的时候会流大量的汗，为了补充水分，他们必须将肚子喝得滚圆才行。茶亭的老板给轿夫们端上了用面粉做的点心。淳朴的轿夫们埋头大吃大喝。苍蝇在点心上

---

41. 大原位于京都郊外，古时生产柴薪，大原女性会从山区收集柴薪，然后徒步到京都市集售卖。她们将头发束起，披上头巾，将柴薪顶在头上，身上穿着蓝染服饰，她们的装扮在京都市集中显得独一无二，让人印象深刻。
42. 四君子是指松、梅、竹、菊。

面盘旋，但轿夫们一点也不介意。在日本如果人们看到如此多的苍蝇落在食物上，肯定会觉得很恶心，但在中国大家对此习以为常。当然了，如果真的在意的话，那在中国一天也活不下去。我们也要了一点茶，在饮茶的间隙我指着那些点心问轿夫们："我们可以尝尝吗？"轿夫们看到我和他们搭话，脸上露出纯真的笑容，亲切地回答我说："可以吃，可以吃。"忙不迭地把一盘点心递到我们的面前。这些轿夫们没有什么时间概念，你如果不催他们的话，他们可以一直在那里聊天。中国有句俗语叫"山中无历日"，来到三峡后面的山里后，我们也有了忘却时日的感觉。应该是被同化了吧！

　　途中的景致与我两年前来的时候相比，并没有什么不同，越往里走，溪水越深，圆筒式山峰的山脊线越显陡峭。我们从右侧山峰的中腰往右转，正对面看到的就是石门洞所在的山峰。石门洞内的岩壁上往下滴着水珠，就如同是天降的甘露一般。灵泉寺位于石门洞内，我们来到寺前叩响山门，询问月樵大禅师是否在寺里。接待我们的僧人回答说："月樵大禅师不在。"但还是很热情地把我们请到了寺里。寺内有一栋建筑物，挂着"卧云楼"的匾额。我们进入楼上的一个房间内休息，午饭吃了一点自带的点心和水果等，然后就举着手电筒进到洞内深处探险。佐藤机关长一直为自己带了手电筒而沾沾自喜，我们得以进入洞内深处，但运气不太好，当手电筒的光刚好能够照到洞内最深处的时候，突然没电了，后来我们是靠着火柴才看清楚有滴水声传来的地方。后来我们在山门拍了合影，正要离去的时候，听见路上有人说话，但具体看不清楚，走近一看，原来是月樵大禅师和另外两名山僧。我们停下轿，在山门前苔痕遍地的绿荫幽境中，和月樵大禅师聊了很多上次别离之后和此次专门前来拜访的事，最后由于时间关系只能依依惜别。

在重庆品尝留春窟的料理 [43]

中国的四川菜以四川竹林中生长的一种菌类——竹荪和其他的一些蔬菜为主。四川的土地肥沃，出产一些具有益寿延年功能的中药材。出于长寿的目的，很多中药材也被用到了四川菜之中。同样是四川菜，各地的做法也不尽相同，万县有万县的做法，重庆有重庆的做法，成都有成都的做法。不过，自越过三峡中的白帝城进入四川腹地以后，你就会发现有一样东西变得非常珍贵，那就是海鲜。

从上海出发沿长江逆流而上，历经一千数百英里后，就到达了四川这一云烟万里的秘境。在四川，所有的海鲜干货价格都非常昂贵。四川菜中的鱼以长江、岷江、沱江和嘉陵江的江鱼为主，要想用到鲜活的海鲜真是非常奢侈的行为。在四川，山珍比较容易获得，但海味就不是那么容易了，所以会使用河鲜来满足自己的口欲。不过近来得益于交通的发展，一些海鲜也能够被运到四川来了。日本是一个岛国，有山有海，山珍和海味都比较容易获得，所以我们已经习惯了将山珍与海味放在一起来表述的说法，但是在四川将山珍与海味放在一起来表述就有些牵强了。既然已经到了重庆，就一定要好好品尝四川菜，如果到了重庆还去吃日本料理和西餐，那就没什么意思了。

到重庆后，我喜欢站在商业区的斜坡上或是到茶馆的楼上倚着扶手，手捧一杯热茶，一边吹着茶水，一边观察四川人，同时顺便研究当地的风俗。四川有一种特殊的轿子，叫"滑竿"，抬滑竿的轿夫在熙熙攘攘的街道上络绎不绝的场景非常有趣。如果还想进一步感受四川的话，那就没有比去当地的留春窟酒楼吃一顿"满堂春"

---

43. 在作者写作此书的时代，重庆是四川省的一个市。

更合适的了。留春窟酒楼虽说是一座酒楼，但却和普通的酒楼不一样，不能上到楼上，而是要下到地下。留春窟酒楼真的是店如其名，位于一处地下洞窟内，从门口进入后稍显昏暗，但是再往里走就会有柳暗花明又一村的感觉。重庆和万县与宜昌、武昌等平原地区的城市不同，城市是建在山上的，有时候必须要结合一些倾斜的岩石的形状去合理地规划街道才行。留春窟的四川菜并不能算作是四川菜的代表，与上海附近的所谓的四川菜的感觉也不相同，有着一种山野料理的感觉，可能不太符合都市人的口味。当然了，留春窟的四川菜与北京菜、广东菜、宁波菜和苏州菜的感觉是完全不同的。当时在留春窟印象最深的就是用四川产的竹荪做的菜。在善也君的盛情下，我和陈君、孤竹翁父子有幸体验了一把留春窟的满堂春。所谓的满堂春其实就是找姑娘来陪酒。善也君叫了两个十五六岁的尖先生[44]。她们是乘着轿子来的，长得都比较好看，一个叫小青，一个叫肖金花，两人的性格完全不同。小青出生在江苏苏州，后来到重庆谋生。肖金华是来自巴蜀山中的姑娘，非常纯朴。孤竹翁虽已年近六旬，但玩兴不减，一直和小青一杯杯地拼酒，并且不时感叹有如此美人作伴为何夏夜苦短。喝到最后，孤竹翁已经步履蹒跚，深一脚浅一脚地走在朝天门外岸边的小路上，让人看起来就觉得危险，最后好不容易回到船上，伴着余醉和我们一起体味长江夜泊的诗趣。

四川江上美谈

　　乘船经过四川境内长江流过的峡谷，基本是拿命在航行，如果注意力不高度集中的话，很可能就会有生命危险。当然了，神经

---

44. 尖先生是上海方言中的名词，意为还没有卖过身的妓女。

一直高度紧绷也不行，有时也得休息一下。我这人生性比较乐观，有一次乘船经过云阳县，当时正好是午餐时间，我坐在甲板上的藤椅上一边吃饭一边欣赏着岸边张飞庙前的"江上风清"四个大字，心情大好，饭后没多大一会儿就在藤椅上睡着了。

当我正在做梦的时候，突然耳边传来两三声枪响。我吓了一跳，瞬间从梦中惊醒，睁开眼后的第一件事就是赶紧去确定枪声是从哪里传来的，有没有危险。好在没什么危险，这时我才发现原来这一觉我睡了那么长。船已经驶过了二郎滩和新龙滩，刻有"巴阳水府"的悬崖也已经驶过，现在已经靠近小舟溪，再有十多英里就可抵达万县。我问领江[45]的李先生刚才的枪声是怎么回事，他回答我说："肯定是土匪。"我当时还挺紧张的，心想这下倒霉了，终于还是赶上了。不过后来就没了枪声，也没有土匪跳到甲板上来。这事就这样平安无事地过去了，不过峡谷中刚才究竟发生了什么事，我全然不知。当时在长江上航行的船只都没有无线电，所以只能到万县或重庆等较大的港口后才能够往外发电报。对在长江中航行的船只来说，前方发生了什么事非常重要，如果到一些大一点的港口后才得知的话，就已经晚了，于是就形成了在长江中航行的船只相互帮助的良好风气，具体表现有三：

在长江峡谷中航行的船只，无论是挂哪国的国旗，在相遇的时候都会鸣汽笛致意。有的中国船出于自保的需要会向法国交国旗费，通过悬挂法国国旗、聘用法国船长的方式来确保自身的安全。

长江上航行的船只在船舷上通常会挂一块四方形的黑板，上面用白色的大字写着提醒他船注意的事项。当看到别的船只向自己鸣笛后，船长会立刻拿起望远镜去看对方船只的黑板上写了些什么。

---

45. 领江：在江河上引导船舶航行的专职人员。

另外在夏季洪水期的时候，万县还会专门在江中设立水标，提醒过往船只避开浅滩或暗礁等。如果有土匪开枪的话，已经驶过的船只会标出具体的位置提醒其他船只注意。如果没有土匪的话，则会在黑板上写上"万事静稳"四个大字。

如果碰到有船破洞进水，附近所有的船只都会提供帮助。它们会将自己船上储备的水泥拿出来，帮助破损的船只补漏洞。不管是商船，还是军舰，都会如此。最近我在作坊蛇（一处地名）亲眼见到一艘名为"福星号"的船只遇险，当时我所乘坐的日本船"云阳丸"就是拿出了自己船上的水泥去帮助它。

长江中的峡谷是世界上最难的航线，再加上土匪和军队等难于预见的灾祸，经过此处的人的内心都是惴惴不安的。不过，也正因为这种不安促成了不分国家相互帮助的良好风气，为凶险的峡谷增添了一些温暖的人情味儿。

在江南山中见到的五色小鸡

前些年我到安徽省岩前寺所在的偏远地区游历，在翻山越岭从岩前寺前往黟县的途中见到了在日本根本不可能见到的一群可爱小鸡。那些小鸡非常特殊，任谁初次见了都会觉得非常珍奇。

那天，我正坐在山腰上的一家茶馆里休息，护送我前来的十几名中国士兵也都坐在那喝着热茶。这时，一位缠着脚的老婆婆领着几十只五颜六色的小鸡出现在我们面前。都是些刚出生不久的小鸡，有红色、蓝的、紫的等各种各样的颜色，"唧唧唧唧"地叫着，好不可爱。我当时就想：

"哎，这些小鸡也太奇异了！中国地大物博，奇异的东西不少，但这些小鸡五颜六色的，尤其珍奇。要是能带几只回日本就好了。"

于是，我对那领着小鸡的老婆婆说：

"老婆婆，我能买你家几只小鸡吗？"

没想到，那老婆婆露出不可思议的神情，眼睛直勾勾地盯着我说：

"这些小鸡有啥特殊的吗？你想买它们。"

我回答说：

"有啊！你看它们五颜六色的，我之前还没见到过这样的，所以就想买几只。"

护送我的士兵也在旁边帮我说话，劝老婆婆卖我几只。但是老婆婆却一直不肯卖，嘴里说：

"这就是些普通的小鸡了，没什么珍奇，你就别买了。"

看老婆婆不肯卖小鸡，于是我就退而求其次，对她说：

"既然您不肯卖我小鸡，那能卖我几枚鸡蛋吗？"

老婆婆也不答应，对我说：

"就是普通的鸡蛋啦，你在哪里都能买到的。"

看老婆婆的此番表现，我打消了买小鸡或鸡蛋的念头，转而求老婆婆带我去看看孵小鸡的地方。这次老婆婆同意了，到了那里后，我真切地见到了中国人聪明的地方。当小鸡从蛋里孵出后，立马会有人捏着它的两只脚把它浸到旁边的染料壶中，以不没过头为准。染料的颜色每家都不相同，想染成什么颜色就染成什么颜色，这家可能全是蓝的，另在一家可能就全是红的，再旁边一家可能就都是黄的。白天各家的小鸡聚在一起玩耍觅食，到了晚上，各家会根据颜色的不同将自己家的小鸡挑出来带回家。这一地区雨水很少，所以小鸡被染上的颜色可以保留很长一段时间。

这次经历让我从茶摊儿的老婆婆那学到了很多，当我弄清楚这些五颜六色的小鸡是主人为了区分它们而特意染的后，不由得大笑起来。目不识丁的山乡居民竟然能有如此出人意料的创意，真的是一件非常有意思的事情。

江南原野上水牛嬉戏的景色

长江两岸杨树遍植成林。细雨潇潇的原野上水牛三五成群，在悠闲地嚼着绿草，无拘无束地嬉戏，形成了一道道令人难以忘怀的风景。在古画中，长江的岸边往往是低垂的柳树，民船停泊在古村的一角。而在今日，长江的岸边已经不再是柳树，而是杨树。杨树舒展的枝条和淡绿色的树叶给长江沿岸营造出了一片闲适的景象，同时也更能让人体会到长江的悠久与宏大，再加上岸边成群的水牛与黄牛，更是增加了长江江岸的景色。江边的杨树林与原野上三五成群的水牛共同构成了一幅富有诗趣的全景画。从长江口的吴淞到汉口间的六百英里江岸上，种植的全都是杨树。不过从位于芜湖上方的大通古镇一直到安庆段的江岸上的杨树看上去并不是正常的淡绿色，而是呈现出病恹恹的淡黄色或淡褐色。我问谷口船长，为何这一段的杨树会成这样呢？谷口船长回答我说：

"长江一带经常闹蝗灾。那蝗虫挺吓人的，都有两寸多长。当遮天蔽日的蝗虫从空中飞过的时候，经常'啪嗒啪嗒'地掉到船的甲板上，堆得跟小山一样高。有的会掉到江面上，引来大量的鸟雀来啄食。"

听完船长的介绍，我恍然大悟——这一段江岸上的杨树如此不健康原来是被蝗灾给害的。这让我想起了当年我在桦太旅行时看到的丰原山林中的冷杉受病虫害后的凄惨样子。好在长江沿岸的杨树生命力比较强，只要不是枯死了，来年肯定又会像健康时一样焕发出生机。再说了，即便是江岸上的杨树多少遭受一些病虫害，对长江岸边杨树的整体风景来说也并没有造成多少影响，甚至连九牛一毛都达不到。不知是长江成就了杨树，还是杨树成就了长江，总之两者已经形成了难以割舍的关系。

在江岸的杨树林旁边往往会有成片的芦苇滩，有的地方会有一些田地，可以看到由座座草屋构成的水村。在没有住户的地方，可以看到两三只白羊在悠闲地啃着青草，或是看到立着耳朵的纯种中国黑狗在草地上嬉戏。总之，长江沿岸的景致是非常自然且宏大的。欣赏这样的景致可以给人带来愉悦之感。

这时，我觉得最有意思的就是成群的水牛了。水牛频频摆动着细长的尾巴，啪啪地拍着自己左侧或右侧的腰腹，不知它是为了驱赶苍蝇，还是为了表现自己内心的愉悦。虽然水牛的尾巴在动，但仍有鸟会安闲地落在水牛的背上，露出一股任何食物都无法吸引我的神情。有时不只是一只，甚至会有两三只鸟同时落在水牛的背上，它们就静静地站在那里，气定神闲地远眺着长江上的民船或是在江中行进的竹筏。水牛还是水牛，鸟还是鸟，虽然是两种完全不同的动物，但是在长江岸边它们和谐地生活在了一起。我不知道为何在台湾会有人觉得水牛恐怖，通过我对长江岸边水牛的观察，我觉得这是很温顺的动物，并不会对人造成伤害。水牛在江边悠闲地行走，背上落着一只或几只小鸟，旁边的地面上还有三五只小鸟随着水牛的步伐也在慢悠悠地往前走。任谁看到这样的景象都会觉得非常有趣。长江岸边是鸟的天堂，在江边的原野上生活着无数的小鸟，有时几十甚至数百只小鸟会一起飞到江边嬉戏。另外，长江岸边还生活着数量众多的水牛，在岸边的任何一处地方都可以看到它们嬉戏的身影。

长江畔细雨纷纷，一名牧童娴熟地骑在牛背上，斗笠披在脑后。另外还有一个看起来像是弟弟的小男孩，一只手拿着一根米黄色的杆子，另一只手拿着一张四边形的渔网，盘腿坐在另一只牛的牛背上。一会儿哥哥的牛在前，一会儿弟弟的牛在前，总之都是慢悠悠地走在江岸上，为长江增添了别样的景致。

每到梅雨季节，长江水位会一日高过一日，最终泛滥成灾。长江决堤后，沿岸几乎一半以上的玉米地都会遭遇水灾，昔日的良田变成汪洋一片。牧童骑着水牛进入水中，让水牛终日在这泽国中嬉戏。有时十几头或是数十头水牛会聚到一起，青草里会积攒大量的牛粪，农民自然不会浪费掉这宝贵的肥料资源，每当日暮时分总会有农民挑着捡来的牛粪行走在夕阳中的风景。中国的牧童与日本的牧童不同，做什么都做得像模像样的，着实让人佩服。乡间的牧童都还是些留着发辫的小孩子，非常纯真可爱。

在长江沿岸地区基本都可以看到水牛，尤其是芜湖至安庆段或是安庆至华阳段，从大堤至水面的草地上经常能够看到成群的水牛。长江沿岸的农民在岸边遍植杨树或是修造两道堤防来防范洪水泛滥，而水牛则根本不关心泛滥的洪水何时到来，整天荡漾着神的使者般的神情，让我们感受到了一种天国的情趣。

当洪水泛滥之时，长江的滚滚浊流会淹没大片的原野，一片汪洋中的水牛和牧童的自然之趣只有在中国南方泽国的大景致中才能够体会得到。像日本这样的岛国，所有的风景风物都是小型化的，这样宏大的自然景致即便是想求也求不来的。

中国南方的乡野情趣

"清明时节雨纷纷"，正如唐诗中吟诵的那样，中国南方地区在春分过后就进入细雨纷纷的充满了诗趣的梅雨季节。每当这个时节，路边田地中的油菜花会大片盛开，整片油菜花田会呈现出一片金黄，而没有种作物的土地则呈现出红色，就像在大地上铺了一层红色的绒毯一样。路边两侧遍植柳树，柳树刚刚吐出新绿，在柳树的绿荫中，头戴蓑笠的农夫稀稀拉拉地走过。我站在细雨中，仰头望着爬上树梢折柳枝的农夫的身影，自己仿佛已经成为画中人。

行道树的旁边有一条运河，江南仅有在浙东地区才能够见到的一种色彩丰富的鹢首民船轻轻地从水面上划过，几乎不泛任何波澜。时近清明节，当地的百姓已经开始为祭奠祖先做准备，经常可以看到满载着祭祀用纸元宝的民船从半月形的石桥下驶来。河的对岸，一位看起来像是良家妇女的丰满美人端着一个大大的筲箩从石阶上一步步走下来，由于她是缠脚的，所以走起路来颤颤巍巍，当她来到河边后，水面上随即泛出了她优美的身影。她蹲下身，将筲箩浸入水中，似乎并没有注意到我正在注视着她。细雨纷纷，石阶的扶手上站着四五只白色的小鸟，它们"嗖"地朝河对面飞来，爪子划过水面，荡起道道的波纹。美人将筲箩从水中捞起，左右有规律地晃动着，原来她是在利用河水淘米。河边店家的白墙上从上到下写着"随意小酌，包办酒席"八个墨色鲜明、遒劲有力的大字，几乎占满了整面墙壁。可以看出，这应该是一处类似于日本的简餐小食、平民食堂或是餐吧一类的饮食店。为了吸引运河上来来往往的雅士、小商人、百姓、船夫等，饮食店的广告语特意写得非常大，而且这家饮食店确实也为运河上的旅人提供了很多方便。在当地除了饮食店之外，还有米店、布店、成衣铺、盐行、衣庄、海货行、山货行、染坊、烛店和杂货铺等。每家墙上的文字与白色的墙壁共同映在水中，远远望去有一种说不出的美。苏州、南京、杭州、湖州等江南地区的运河沿岸的水乡虽说大致都是如此，但是唯独浙江东部乡下的运河水更清，运河沿岸的水乡透着一种悠悠的闲适的情趣。

浙东水乡的远处是矮矮的翠绿的山峰。细雨过后，天空中依然积云叆叇，整个水乡氤氲在一片祥和的乡野气氛中。远处的会稽山与王阳明曾生活过的余姚龙山体现出当地的自然山水之美。我曾多次游览绍兴城至晋代王羲之的兰亭一带，至今回想起来，那一地区的景致还是非常令我怀念。绍兴城外春草萌芽之际，我走在圃畔的广场上，高空中云雀在高声鸣叫，仿佛在欢迎着我的到来。云雀飞得很高，我只能听到它们的叫声，却判断不出它们的具体方位，那婉转悦耳的叫声已经成为江南春天的一大景趣。

中国江南的祥和气氛与我对田园生活的向往非常吻合。每当我到上海时，都会花上一两周的时间到上海周边的乡下走走，去感受一下中国江南乡间的纯朴风俗。

上海往南经嘉兴和杭州，可抵达位于钱塘江岸边的闸口。往年我去钱塘江的时候，是乘小船从安徽屯溪出发，经严州然后才能到达杭州，而现在富阳和杭州之间已经开通了公共汽车，直接坐汽车就可以抵达杭州。杭州的六和塔高耸入云，有力压长江之势。观赏六和塔的最佳位置不是沿石阶而上到塔跟前，而是泛舟在钱塘江上，在江中仰视六和塔的观赏角度最佳。六和塔可能是中国各地佛塔中最大的一座，在中国我还没能见到能够出其右者。我曾多次在闸口稍前一点的南星桥乘坐当地的义渡过江。义渡用的船只是大型的民船，每天不分阴雨晴天在拖船的牵引下至少来回三次。乘坐义渡的多为当地的百姓，其中有一些是乡下做小买卖的商贩，还会有一些妇女，有时还会在义渡上碰到斜背着三弦的中年盲人。

钱塘江到海宁后，江口就变成很宽的喇叭状，乘船渡江最多也就需要二三十分钟。另外，从镇江到杭州也有渡船，如果恰巧船上有盲人，他就会拿出随身带的三弦或胡琴弹上几曲，这不仅有利于自己，同时也愉悦了别人，每当这时整个渡船就会变成一个欢乐乡，荡漾着快乐的气氛。我们再将话题转回钱塘江的义渡。钱塘江的义渡是不收费的，不过如果有盲人在义渡上演奏乐器的话，那富有慈悲心的中国人在下船的时候就会施舍给他二三十钱，权当坐船的船费了。中国人在施舍给盲人钱的时候也很讲究，不会在一开始的时候给，如果一开始给了，那盲人就不会专心演奏了，所以基本都是在演奏完后下船的时候才给。义渡上相识百姓间的聊天非常热烈，由于他们说的都是当地的方言，所以我一句也听不懂。在渡船上最吸引我的就是六和塔的远影，它掩映了一片春霞之中，显得非常美丽。从渡船上逆流望去，远处是可能位于安徽界内的高高的群山，上面还残存着皑皑白雪，在阳光的照射下泛着亮光。这使我不禁想到，当年董邦达苦心绘制的大作《雪景图》中的重叠山峦，可能就是我所看到的远处宏大的雪景吧！现在北京紫禁城的文华殿收藏了这幅足以体现董邦达绘画才能的大画卷。坐在船中，一边沉浸于对艺术的思考，一边欣赏着远处雾霭中的六和塔，这真的是一件愉快的事情。

渡船中有专门以替人搬行李为生的人。每当渡船靠岸后，他们会麻利地将你的行李挑下船，或是心无旁骛地将你的行李打成包裹，而你仅需要给他们一点辛苦费就行。中国有个成语叫"吴越同舟"，这渡船中载的还真都是"吴人"和"越人"。船到达对面的浅滩后，还需要再航行一段距离才能到达最终的码头。船夫会从船上拿出一块木板，一头搭在船上，另一头一直伸到对面的陆地上，搭成一座临时性的、不是很稳固的桥。广袤的平原上仅有一条通往东边的路。路的两侧没有行道树。杭州的丝绸商人在路边修了一些义亭，供行人落座休息。从船上下来的乘客，有的到茶亭或凉亭内休息，有的则和认识的熟人站在路边聊天。由于这条路是从码头进入内地的唯一一条路，所以来往的行人还是非常多的。

这种广袤的一望无际的宏大景色体现出了浓烈的大陆气息。我在一起搭船的乘客中找了一位老农做向导。这位老农走得非常缓慢，而且喜欢用家乡话大声地对我说法。我努力地去习惯他，一路上找出各种各样的话题去跟他聊天，最后发现也就浙东地区的风土人情还能和他谈得来。我问他：

"老爷子，这边和那边虽然就隔了一条钱塘江，但是景色已经完全不同了。这边的感觉好悠闲，让人很舒服。"

老爷子回答我说：

"是啊！你要是初春来的话，那感觉又不一样了哦。现在路修得好，比以前好走多了。"

谈话间，对面有一位老农挑着担子朝我们走来，他和我的向导认识。我的向导把他叫住，两人用家乡话不知聊着什么。两个老农站在路旁，吹着风一问一答的场景让我联想到了一幅描绘渔樵问答的南画。两者真的是非常相似，都充满了雅趣。

让人想起日本往昔的路边风情

当我在路上行走的时候，忽然间发现在路旁稀稀拉拉的农家中，有一户的门前铺着一张草席，一位上了岁数的老婆婆坐在上面，旁边还坐着她的小孙子。这个老婆婆并不是单纯坐在草席上看孩子，她的面前还有一口大锅，里面煮着蚕茧，老婆婆正在用一个框形的工具从锅内往外抽着生丝。古色苍然的黑色大锅与白发苍苍的老婆婆搭配在一起，远远望去非常和谐。浙东地区自古以来看重植桑养蚕，丝绸业非常发达。从地理位置来看，这老婆婆应该是继承了越人的血脉，而现在她却在熟练地操持着吴人留下的制丝工艺，这种文化的融合与延续，让我的内心之中不禁涌起了对历史无限的感慨。

下船之后，我沿着这唯一的道路一路往东，春风拂面，绿野盈目，不知不觉就来到了萧山。萧山位于绍兴府的曹娥江与运河的交汇处，地理位置优越，人员往来众多，所以整个城镇格外充满活力。越安轮船公司等浙东地区非常出名的轮船企业都是位于萧山。但是，在萧山印象最深的并不是它的繁华，而是位于城内的一处小小的弹棉花店。当时我进城后，很快就听到在右侧商铺的深处传来"噔噔噔"的像是弹动弓箭的长弦一般的声音。我挺好奇的，于是就走向前去窥探，这一看勾起了我很多小时候的回忆。

四十年前，当我还是小孩子的时候，曾在四国的乡间见到过弹棉花的场景。在萧山城内,我透过门缝看到的弹棉花与我小时候看到的完全相同,在一间昏暗的屋子内,像大弓的弓弦一样的工具在有节奏地拍打着陈旧的棉花,被弹起的棉花絮飞满了整个屋子。现在日本都市中的少男少女可能都没有见到过这样的场景,所以即便是跟他们说,他们也理解不了,不过当时的我还是很有感触的。萧山弹棉花店里的弹棉花的声音与我当年在朝鲜乡间月夜听到的少女捣衣服的声音一样,都充满了一种难以名状的乡间雅趣。我情不自禁地对给我做向导的老农说:

"在日本也有这样的弹棉花店,我小时候见过,所以这一次能在中国又见到,我感觉特别亲切。浙江和日本有很多风俗都是共通的,非常相似。听着弹棉花店里传出的声音,和您聊着浙江的习俗,我现在都不知道自己是在日本,还是在中国了。"

老农听我这样一说,心中对我更感亲切,眼睛笑得眯成了一条缝,高兴地回答我说:

"是吗?日本也有一样的弹棉花店吗?可能是古时候传过去的吧!"

我们在萧山城内一直往东走。之前走乡间道路的时候,已经累得够呛了,现在城内看到运河中漂亮的小船嗖嗖驶过,我的腿更是迈不动了。同时也考虑到给我当向导的老农的辛苦,于是我果断决定,不再步行了,我们要坐舟出城。

小船沿着运河驶出城门。城外是一片杨柳依依、水流潺潺的水乡。我们在一处叫转坝的地方下了小船,然后在此等候驶向绍兴曹娥的轮船。候船在任何地方都是非常无聊的,但如果你对中国的乡野感兴趣的话,那就不会觉得无聊了。最后不仅不会觉得时间长,反而会慨叹时间太短了。当时在候船的大都是乡下的客人,我和他们一起在饭馆内吃了简单的午餐,然后利用剩下的时间在饭馆周边转了一下。我来到一座石拱桥上,凭栏晒着太阳。远处的村子里有小孩子在嬉戏，还有一些孩子跑到了墓地的坟堆上放着风筝，这些坟堆上面都长满了绿草，天真无邪的孩子玩得非常高兴。在江边树木形成的影影绰绰的绿影中，水面上漂来了一艘鸬鹚船。船舷一周站满了黑色的鸬鹚，它们自由自在地想钻进水中就钻进水中，想跳回船上就跳回船上。站在船舷上的鸬鹚悠闲地望着杨树梢，随意地扑棱着翅膀。鸬鹚的主人也不划动船桨，任由船在水面上自由地飘荡，也任由鸬鹚在水中、水上和船舷上来来往往。一切都以鸬鹚为本位，而且鸬鹚也在警惕着水中的情况，随时准备去捉鱼。所以说，在这一带虽然所有事物看上去都是慢吞吞的、漫不经心的，但是一切却都是颇得要领的。

从桥上望下去，运河水非常平静，让你几乎感觉不到它在流动。鸬鹚船的主人轻动几下船桨，醍醐船慢悠悠地在运河上向前行进，最终消失在远处杨树的绿荫和成片的油菜花田中。我要乘坐的客船还没来，于是我走下桥头，继续散步。桥旁有关帝庙和文武圣神庙等道教寺庙，我走进去，庙内陈列着青龙、白虎、朱雀、玄武的祭器，精美的设计吸引了我的注意。就在这时，从水面上传来了很多小孩子一起有节奏读书的声音，我挺好奇的，于是就在庙的周围寻找声音的来源，但没有发现任何小孩子。我没有放弃，由于在水边声音听起来更清楚，于是我跟着声音传来的方向去寻找，最终在村外发现了声音的出处。那是一栋不大的房子，从山墙上小小的窗户内传出了琅琅读书声。房子位于一处院内，院门很简陋，上面葺着瓦。我跨过院门，向屋子里窥望，屋内摆着四五十张书桌，一些穿着中式服装的可爱男孩女孩正在里面读书。教书先生可能是去吃午饭了，不在房子内，但孩子们自觉地在自习。孩子们抑扬顿挫的琅琅读书声让我不禁想到了唐宋时代的庠（xiáng）序。中国的乡间学堂类似于日本古时的寺小屋，会教授《三字经》《孟子》和《左传》等典籍。

在我这样一个陌生人贸然闯入后，小孩子们停止了朗读，其中一个辫子上系着蝴蝶结的可爱小姑娘甚至吓得跑出门去。没有比这些天真无邪的孩子更可爱的了，在先生不在的情况下，他们竟然能够规规矩矩地在教室里读《三字经》等，那种抑扬顿挫的声调非常引人注意。中国的乡间学堂和北京、上海等大城市的学校不一样，它们依然沿袭着旧时的模样。与城市相比，虽然教育效果还存在差距，但有学堂总比没有强。

中国江南的乡间一如既往地纯朴，现在又加上了孩子们富有诗韵的琅琅读书声，让我对它的喜爱更是增加了几分。

世人通常对中国的文学和书籍等感兴趣，如果谈到去中国的乡下，可能所有人都会感到恐惧。谈到中国的乡下，大家首先想到的不是雅趣和诗韵，而是土匪马贼和战乱等，觉得自己要是到中国乡下肯定会中流弹客死他乡。我到中国乡下比较多，对中国乡间的一些雅趣也比较喜欢，所以每当看到有人因为对中国缺乏了解而抱有这样的误解，我都会觉得非常滑稽，觉得他们这是在杞人忧天——他们真的挺可悲的。

北京城外的碧云寺

出西直门，游览完万寿山、玉泉山、卧佛寺后，继续往西山方向走，可以看到一片漂亮的汉白玉白塔，那就是碧云寺。孙中山的灵柩在葬于南京紫金山之前，曾暂时停灵在该寺的白塔中。

位于庐山双剑峰南麓的归宗寺

古刹归宗寺内有王羲之的墨池，在墙壁上还有一些很大的汉字书法。庐山古刹众多，除归宗寺外，还有栖贤寺、慈航寺、万杉寺和秀峰寺等。在游览李白诗中提到过的庐山瀑布的时候，一位拄着拐杖的人建议我一定要去看一看陶渊明位于柴桑的故居，而归宗寺就位于陶渊明故居的旁边。在此稍作休息，和禅僧聊几句，也别有一番乐趣。

镇江甘露寺外位于江心孤岛焦山上的西江楼

高高挑起的飞檐体现出中国建筑的优雅之美。

江苏镇江金山寺内的七层塔

金山本为镇江城外长江中的一孤岛，在水流的淤积作用下，现已成为与陆地相连的半岛。

长江三峡中壁立千仞的巫山十二峰

坐在江中民船上，能够切实感受到那种山势造成的压迫感。

江西九江庐山五老峰之一角

五老峰山势险峻，风景绝佳。唐代诗人李白曾作《登庐山五老峰》一诗："庐山东南五老峰，青天削出金芙蓉。九江秀色可揽结，吾将此地巢云松。"

孔庙

在中国各地到处可见。大成殿内一定会摆孔子塑像和写有"至圣先师孔子神位"文字的牌位。主殿的匾额通常是"万世师表"或"斯文在此"。

杭州西湖旁边岳王庙内岳飞墓前的影壁
上面写着"尽忠报国"四个黑色大字。

上海郊外赶着鸭群慢悠悠叫卖的养鸭人

有的养鸭人会赶着三五百只鸭子到城里去叫卖，途中就让鸭子到田间自由觅食，而且卖的时候也不着急，全靠缘分，碰到了买主就卖，碰不上也没关系。

杭州西湖清涟寺净池内的五色锦鲤

有的锦鲤已达三五尺长。前来赏鱼的游人摩肩接踵。

北海漪澜亭的回廊

　　北海、中海、南海和颐和园都是中国的皇家园林，其中又以北海远帆楼下的这段回廊和颐和园内的长廊最能体现中国建筑的艺术之美。走在北海的回廊中，隔着莲池能够看到远处的五龙亭和九龙壁。岸边柳枝低垂，经常会挡住游人墨客的脚步。每到冬天，湖面结冰，众多的滑冰爱好者会汇集湖上，好一番运动的景象。

四川峨眉山内的摩崖石刻

西边有峨眉山中的"福寿大峨神水"，东边有泰山中的《金刚经》，都是非常精美的摩崖石刻，艺术水平也不分伯仲。中国的书法家喜欢在深山幽谷中搞创作，不依靠别人，也不是为了给谁看，就是想在世间留下自己的笔迹而已。这样的摩崖石刻总是会沁出一种富有诗意的书法清香。

墙壁上的大字

在中国的城市中，写在墙壁上的大字随处可见。中国的城市乡村，又或是民宅寺庙等，大都有着很高的围墙，这就为在上面写字提供了条件。这些写在墙上的大字大多是广告语。墨黑的大字，笔力雄健。透过这些广告语，服装店、米坊、染坊、当铺等一目了然。

庐山栖贤寺禅僧的幽姿

自庐山含鄱口往南下山，经观音桥畔，从天下第六泉出来后，右手边就是栖贤寺的黄色山门。栖贤寺内古树参天，身穿墨色缁衣的山僧邀我一起品茶。栖贤寺充满了幽居之趣，如同仙境一般，给我留下很深印象。

杭州西湖上的三潭印月

静静的湖水，美丽的风景，让远道而来的日本游客流连忘返。

北京城外的二闸

　　一道城墙将北京分成了两个世界，城墙内是热热闹闹的城市景象，城墙外是一片充满野趣的田园风光。

上海的划子

　　说到划子，在上海无人不知。黄浦江是长江的支流，水色和长江类似，都像是味噌汤的颜色。划子是黄浦江上的重要交通工具。撑船人站在船头，熟练地摇着橹，大声地招呼岸边的客人。

四川灌县的龙王庙

　　巴蜀天地，无论是自然之美，还是人间风俗，在外人看来都充满了神秘感。直到今天仍然只有很少人到过三峡的腹地或是欣赏过峨眉山上的明月。成都郊外灌县的龙王庙有足以与九江的小孤山和钱塘的茶园相媲美的绝妙风景，但由于宣传得少，所以至今没有多少人知道。

北京城外前往蒙古的骆驼队

北京城外的铁路环线

庐山海会寺山门和五老峰全景

从含鄱口南麓下山往左走，到达白鹿洞书院后继续沿着山路往前走，即可到达著名的海会寺。海会寺掩映在一片松林之中，远处是悬在半天中的五老峰的峻峭山峰线。海会寺是欣赏五老峰全景的绝佳胜地，同时也是充分领会中国山水之美的一处胜地。

在南京城内的水面上嬉戏的白天鹅

南京是中国的六朝古都，既有能够充分体现江南水乡之美的玄武湖、莫愁湖、秦淮河等知名的水景，又有很多没什么名气的河湖、老树和古刹等。静静的水面上，水鸟自由自在地嬉戏，不时啄向水面寻找着吃食，满是诗情画意。

第五章　生活之趣

中国人在春节时贴的门神年画和娃娃玩具

图中物品出自作者在中国室的收藏。图画为中国乡下百姓在春节时贴的门神年画,具有"五福临门"和"生财有道"等吉祥寓意。北京城内百姓贴的门神与上图稍有不同。门神前面的娃娃玩具是中国人在春节或婚礼等重要节庆活动时使用的道具。

中国文化中的长寿思想

中国文化中充斥的延年益寿思想

世界上任何一个民族、任何一个国家的民众，无不期盼着自己能够延年益寿。虽然偶尔会有一些持有变态心理的人不愿意自己长寿，但这毕竟是例外，对于绝大多数人来说，都是希望自己能够长寿的。只要人类社会存续，万寿无疆的期盼就不会消亡。中国早在三千年前就已经产生了长寿思想，而且中国人长寿思想的历史沿革极其复杂。另外，从中华民族的日常生活来看，有很多民俗也都与长寿思想有着很深的关系。

中国文化中长寿思想无处不在，从大的方面讲，延年益寿是中国人文界的整体追求；从小的方面讲，中国的文艺、艺术、生理、宗教等方面也无不体现着对延年益寿的追求。再说得露骨一点，中国人喜欢的"长命富贵"其实就是长寿思想和富贵思想的结合体，构成了中华文化的核心，中国的任何人文现象如果与长寿和富贵沾不上边的话，就会让人觉得有些不足。鉴于此，我们在研究中国文化的时候，一定要从其长寿思想入手。不过，如果将目光只着眼于长寿思想的话，又很容易犯下牵强附会的教条主义之弊，这一点尤其需要我们注意。当前中国社会的风俗人情中所蕴含的长寿思想基本都不是外露的，而是潜藏在一些具体的事物中，如今日中国各地有以下有趣的民俗。

其一，当婴儿出生后，长辈会送给婴儿一把戴在脖子上的写有"长命富贵"的长寿锁。

其二，当在夸奖某个人的长相时，如果对方额头宽阔就可以夸他有长寿之相，对方听了会非常高兴。

其三，如果在路上碰见有字的纸张，一定要将其捡起来投到吊在路边的纸篓中，据说这样可以延年益寿。所以在中国旅行的时候，你经常可以看到在十字路口会立一根柱子，上面吊个纸篓，纸篓外面贴着纸，从右向左用非常工整的字体写着"惜字延年"四个字。另外，有的地方不用纸篓，而是用石造的惜字塔，上面一样会刻有"惜字延年"四个字。

其四，在中国几乎每家都会供奉金光闪闪的白发老寿星，还会摆上鲜花，点上香或红烛等去祭拜。

其五，中国有个传说，说是有一位叫何首乌的老人活了三千岁，依然头发乌黑，而且还能生孩子，于是就有人煎何首乌作茶饮，希望借此能够长寿。

其六，在四川腹地，长江上游万县的上方、重庆的下方四十英里的地方有一个长寿县。我没去过这个县，据说是一个长寿老人很多的地方。

以上这六个例子都是我在中国南北各地游历时的亲身见闻或体验。像这样的例子其实还有很多，在此我就不再多举了。

我认为，对中国文化的调查和研究，如果能够将触角伸到中国各省的偏僻山间地带的话，任谁都可以做出无限的成绩。最近，神田的富山房书店出版了我的《中国文化研究》，此书一共784页，囊括了中国文化的很多方面，可以说是我的一部力作，看起来似乎已经很全面了。但如果继续进行研究的话，还是能做出很多新的成果。另外，神田的雄山阁还出版了我的《中国的社会状况》一书，书中我详细介绍了作为中国文化背景的社会状况。

就像在前文中所述的那样，谋求长寿是中国文化的根基，同时也是中国社会发展的原动力。像这样的议题，如果极端地去进行议论，可能会得出穿凿附会的结论。不过如果套用长寿思想去研究中国文化，你会发现两者之间是非常自然的，而且也是极为合理的，很多东西都能够解释得通。也就是说，解开中国文化中各种各样的精神现象的谜团的关键就是长寿思想。我所说的各种各样的精神现象大致可分为以下四类：

一是从容不迫的大陆性格；

二是道教色彩；

三是追求风流雅韵的喜好；

四是努力挣脱国家控制，但同时又甘愿受命运支配的人生观。

以上四类精神现象与长寿思想结合在一起，使得中国文化变得更加复杂。中国文化与外国文化的迥异之处，其实并不单是其中掺入了极为浓厚的延年益寿思想，另外还有一个明显的特点，就是中国文化无论是宗教方面，还是文艺和艺术等方面都不受国家的支配。当然了，这并不是说中国文化无视或者蔑视国家，在中国，不管呼吁新自由的声音多么强烈，又或是鼓吹革命颠覆的声音多么高调，大家向来都是以平常心视之。当然了，偶尔也有像《社会日报》的社长林万里先生那样因为在社论中多次抨击军阀、政府，结果被逮捕杀害的情况发生，但总体来说中国人还是非常自由的，从世界角度来看，可能也没有哪个国家能比中国更自由了。不过，中国也曾有统治者做出焚书坑儒的极端行为，但同样，民众要想采取极端的自由主义行动也是毫无障碍。在中国已经形成了这样一种历史规律，每当一个朝代建立三百年左右的时候就会发生全国性的革命，民众以受天命自居谋求推翻当朝的最高统治者。可以看出，中国是一个非常有意思，同时也是一个很不可思议的国家。

在中国，国家权力并不是超越于文化之上的，而是正相反，中国文化超越于国家权力，并且占据了一个非常高的位置，很多情况下，中国文化的发展与国家权力并没有多大关系。中国文化一直都在沿着自己的路径发展，而中国的国家权力不仅没有促进文化的发展，有时甚至起到掣肘的反作用。自有史以来，中国在国家层面上已经崩坏了二十五次，灭了立，立了灭，循环往复。而中国文化却没有受到中国朝代更替的影响。古埃及文明、古印度文明和萨珊王朝的古波斯文明等都已经灭亡，唯独中国文明在中华民族的子孙间代代传承，一直延续到今天。此种文明的延续与中国民族的自身特点有着很深的关系。中华民族在历史上从来没有将自己依托于某个国家，一直以来都是保持自立状态，所以即便国家几度灭亡，但中华民族依然存续，民族的血液虽历经几千年，但依然可以传承至今天。

　　总的看来，中华民族和中国文化是超越于国家政权之上的。唐、宋、元、明、清各个王朝均已灭亡，但是中国文化的生命力却没有受到丝毫影响。中国文化的根基很深，而且与中华民族紧紧地绑在一起，所以只要中华民族还存在，中国的文化就必然不会消亡。在中国，中国文化的潜力要比鸦片的力量还要强大。不知从何时起，中国人尝到了鸦片的味道，并且从此变得不能自拔。虽然现在中国政府大力禁鸦片，不管是用法律手段也好，还是处以刑罚，或是拒毒会锣鼓喧天进行禁毒宣传也罢，都起不到什么作用。在中国各省鸦片税收占了当地财政的很大一部分，所以各地方当局虽然表面上呼吁禁鸦片，但是暗地里还是鼓励鸦片贸易的。据此也可以看出中国的鸦片力量之大，不过与鸦片的力量比起来，中国文化的潜力更大，甚至可以用直达地球的中心来形容。前文已述，中国文化的一大特点就是其中掺杂了长寿思想，所以在今天民国人的思想认识中，国家和社会是要往后排的，每个人最关心的还是自己的长寿问题。另外在日常生活中，民国人对长寿的期盼也是表现得淋漓尽致。

文艺中体现的长寿思想

　　在中国有"年轻"和"年老"这样的词汇，用"轻"和"老"来区分年龄的大小。不过，像"老爷"中的"老"并不是表示对方年纪大，而是对对方的一种尊称。"老虎"中的"老"也另当别论。像"老手""老练""老农""老成""老朋友"等词汇中的"老"表示的也都是很厉害或者关系很好的意思。

然而对日本人来说，如果称呼对方用的词汇比实际年龄该叫的词汇老，可能就会招致对方的厌恶，所以我们在称呼对方的时候一定要考虑清楚再说出口。在中国自古至今表示对方年轻时，除了用年轻、弱年等普通的词汇外，还会用一些更高雅的词汇，例如《史记》等典籍中就曾用"春秋富"等来表示年轻。

《史记·齐悼惠王世家》载，"今高后崩，皇帝春秋富，未能治天下"，意指皇帝还有很长的岁月才能成人，所以用"春秋富"来代指皇帝比较年轻。类似的表现手法在《战国策》中也有，例如"王之春秋高"或是"春秋长"等，其实表示的都是年轻的意思。这些词汇在表示年轻时显得比较文雅，而且富有中国风，算得上是一种非常巧妙的表现手法。

另外，中国人在表示年老时也有很多有意思的表现手法，尤其是在给老年人拜寿的对联中，像松、鹤、西王母或南山等词汇用得非常多。

松龄长岁月，鹤语寄春秋。

北斗临台座，南山献寿诗。

仙家日月壶公酒，名士风流太传诗。

椿树千寻碧，蟠桃几度红。

仙居十二楼之上，大寿八千岁为春。

杖朝步履春秋永，钓渭丝纶日月长。

……

以上是适用于给老年男性祝寿的对联。"杖朝步履春秋永"中的"春秋永"亦可用"仪容古"来代替。

玉树盈阶秀，金萱映日荣。

筵进延龄酒，簪添益寿花。

范陈九五福，桃熟三千年。

麻姑酒满杯中绿，王母桃分天上红。

……

以上是适用于给老年女性祝寿的对联。

在中国有这样的习俗，不论男女，等老了之后别人给祝寿的时候，都会用一些寓意很好的句子或是直接借用古人的名句。被祝寿的老人听到这样的祝寿语，内心也会非常高兴。所以说，这样的祝寿语通常都会有很多夸张的成分，不过这与中国人的大陆性格倒是很搭。另外，在同时给老年夫妇祝寿时用的对联则显得更为夸张。

七十双寿庆祝之对联：

健顺有常惟仁者寿，阴阳合德真古来稀。

九十双寿庆祝之对联：

人近百年犹赤子，天留二老看玄孙。

百岁双寿庆祝之对联：

孙子生孙五代幸逢全盛世，老人偕老百年共享太平春。

……

以上为同时给老年夫妇祝寿的对联，每一副都是寓意满满，且充满了夸张的成分。在中国南北无论是都市还是乡村，这样的祝寿对联比比皆是。这也可以看出，在中国用充满长寿寓意的文学性对联给老人祝寿的现象没有都市与乡野之别，同时也体现出祝寿者对被祝寿者长寿的羡慕之情。被祝寿的老人听到这样的祝寿对联后都会心情大好，眼睛也会乐得眯成一条缝。

中国人非常善于运用文字，一些祝寿的词句都会说得比较委婉，绝对不会露骨地去表示对长生不老或是延年益寿的渴望。不过，自古至今，中国人对桃花源般安宁祥和生活的向往以及对天下太平的渴望，还是多少有一些表现的。中国人的此种心理状态与中国的自然环境有很深关系。到中国后你会发现，中国地大物博，山水充满灵气，百姓对于生活的烦恼很少，像当前日本所存在的物价高昂、生活困苦、人口过多、优胜劣汰等事关生存竞争的问题，在中国几乎都看不到。在大自然的恩泽下，中国人整体形成了一种非常超脱的精神状态。

如果撇开政治和武力不谈，中国社会整体上还是洋溢着一片祥和气氛的。上海、广东、湘南、长沙、重庆及其万县等有着杀伐之气的地方，我们另当别论，中国内地的普通乡村还是非常安宁祥和的。一般人可能会轻率地认为这种安宁祥和的气氛孕育出了中国文艺，其实并不单是如此，中国文艺的产生与中华民族也有很深的关系。中华民族喜欢安宁与和乐，所以孕育出的文艺也多充满了柔和的韵味。充满灵气的自然环境与喜欢安宁祥和的民族性格就如同是肥沃的土壤，糅合了长寿思想的随笔、诗文、戏曲、小说、童谣和传说等，就如同是作物，在这片土壤上自发地成长，对此有着共鸣的人也是大量地涌现。

艺术中体现的长寿思想

在中国自古至今留下来的书籍中，可以见到各种各样的仙人或方士的形象，其中有白发的鹤叟、白眉的神仙和清秀典雅的老寿星等。在不同的时代，老寿星的形象虽然会有所不同，但总体来说都是以中国人心目中非常理想的老人为原型去描绘的。在描绘老寿星的画作中，通常都会同时绘有各种各样带有长寿寓意的元素，整理起来大致如下：

1. 仙桃——出自西王母的传说

2. 鹤——因为有"鹤寿千岁以极其游"的说法

3. 鹿——与"禄"同音，有富贵之意

4. 灵芝——在山东曲阜孔庙中摆着灵芝中的珍品

5. 如意——多为铁制或者白玉制

6. 众多儿童嬉戏——寓意子孙满堂

7. 卷轴——手持打开的卷轴，上面写有吉祥话

8. 瑞云图案——用作背景

9. 蝙蝠图案——用作背景

10. 幽居——用作背景

11. 幽居中的日常用具——用作背景

12. 幽境——用作背景

在中国的老寿星图中，以上元素一般都是单个或是几个配合在一起使用，有时还会有一些俗气的象征财富的宝树、马蹄银和珊瑚等。老寿星图的设计其实是中国人对自己渴望的老年形象的一种非常理想化的呈现，据此我们也可以窥见中国人的内心世界。

寓意长寿的一些元素并不单是体现在绘画中，在雕刻、螺钿、漆器、陶器、瓷器、纺织物、刺绣等美术品或工艺品上都有所体现。可以说，中国人的长寿思想无论是在文字上，还是在文艺上，以及在艺术上都得了全方位的体现，而且普及范围非常广。普及到民间的一些作品虽然看起来比较低端，但是我们研究中国民众的心理时却不能忽视这些作品。现在有很多人还没有意识到，当前时代已经不是仅靠宫廷艺术或者贵族文学就能够代表整个民族的艺术或文艺的时代。尤其是在中国，如果将农民文学或者农民艺术等纯平民化的作品舍弃的话，那我们就无法了解到中华民族的艺术或文艺的全貌。

在中国文化中，延年益寿和富贵通常都是放在一起来考虑的，也是中国人最为看重的两个方面。中国普通百姓的生活并不是特别困难，不像日本的生活那么艰难，他们对富贵的追求并不是那么急迫，所以我们不能拿日本人对富贵的追求去套用中国人。中国人追求富贵靠的都是自己辛辛苦苦的努力，并不会去做一些出格的事。

不过近来在上海等特殊地区，由于追求富贵而发生了一些不好的事件，如果我们据此就认为中国的四百余州都是如此，那就有很大问题了。在中国，延年益寿思想在艺术上的表现形式有很多都是寓意深刻且充满愉悦之感的，我希望能够有更多的日本人对此感兴趣，并且希望大家能够用新的视角去对其进行研究。

健康上体现的长寿思想

前文已述，长寿思想是中国文化的根基，而且从古代一直延续至今，在中国的文艺和艺术上都得到充分体现。不过如果仅在文艺和艺术上体现长寿思想的话，那中国人仍会觉得有些欠缺，所以很多中国人不仅要求在文章或雕刻上要体现出对长寿的期盼，同时还必须亲身去做一些具体实践，以确保自己能够长寿。我个人觉得这是一种非常合理的要求，同时也是一种非常自然的欲望。在中国特别渴望长寿的主要有三类人：一是功成名就，在社会上很有地位的人；二是家中富贵兼备、五福临门，除了长寿外再没其他追求的人；三是已经算得上是长寿的一些老年人。在这些人中，像是历朝历代的皇帝、大总统，又或是督军级别以上的官员以及在南洋取得世界性成就的一些华侨中的百万富翁，他们在长寿方面即便花费再多的金钱也在所不惜。对他们来说，长寿是他们在世间的唯一的愿望。

中国人谋求长寿的方法主要有两类：一是在精神层面去修炼长生不老之道；二是使用各种各样的灵药。中国人自古至今一直都相信一些草根树皮、兽骨兽角和奇虫等具有使人延年益寿的特效，所以中国人喜欢食用这样的药材，希望借此强身健体，确保自己能够长寿。

在中国人所谓的长寿灵药中，效果显著且现实中正在使用的主要有两种：一是补药；二是壮阳药。补药也好，壮阳药也罢，仅是中国人为了区分药效而取的两个称呼而已，其实两者的目的仅有一个，那就是为了使人重返年轻，从而达到延年益寿的目的。

我两度入川，四川在长寿药材方面的研究非常兴盛，而且有助长寿的药材也最多。这些药材并不都是产自四川省内，有很多都是从西藏、云南和贵州等地运来的。用东洋中的"灵药乐园"来形容巴蜀天地真的是一点都不为过。而且，中国四百余州的百姓自古至今也普遍认为，不老不死的灵药奇草等在四川都可以获得。我到四川后曾亲自向当地的百姓询问此事，并且认真学习了各种药草的用法和疗效等。四川省的灵药种类颇多，以下仅列举其中主要用于长寿的药材：

1. 川贝母（四川产的贝母）

2. 炉贝母（川边特别区域的大都和打箭炉产的贝母）

3. 制附张（老人用的药材）

4. 炉虫草（打箭炉产的冬虫夏草，温补药）

5. 云苓（云南产的茯苓，温补药）

6. 当归（妇女用的药材）

7. 川芎（妇女用的药材，四川产，与当归同用）

8. 藏红花（妇女用的药品，西藏产的红花）

9. 藏青果（壮阳药，西藏产的青果）

10. 鹿茸（男子用的药材，补血壮阳）

11. 鹿冲、鹿鞭（男子用的药材，热血壮阳）

12. 鹿筋（男子用的药材，热气壮阳）

13. 鹿胶（男子用的药材，补气壮阳）

14. 鹿尾（男子用的药材，补气壮阳）

15. 纹党参（补气）

16. 何首乌（补气）

中国各地用的壮阳药酒

17. 虎骨酒（有的还会加入陈皮）

18. 三蛇腊酒（有的会加入生姜）

19. 长春酒（壮阳用酒）

20. 虎骨木瓜酒（也有虎骨木瓜丸）

在中国还有一副人尽皆知的用于壮阳的中成药——龟龄集。此外，"秘炼龟龄丹"和"人参牛黄丸"等用于壮阳的中成药也有很多。我曾多次委托东京帝国大学（今东京大学）的朝比奈博士从科学的角度对中国药材进行研究，但研究至今不清楚的地方还有很多。将来等科技进步了，也许能够都研究清楚。当前我先将一些能说得准的内容介绍如下。

藏青果类似于乌橄榄，主要分布于中国西部、中东和东南半岛一带，内含壮阳成分。藏红花的花瓣与雄蕊雌蕊长在一起，又名红蓝花，有活血通经之功效，在服用时用苏打水泡服口感会更好一些。以下是我们对其他一些药材的研究。

1. 贝母是百合科植物贝母的鳞茎，四川产的小，打箭炉产的大，富含淀粉，具有壮阳的功效。

2. 当归在小野兰山[1]的著作中被称为"Ligusticum"或"Angelica"，西洋人称之为"Cryp-toloeneia"，为伞形科植物，当归的根具有补血调经之功效。

3. 川芎为四川产的芎䓖，属于伞形科山芎属，主要用其瘤状根茎入药，有活血行气之功效。

4. 茯苓有白茯和茯神等品种，大的需要生长数十年，能够达到一尺多长，具有利水消肿之功效。

以上介绍的药材都是已经基本研究清楚的，其他的很多药材都还没有弄清楚。在高档中餐中有时会用到燕窝，这是一种非常珍贵的食材，据说有增强精力的功效。不过真实情况是燕窝中含有大

---

1. 小野兰山，江户末期的本草学者，名职博，京都人，师从松冈恕庵，受幕府命令在江户医学馆教授本草学，著有《本草纲目启蒙》《广参说》和《饮膳摘要》等。

量的氮元素，能够促进人体唾液的分泌，仅具有助消化的功效，根本没有什么增强精力的功能。上文中介绍的四川药材中从上到下促进人长寿和壮阳的功能不断增强。中国男人吸鸦片之风盛行，还喜欢娶多房姨太太，身体输出非常大，如果不吃一些壮阳药材的话，根本撑不住。中国男人都希望自己能够长寿，不过与将来的长寿比起来，眼下的补肾壮阳更为重要。另外，中国人普遍认为，药酒的功效要比直接食用药材更为有效，所以就如我在上文的举例中最后列出的那样，中国人研制出了各种各样的壮阳药酒。

很多人都说过，单味中药往往具有多种功效。例如大黄有泻火的功能，但同时也有通便的功能；何首乌也是，既有补气的功效，又有通便的功效。现在日本近畿地区的和歌山的城墙上就爬满了何首乌的藤蔓。可以看出，要想让一味中药在身体内不发挥其他的功效其实是很困难的。人的身体本身就有自愈的功能，有的病即便不服药也会好。中国的老人及富贵人等，将部分中药与自己对长寿的渴望结合在一起，觉得自己之所以健康都是拜服用中药所赐，完全没有意识到自己的一些病症的消失其实是由于自身的自愈功能所致。是否能够长寿任谁也无法断定，所以眼前最好的办法就是服用一些滋补中药，借此对自己进行安慰，让自己能够生活得快乐一些。以后随着科技的进步，对中药材的研究也必然会越来越清楚，是否有益于养生长寿，届时也将会得出结论。不过，不管怎么说，中国人将长寿与中药养生结合在一起来考虑的思想还是非常有意思的，同时也是我们研究中国人的兴趣爱好的一个很好的课题。

宗教中体现的长寿思想

据刘熙在《释名》中的记述可知，早在汉代，中国人就已经有了人老而不死则为仙人的观念。仙人生活未必是所有人都喜欢的，不过我相信老而不死是所有人都希望的。其实这种"不老不死"的思想包含了很多对仙人的羡慕之情。另外，即便是不能成为仙人，如果能够不时地去仙境里走走，转换一下心情，也是很愉快的事。

自古至今，中国道士的方术究竟是可信的，还是不可信的，我不好下结论，不过这样的方术真的是非常多。另外，在中国历史上的某些时代，方士也非常受当朝统治者的重视。秦始皇派方士赴东海求长生不老之药就是一个典型的例子。中国自古以来重视道士和方士，百姓受其影响颇深。中国人的长生不老思想其实就是从古时的神话传说中衍生而来，而且其萌芽得到了老庄思想的肯定。中国的神仙传说尽管有着迷信荒诞的一面，但是同时也有着恬淡清虚的格调，所以作为一种信仰在中华民族中扎根很深。如果说儒教在中国国民的思想道德层面发挥了很大的作用，那道教在中国国民的信仰和日常生活层面发挥的作用，就等同于甚至大于儒教所发挥的作用。儒教教人的是入世，而道教教人的是出世，主张无为，喜欢清虚，谋求的是长生不老。所以说，中国人的长寿思想除了我在前文所述的文学、美术和工艺等方面有所体现外，在道教中也得到很好的体现。

我认为，越是富贵之人，越是希望自己能够长生不老。当然了，对于那些不富贵，但也没有生活之忧的人来说，同样也希望自己能够活得久一些。总之，对于这两类人来说，长生不老思想对他们的影响非常深。在中国，对不是为政者的普通百姓来说，比起供奉孔子的像，他们显然对供奉跟自己关系更为密切的老寿星和财神等更感兴趣。综观整个中国社会，很多辞官隐居的高士在门口都会挂上"耕读第"的匾额，在田舍间悠然自得地度过余生，享受着自然的乐趣，谋求着自己的长寿。另外，很多人在年轻时积极投身儒家色彩浓厚的社会，兢兢业业地努力工作，谋求建功立业。但等晚年参透人生后，恍然发现原来富贵与名誉根本就不重要，最重要的还是长寿。其实不管人的高低贵贱，内心之中对长寿的渴望都是一样的，所以他们才会去谋求长生不老之药，会去服用冬虫夏草、虎骨酒或蛇酒等，希望借此达到长寿的目的。讲到这里，想必大家已经能够推测出中国四亿人共有的人生观是什么了，那就是希望自己能够长寿。

在中国文化的中心潜藏着上述的长寿思想，几乎所有的中国国民都将享乐生活视作自己通往长寿的道路。享乐的欲望支配着几乎所有中国人的大脑。在享乐面前没有国家，也没有政府。同样的道理，在长寿面前也没有国家和政府。中国文化的强大基础也正在于此。即便是国家亡了，王朝倒了，中国文化的神髓依然存在。毫无疑问，只要中华民族存在，作为中华文化基础的长寿思想、富贵享乐的思想等就一定会永远存续。

超越快乐生活的雅趣社会

那些功成名就、腰缠万贯、"驾鹤游扬州"的名流；那些家中吉星高照、祥庆安宁的雅士，他们的趣味与嗜好都是些什么呢？

所有的名流雅士，肯定都希望自己一生都能过快乐的生活。不过对东洋的名流雅士来说，他们还有自己的特点，那就是在享受快乐生活的同时，还会去追求一些像茶、禅和香等带有清闲优雅气质的雅趣。受各人境遇的影响，每个人所追求的雅趣可能会有所不同，只要不是那种低级浅陋之徒，任谁都会去追寻一点自己喜欢的雅趣。东洋人共有的民族性也正体现于此。因此，一个东洋人如果赢得了相当的社会地位，他就可以过上快乐的生活，同时也可以发展自己的雅趣。日本社会中中流以上的人士往往喜欢焚香或者烹茶清谈等，并将这些雅趣视作精神修养的一种方法。中流以下的人士虽然没有条件去焚香或烹茶清谈，但也会在自家的墙壁上挂一幅卷轴或画框、插一支鲜花等，用绘画及花的色香给居室营造出优雅的氛围。

有些日本人会觉得中国比日本煞风景，觉得中国优美的东西很少。这其实是一种错觉，中国的普通劳动阶层所拥有的雅趣还是很多的。走在中国的大街上，经常可以看到手持鸟笼遛鸟的中国人，小鸟站在鸟笼内的横杆上，"叽叽喳喳"地叫个不停，很有意思。有的下层贫民，一家人吃罢晚饭会围在一起，其乐融融地拉二胡。拉出的乐曲优美动听，让人听得如醉如痴。在你旅行途中，户外水边的柳树下可能就会传来动听的乐曲。所以说，中国人的雅趣其实是比日本更加大众化。

在中国城内行走的旅行者肯定都会闻到一种特殊的气味。台湾嘉义郊外的鹿港盛产香料，所以整个小镇都弥漫着一种香料的香气，中国大陆的四百余州虽然没有鹿港那样强烈的香气，但也有一种接近于香味的特殊的中国味道弥漫在县城上方。当一个外国人的鼻子闻不到这样的味道的时候，就说明他已经彻底融入中国了，同时也表明他理解了中国人的趣味。我个人觉得，我们日本人要想了解中国，就必须从僧道隐士的幽雅之趣中摆脱出来，把研究重点放在普通中国人感兴趣的事情上，这样才能取得理想的成绩。

中国的家庭生活

家族制度与中国家庭的实际状态

在历史上，为了子孙永续，不至于出现祖先无人祭祀的情况，中国形成了条理井然的家族制度，虽然自上古时代以来随着时间的推移，多少有了一些变化，但是作为成条文的制度还是被高度认可的。这些制度虽然在条文形式上非常完备，但是中国人在具体的操作过程中却并不按照条文规定的那样去执行。这其实和中国人以《论语》标榜表面上强调道德之美，其实背地里却另行一套如出一辙。

中国的官员还非常善于做表面文章，如果单从工作数量上来看确实非常可观，但如果实际调查一番的话，究竟做了多少有用的工作就很难说了。中国人的户籍制度很不完善，一个家庭的户主及家里有多少人根本就没人去调查，这也就导致中国城市的人口总量无从得知。出生和死亡都无须向政府报备。扔婴儿或是捡婴儿的事情在中国也是出奇地多。我原以为只有在饥馑之年，生活难以为继的时候，中国人才会被迫卖孩子，但到中国后我发现无论都市还是乡村，不管生活是否还过得下去，卖孩子的事情都层出不穷。中国人对卖孩子已经有了"免疫性"，即便是挨得很近的地方，依然可以把孩子卖过去。我在上海租界的时候经常可以听到谁家又多了一个孩子的消息。上海和天津等最早开埠的城市尚且如此，中国北方内地卖孩子的情况肯定就更加多了。

中国新制定的法律虽然规定了长子继承的制度，但是在具体执行过程中，长子继承制变为一纸空文，沿用的依然是过去的多名儿子平分家产的制度。近来中国过半诉讼案件都跟遗产继承有关。有时候家里的男主人去世后留下年幼的儿子，由于儿子太小无法继承遗产，所以由女主人继承。但是等儿子长大成人后会逼迫母亲将遗产转移给自己，甚至还会闹上法庭。每当看到这样的诉讼，我都深感惊讶，但在中国这却是司空见惯的事情。总之，中国没有户籍法，所以导致没有法律来约束家庭。另外，中国人的法律意识也非常淡薄，只要不是征兵令，其他所有的法令都可以漠然视之。其实这所有的问题都是由于中国人缺乏国家观念所导致的。

中国用三纲五常来规范父子兄弟姐妹等骨肉关系，这是非常值得称赞的，同时也可以看出中国在伦理道德方面真的是想得非常周到。但是综观中国历史，虽然规范了家族成员之间的关系，但是家族内每个人的个人主义还是过于浓厚，基本上每个人都有独立的住宅。父亲有父亲的住宅，兄长有兄长的住宅，自己也有自己的住宅。虽然这样可以更好地实现自我保护，但是却使得整个家族看起来像是外人的集合一般。中国人还有纳妾的习俗，一个有钱的男人可以娶多房侧室，有的男人的纳妾人数甚至可以达到二三十人之多。这就导致在一个大家庭中只有一位父亲，而母亲却可以有很多位。一个家庭中，妻妾多了，必然会横生很多事端。为了让家里的妻妾都有事干，男主人会安排大夫人管经济、二夫人管交际、三夫人管家仆、四夫人管教育等，但即便如此，家庭中鸡飞狗跳的事还是会经常发生。我在中国旅行时就曾看到裹着脚的小脚女人拿着菜刀在大街上追赶的场景，也曾亲眼目睹一名妇女手持一把沾了泥水的大扫帚站在关帝庙前破口大骂的场景。所以说，中国的家庭绝对不是安宁祥和的。

儒学通过三纲五常对家庭关系等进行了规范，如果你因此就认为在儒学的感召下中国变成了一个圣贤国度，而且中国人也是充满了人情味儿，中国的家庭也是一片和谐的话，那你就过于相信书中所载的内容了。文章及书籍中所记载的内容都是为了维持体面而特意美化了的，真实情况并非如此。从当前中国的实际情况来看，四书五经中那些华丽的文字就如同是一面专门做给他人看的广告牌，其实背后隐藏着很多见不得人的东西。

中国几乎不存在中产阶级。对下层社会，尤其是比下层社会更差的下下层社会以及下下下层社会的男人来说，他们要想娶媳妇就必须靠自己辛辛苦苦地去赚钱，等有钱了才能"买"到媳妇。

我在这里用到的是"买"而不是"娶"，这主要是因为当前中国下层社会的婚姻缔结更多的是一种金钱交易，而不是靠男女双方的感情去缔结婚姻关系。既然是买来的媳妇，那男人自然就会选一个令自己满意的，所以在下层社会的婚姻缔结过程中，男方的主导权是非常大的。而在中产阶层以上的社会阶层中，男女双方的婚姻缔结更多的是靠父母之命和媒妁之言。男女双方在婚礼之前根本不认识彼此，甚至还闹出过在婚礼当天弄错结婚对象的笑话。在中国北方的一些商人家庭中还有一种特殊的婚俗，当新媳妇进门后，所有人都要骂她，在这样的情况下依然能够保持心平气和的新媳妇才算合格。这样的新婚风俗虽然没有人情味儿，但是在中国北方却非常受人们的认可。

在中国的葬礼中，当在家守灵或是出殡时，都有在固定时辰扶棺恸哭的习俗，大家一边大声哭喊，一边口中念念有词，而且还要有一定的韵律，就像是合奏一样。不过很多人的哭喊都是不走心的，虽然泪流满面，但是看不到一点悲伤的神情。每当看到这样的场景，我都会觉得好生奇怪。中国人在葬礼上的这种哭喊和日本人在葬礼上送花圈或鲜花一样，都是一种形式性的东西，区别仅在于日本人用的是花圈，而中国人用的是活人的哭喊而已。

家庭教育中的老师

中国的大户人家通常都会建一所私塾，将本家族的子弟召集起来，雇佣教师去进行教育。越是有钱的家庭，越是将教师当作用人去看待。父母兄长持有此种态度自不必说，如果私塾中的孩子也将教师当作用人去看待的话，那自然就会更加肆无忌惮了。所以说，私塾中的教师受欺负的情况是很严重的。不过有时教师自身也会觉得地位很卑微，所以这就加剧了受欺侮的状况。在中国的私塾中，如果教师不是人品气度风度颇优，而且又没有受到父母兄长尊重的话，那他的教学工作将会变得极为困难。尤其是当子弟知道教师一个月的薪水竟然还不如自己一个月的零花钱多的时候，他们自然就更加瞧不起教师了。在一个万物都以物质为本位的家庭中，教师根本不可能得到充满人情味儿的对待，所以对这样的家庭中的子弟进行教育也就变成了一件非常没意思的事情。

无论是哪个国家或是哪个社会，如果谈起缺点的话，都可以举出无数的例子。中国人最大的缺点就是过于注重形式和爱面子。不过如果从中国人的国民性来看，这些缺点虽然看起来像缺点，但却未必是缺点，而是一种自然的表现，如果用长处来形容也许并不为过。在中国，无论是从国家层面还是从家庭层面来看，个人的生存都是最重要的，所以中国人最在乎的就是自己，父母和兄弟都要往后排。虽然有时候我们在中国人身上能够看到某种程度的共存共荣的精神，但是其根本还是极为严重的个人主义。在中国人身上，唯利是图和希望撞大运的缺点非常明显，而且有些父母还在刻意地培养孩子朝着这方面发展。例如，在中国的路边经常可以看到母亲通过抽签来决定孩子能否吃早餐的现象，如果孩子抽中了，那就可以吃一顿丰盛的早餐；如果孩子抽不中，那就没早餐吃了。一两文钱就可以解决的事情却偏偏要通过抽签来解决，这其实就是中国的母亲在培养孩子唯利是图的赌博心理。中国人还喜欢打麻将，一家人围着一张麻将桌，看起来其乐融融，但是在年轻孩子的心中却容易使他对父母兄长等产生不好的印象。我真切地希望中国的家庭状态能够早日得到改善，不过延续了四千年的习惯并不是轻易就能改变的，所以我对此也没抱多大希望。从单个人来看，我觉得世界上还没有哪个国家的人能像中国人那样全能，中国人在交际、辞令、理财和生存方面都是非常优秀的，而且中国人对利害非常敏感，在维护自己的利益方面那绝对是全世界第一。不过，正是由于中国人太看重自己了，所以无暇顾及家庭和国家，这也就造成了中国在家庭和国家层面显得比较弱。

跨国婚姻的状况

中日甲午海战后，台湾刚被割让给日本时，台湾中央山脉有很多原住民都还处于未开化的状态。当时日本内地的某君前往台湾原住民居住区任职，此人富有侠义心，人品很好，每当台湾原住民有困难时，他都热心予以帮助。时间一长，当地的原住民也就对其产生了好感，双方关系处得非常好，后来他娶了当地高砂族（1945年后，改称高山族）的一位女孩为妻，建立了令人羡慕的幸福家庭。他的这位夫人来东京时住在平河町的一家旅馆内，我和她见过面，是一位非常和蔼的女性。

在深山中生活的百姓，人的感情反而更加纯洁，所以在这样的地方更容易发生浪漫的故事。被日本内地人视为人间地狱的台湾原住民聚居区，自然也会有很多充满柔情的地方。

中国四川是毗邻长江的一片山乡，漫山遍野开满了铃铛花和女郎花，这样的地方自然也少不了浪漫的故事。经常会有中国内地赴日的留学生与日本女孩发生爱情故事，有的还会不远万里带着日本女孩返回中国的故乡。对日本女孩来说，本以为随着男人到中国会过上幸福的生活，但是跨入家门之后，发现男人家中已有妻室，而自己只能做第二或第三夫人的悲惨故事也不在少数。最近一段时间，我经常听到有日本女孩远嫁到中国，结果因为不熟悉中国的生活而吃了很多的苦头的例子。不过，前几年在从娘子关到太原的途中，我在车中听到了一个很好的例子，说是在榆林的深山中，有一个日本女孩嫁到了当地，一过就是十九年，家庭和睦，生活习惯也和中国妇女一样，在当地被传为佳话。

四川比山西更要靠里，很多人可能会认为四川是一片蛮荒之地，人烟稀少，而且外国人不会到访。其实四川人要比临海的上海和香港等地的人更为纯朴，而且在这里更容易发生一些浪漫故事。我在四川亲眼见到过一对跨国夫妻，他们的爱情超越了种族，真的是非常令人羡慕。他们的名字我就不写出来了，女的是一位像花一样的中华民国美女，男的是一位眉清目秀的日本绅士，他们居住在从巫山至重庆之间的一个大镇子上。当我们的船停在这个镇子上时，他曾来找我聊过天，从言谈举止间能够感受到他生活得非常幸福。

现在的中国各地，由中国人和日本人组成的跨国家庭不在少数。他们通常都是隔很长一段时间才会回日本探亲一次，每当他们回到日本，身为中国人的另一半在与日方的父母亲戚朋友相处时就会出现一些问题。另外日本的风俗、饮食、床和马桶等也都与中国不相同，所以要想适应日本的生活还是有很大难度。从中日亲善的观点来看，我对两国百姓之间的这种微妙的不适应感还是非常担心的。很多中日跨国婚姻的父母会让孩子就读中国的学校，在孩子入学后他们基本就把根扎在了中国，很少有人会选择再回到日本，我觉得这样的家庭反而更幸福。通过和在四川的日本同胞的交流，我发现这些同胞虽然选择了加入中国国籍，但是他们对日本国家的忠诚以及他们作为日本人的自豪一点都没有少。现在很多日本人瞧不起选择移民美国的日本同胞，这其实是狭隘的爱国心在作祟，我对这样的行为完全不赞同。在从小日本向大日本迈进的征途中，我们日本人必须放宽胸襟，切不可对选择移民美国或中国的同胞泼冷水。重庆有一位毕业于日本某帝国大学，获得了理学学士学位的民国人，回到重庆创立了一家肥皂企业，现在生意做得很好，正在朝着成功一步步迈进。此位民国人的妻子就是一位日本女士，她善于持家，在当地的口碑很好，被称为"贤夫人"。换一个角度来看，这样和睦的中日跨国家庭其实对中日两国间的亲善也是大有裨益的。

中国的上流家庭

中国上流社会的生活

若问中国上流社会的标准是什么，上流社会与中产及底层社会的分界点是什么，这还真的很难回答。中国从来就没有中产阶层。一个人的跨阶层流动，要么是从上流社会一下子跌落至底层社会，要么是从底层社会一跃而进入上流社会。在中国历史上，布衣平民一跃成为皇帝的例子不胜枚举，往远了说有汉太祖刘邦，往近了说有明太祖朱元璋等。中国的上流社会并不是单由身份高贵这一点所决定的。与其用身份的高低来判断一个中国人所属的阶层，还不如用其日常生活的好坏来判断更准确一些。在中国，生活条件好的人通常都属于上流社会，而生活条件差的人则属于底层社会。

中国的清朝存在着贵族阶级，清初制定的《大清会典》和《大清会典事例》等对贵族阶级作了明确的制度规定，而且将贵族阶级分为不同的等级，从高到低有亲王、贝勒、贝子、镇国将军和辅国将军等。清朝是一个由满族人建立的政权，所以贵族阶级也都由满族人所垄断。直至今日在北京城内仍保留着肃亲王府、恭亲王府、醇亲王府、礼亲王府和毓朗贝勒府等贵族宅院。清朝灭亡后，昔日的贵族虽已失去过去的尊荣，但是人们对贵族的尊崇却依然存在。

宣统皇帝从紫禁城内被赶出来的时候，广东和南洋的一些华侨纷纷向宣统皇帝电汇慰问金。就连思想最为先进的广东人和南洋华侨尚且如此，据此也可以看出中国人对旧贵族和旧皇室那种根深蒂固的崇敬之情了。

数年前，山东曲阜孔庙的衍圣公孔令贻去世，年仅八岁的孔德成袭衍圣公位。传承千年有余的曲阜孔家毫无疑问是中国贵族世家的第一典型，至少从统治者的角度来看，孔子后裔是最理想的贵族人选，所以无论如何都要确保其上流家庭的地位。

如果祖先是学者名流、圣贤伟人、知名政治家或著名文人，那后世子孙是否就可以延续贵族身份呢？这还真的很难说。明代杨慎[2]的三十五世孙杨啸谷、清代邓完白[3]的五世孙邓初现在就居住在北京；王阳明的子孙现在可能还住在浙江余姚的龙山脚下，他们都已经沦为平民。曾国藩、李鸿章和袁世凯的后人也都不复昔日的荣光。从中国社会的现实情况来看，要想进入上流社会并得到众人的认可，至少要具备以下条件。

第一，祖先要有良好的社会地位，历代祖先的记录要非常清晰，而且要有准确的证据。

第二，祖先要有气派的陵墓。如果没有气派的陵墓，有气派的祖庙或宗祠也可。

第三，子孙要有田产，有恒产才能有恒心，才能维持上流社会

---

2. 杨慎，明朝著名文学家，明代三才子之首，东阁大学士杨廷和之子。杨慎于正德六年（1511）状元及第，官翰林院修撰，参与编修《武宗实录》。武宗微行出居庸关，他上疏抗谏。世宗继位，复为翰林修撰，任经筵讲官。嘉靖三年（1524），因"大礼议"受廷杖，谪戍于云南永昌卫。曾率家奴助平寻甸安铨、武定凤朝文叛乱，此后虽往返于四川、云南等地，仍终老于永昌卫。嘉靖三十八年（1559），杨慎卒于戍所，年七十二。明穆宗时追赠光禄寺少卿，明熹宗时追谥"文宪"，世称"杨文宪"。
3. 邓完白，性廉介好古，工四体书。日夜临摹钟鼎、石鼓、秦汉的刻石、瓦当文等，篆隶功夫极深奥，是清代书法界巨擘。

的生活。如果没有经济实力的话，即便在大门上挂着"君子不忧贫"的牌匾，也没人会在乎你。

第四，要在里弄或村子里有巍峨的楼阁。如果达不到这个条件的话，至少也要有一座高墙大院。

第五，不管是学新学，还是旧学，一定要接受很好的教育，要有文化，有教养。

第六，家中要有藏书、碑碣和古玩等；宅院内要有花园、莲池和影壁等。

在以上所列举的六大条件中，祖先问题最为重要。很多没有显赫祖先的人为了进入上流社会，就雇佣刀笔之吏美化自己的祖先，或是歪曲事实宣称自己是某位同姓名人的后裔，通过这种造假的方式给自己脸上贴金。中国人对家世是非常看重的，城内挂有"进士及第"牌匾的宅院大都会被众人所知。有一次我到湖南长沙拜访叶德辉老先生，他在书斋内打开《宋书》，向我详细介绍其祖先在宋代的光辉事迹，其目的就是为了让我知道他的祖先非常显赫，让我认可他为名门之后。

第二重要的是陵墓、祖庙、宗祠和牌楼等。现在到中国的农村，以上建筑随处可见。很多陵墓都被保护得很好，而且还会立有古碑。一些王陵会有神道，神道两侧会摆着或大或小的石人、石马、石羊、华表等。

第三重要的是生活方式，也就是说一定要维持上流社会的面子。外出时要乘坐汽车或是装饰非常精美的轿子等；冬季要穿用非常昂贵的海獭毛皮制成的马褂儿或大褂儿等，而且初冬、仲冬及三九寒冬不同时节要穿不同的衣服。

第四重要的是住宅，最好要有庭园、戏台等。上流家庭的住宅的大门和围墙都做得非常高大庄严，除了体现其显赫的地位外，还能起到防御土匪的作用。

第五重要的是教育。一个人如果没有文化，即便是身居高位，左右有秘书供其指使，也没有资格进入上流社会。洋学也好，旧学也罢，一定要让自己学到东西，要有教养。现在在中国选择学习洋学，外语说得特别流利，而且身上西洋范儿十足的绅士越来越多。

身居上流社会需要结交天下之名士，接待嘉宾的机会就很多，因此在庭院内建一个花园就显得尤为必要。另外，为了更好地向嘉宾显示自己的雅趣，同时也为了主客双方有话题可谈，古董书画等能够体现高雅之趣的东西就变得必不可少。在一个上流家庭中，如果没有这些东西，那主人就会显得很没品位，所以说这些东西其实起到的是装饰的作用。

中国的上流社会虽然素来注重教养和精神性的东西，但是如果没有我上文中列举的各项条件做支撑的话，也不可能进入上流社会。所以说，当修铁路需要占用祖先墓地的时候，很多人虽然心里非常想卖，但是碍于面子最终选择了拒绝出卖。另外，很多上流社会的大家族碍于名门之后的声誉，即便子孙非常多了，也不舍得分家。

在上流社会长大的人即便是具有卓越的思想和优良的教养，但有时受自己生活圈子的影响也会做出一些超乎寻常的事，例如，对于穷奢极欲的生活他们往往会平常视之；对于一些非常无聊的东西他们也舍得花费巨资去追求。这样的事虽然不是很多，但是在一些地方偶尔也会流出相关的传言。其实任何一个国家的上流社会都是如此，尤其是像中国这样贫富悬殊非常大的国家，发生类似的事情就更为平常了。上流社会的此类行为必然不会得到普通百姓的好感，但是上流社会就是上流社会，它们和其他阶层并没有什么交集，所以只要上流社会的人觉得好，他们自然就会去做，根本不会顾及其他阶层人民的感受。

上流社会的心理状态

中国上流社会的人士不知何时可能就会受到危险分子、土匪和军队的袭击、劫掠和绑票等，所以一直以来都保持着高度的警戒，有些势力大的还会配备必要的警备。中国真的是很奇怪，有警察的地方像是没有警察一样，而没有警察的地方又像是有警察一样。在上流社会中，有些人直接就是土匪的幕后主使，有些人则会雇用家丁来看门护院，随时准备抵抗外来的袭击。

上流家庭即便在当地再有声望也会担心家人的安全，并且肯定会大门紧闭，时刻严加防范。北京城内的重要官署及地方上一些行政机关和官员住宅等，大都会配有警备部队。警备部队的营房通常位于所守护单位的马路对面。士兵手持步枪，严密地守护着官署或住宅的安全。我在重庆曾到过邓锡侯和刘存厚的府邸。他们两人的府邸各有数千名士兵守卫。

中国人关门的习惯并不仅是在上流社会才有，普通的住宅平时也肯定是大门紧闭。为了确保自身的安全，所有的大门背面都会插有横木，如果有客人来访，客人会自己拍打门上的金属门环发出"当啷当啷"的响声，提醒主人有客人到访了。

中国上流社会的住宅四周大多建有很高的围墙。如果你从外面看到一处住宅的围墙非常高大，那毫无疑问肯定是一家有钱人。这样的高墙并不仅限于住宅的正面，侧面的围墙一样很高，给人一种像城郭的城墙一样高耸入云的感觉。中国人拥有超强的破坏力，即便是再高的墙也会轻而易举地给破坏掉，但有钱人还是会尽量把自家的围墙建得高一点，以图一个心理安慰。另外，当铺的围墙也会建得很高，外面刷有白灰，上面写着巨大的能够有两三间大小的"当"或"押"字，与官盐和酱园外墙上的大字一起构成了城市中的一大景观。当铺都是很有钱的地方，所以其主人与上流社会的人一样，都非常担心自身的安全，甚至都变得有些神经质了。

在中国，即便是国家机器正常运转，社会相对稳定的时候，人们依然会有不安全感。越是中国的上流社会，这种不安全感越强烈，越要加强戒备，这真的是一件非常可怜的事情。到过台北林本源[4]的宅邸的人大都会对其内部及外墙的防御功能有着深刻的印象，这其实正是中国上流社会的不安全感的一种体现。中国的社会问题错综复杂，鸦片泛滥，军阀混战，再加上近来的通货膨胀，民众生活很苦，所有人内心中都充满了不安全感。对上流社会的人来说，他们不知何时袭击就会到来，所以保护能力更强的高墙就变成了住宅中不可或缺的部分。

接下来谈一下与他人的会面。在中国，如果未经他人介绍就贸然登门拜访，是很难成功的。上流社会的住宅大多都有看门人，他们不会轻易地放陌生人进入。另外，即便是经人介绍，如果不给看门人点小费的话，他们也不会轻易放你进去。此种风气在北京的孔庙、国子监和黄寺一带尤为猖獗。有权势的大官和地方上的豪族在任何时候都非常注重个人的安全，出门乘轿或乘车时如果没有护卫，他们就会非常担心。中国社会既有让人担忧的突发危险的一面，同时又有非常不拘小节的一面。在中国可以毫无顾忌地去过奢侈的生活，这样谁也不会说什么。古代皇家建筑的墙壁和柱子的颜色等都有严格的规定，在今天紫禁城、颐和园和天坛等的建筑中我们亦可窥见其用色的讲究。不过对一般人来说则没有任何限制，可以全凭自己的喜好去随意用色。最近听到一则趣闻，天津的某上流家庭，

---

4. 林本源，是一个家族的名号。林本源家族俗称"板桥林家"。清乾隆四十一年（1776），莆山社林姓十四世孙林应寅迁居台湾淡水兴直堡新庄。四十五年（1780），其子林平侯入台。林平侯有五子：国栋、国仁、国华、国英、国芳，分别立五号：饮、水、本、思、源。以国华"本记"和国芳"源记"对家族发展影响最大，故合称"林本源"。

如果有客人来访，在进门之前，必有士兵拿步枪或手枪对着来者，在确认来者跟报上来的名片是同一人，不存在任何危险的时候，士兵才会收起枪支将来者放入门内。可以看出，中国上流社会的生活其实也是非常难的。

　　但是，中国上流社会的人士并不会因为不安全感而吓得缩作一团，反而是生活得格外从容。其实不只是上流社会的人士如此，底层的民众亦是如此。当你在中国旅行的时候，经常可以看到贫民所住的破屋下挂着鸟笼子，虽然很穷但依然有着玩鸟的闲情逸致。中国的有身份之士和日本的绅士一样，每天早上不读报纸就会觉得生活少了点什么。当有大量的来信或者是有很多宾客来访时，他们也绝不会因为时间紧张而草草了事。中国人的国民性造成了中国人的这种闲适从容的性格。中国上流社会的人士大都注重文学性的东西，所以在培养自身修养的过程中就自然形成了很多雅趣。而日本人更多的是注重商业性的东西，所以类似的雅趣就很难出现。当然了，中国的上流社会中也有整天忙得不可开交的商人，但即便再忙，这些商人也会注重培养一些雅趣。

上流家庭的住宅庭园

　　中国上流社会的绅士淑女并不都是沉迷于奢侈的生活。首先在衣着上，很多上流社会的人士其实穿得并不显眼。今天北京的东交民巷日本大使馆所在的位置在清代是肃清王的府邸。前些年，第十代肃亲王善耆刚刚去世。在他去世之前，我曾在旅顺的新市街见过他[5]。当时是贸然去他府上拜访，他就穿着一身青色大褂，看起

5. 辛亥革命期间，肃亲王善耆等组织宗社党，反对清帝退位；宣统帝逊国后，在川岛浪速的怂恿下潜居旅顺，与日本帝国主义相勾结，为恢复清室进行复辟活动。

来非常普通。记得他当时正在晾晒一些书物和拓本，在正式谈话之前，他还写了一幅字送给我作纪念。他在北京的时候也许生活得非常奢侈，但是对于他过去的生活我一概不知，我所看到的就是一位非常朴素的老人。今天位于北京三条胡同的日本民团和大和俱乐部的所在地是旧时的豫亲王府，整个府邸看起来也并不奢华。颐和园内慈禧太后居住的乐寿堂和昆明湖边白色大理石栏杆在水中形成的倒影都是非常美丽的，每次到颐和园我都不舍得离开。可以说，颐和园的庭院和建筑等真正体现出了中国上流社会的水准。

中国上流社会的庭园中通常会有很多树龄较长的参天大树。在古时，槐树是大臣家的标配，所以在今天保留下来的很多古时大官的住宅内都屹立着参天的大槐树，显得古香古色。历史悠久的国度需要一些古老的大树与其相配，同样的道理，存在时间很久的住宅同样也需要一些树龄很长的大树来陪衬。一座庭园，即便是楼阁池塘修得再精美，如果没有古老的大树去陪衬的话，也会显得这户家庭积淀不足。尤其是上流家庭更需要一些树龄长的大树去陪衬。其实这一现象并不仅在中国有，在日本同样存在。另外，中国的庭园建筑会使用很多大理石或是太湖石等石材。石头是永远不会腐烂的，所以有利于庭园的维护。而日本则不是这样，日本的庭园建筑大多只使用木头，加上日本的湿气比较大，所以很容易就会腐烂。中国的很多庭园建筑都是大量使用石材，所以随着时间的流逝，反而会给建筑添上古色古香的感觉，增加了建筑物的美感。不过，大多数中国的庭园建筑也就仅能够存续一代，一旦后世子孙没落，自然无财力对庭园进行修缮，时间一长所有的建筑就会慢慢毁掉。中国上流家庭的庭园中大多会设计池畔亭。在好的庭园中，楼阁和戏台不一定有，但池畔亭肯定是标配。站在延伸到池塘内的假山上，眼前是盛开的荷花，远处池畔的亭子掩映在美丽的荷田中，那意境真的是非常美。在中国上流家庭的庭园住宅中，除了住宅入口的大门外，在庭园内还会单独设计小门、中门或者用太湖石堆成的石门等。在北京的北海中，从白塔下到湖边的路上有数处用石头搭成的山洞，其用意和太湖石堆成的石门一样，都是为了让庭园内的景致显得更加丰富一些。

中国上流家庭的庭园内的道路很多都是由马赛克铺成，显得很有艺术性。道路上由马赛克拼出的多为盆栽的兰花、菊花或是圆形、直线形的图案，或是直接拼出一幅像铁画一样的画面等。总之图案是千差万别，色彩也非常美丽。每次见到这样的图案，我都会想，要想用小小的马赛克拼成这样，那得花费多少工夫啊！不过，这些图案确实提升了庭园内小径的品位。日本相州腰越的近藤氏的庄园内的小路也全都是由马赛克拼成，不过在1923年关东大地震中一大半都被震毁了。

上流家庭的庭园的围墙的建造方法也是多种多样，很多围墙的上半部分都是透空的。建筑工人会使用半圆形的瓦片，通过两片扣在一起或是其他的组合方式在围墙的上半部拼成不同的图案。瓦片与瓦片之间的间隙就形成了围墙上的透空，而且形成的图案也非常美丽。这样的围墙如果你离近了看会觉得非常粗糙，但是如果离远一点看，还是非常雅致的。这样的墙壁不仅适用于上流家庭的庭园，如果用作整个住宅的外层围墙，也是挺合适的。庭园围墙的旁边通常会种植竹子、山茶花或是爬山虎等。庭园的围墙上会开设圆形的月亮门供人员出入。围墙一般刷成白色，而月亮门的内缘则会涂成黑色，色彩对比强烈，显得非常美丽。从月亮门进入庭园后可以看到芭蕉或是池畔的石桥等，景致别有一番洞天。

上流家庭的庭园有着很多的细节，如果逐一进行介绍，真的是难以穷尽，不过也有其共性的地方，那就是中央通常是一个池塘，庭园内老树参天，亭台楼阁巧妙布置，各种各样的门，马赛克铺成的小路和透空的围墙等。

上流家庭的住宅内部

中国上流家庭的住宅内部和朝鲜的内房一样，除了亲朋好友或是亲戚家属以外，是不轻易示人的。通常来说，上流家庭的住宅从大门进入后还会有一道中门，迈过中门进入中庭，正面就是客厅。有的上流家庭的客厅会有大客厅与小客厅之分，待客通常都在客厅内进行。再往里就是书房和卧室等私密空间，不想让外人见到也是人之常情。这时候，作为宾客如果执意想进入书房或卧室看看，是非常失礼的。

我曾到中国各地游历三十多次，结交了很多中国朋友，而且还有其他的一些门路，所以进入中国上流家庭的住宅内部还算比较容易，对中国住宅内部的情况也算了解得比较多。随意向外人介绍他人住宅的内部情况，也是非常失礼的，而且从道义上也说不过去，所以接下来在允许的范围内，我简单地向大家介绍一下中国住宅的内部情况。

中国上流家庭的内部千姿百态，同样都是千万富翁，有的人的家里就是极尽奢侈，而有的人的家中则非常节俭。给大家讲一个中国南方的上流家庭为儿子娶亲的例子，其场面真的是奢侈至极。男方家是马来西亚的华侨，特别有钱，儿子开着一辆世间非常少见的镀银的汽车。结婚用的内房的墙壁上挂满了用金银珠宝制作的工艺品。青贝螺钿镶嵌的紫檀和黑檀的桌椅沿着墙壁摆得满满当当。桌子上摆着金银的餐具。大圆桌和小圆桌上摆着好几套银质的咖啡用具。地上铺着非常高档的地毯。门口有一对鞋柜，上面摆着数十双缀着宝石的拖鞋，家里人进入内房时都要换上这样的拖鞋。柜子内塞满了绫罗绸缎的被褥。最为奇怪的还是卧室内的床，一共摆了两张，一张中式，一张西式。我当时看到这一场景着实吃惊不已。

以上所述仅是极端的个例，千万不要以为中国上流家庭的内部都是如此。通常来说，中国上流家庭的卧室中一般都会摆一张纯中式的紫檀拔步床。拔步床的设计非常精美，从床上四根立柱装饰的花纹到挂蚊帐的吊环，再到床四周，尤其是正面雕刻的花纹、四周垂下的璎珞、床单和竹夫人⁶等都是制作得极其精美。把话题再引回之前谈的婚房。主人为何要在结婚用的内房上花费如此多的金钱，原因我不太清楚，可能是想为孩子尽可能做得多一些，再加上亲朋好友送的礼物，凑在一起就变成我上文所描述的那个样子了。

拔步床的精美装饰、顶棚的华美设计真的是难以用语言去形容。另外，上文已述，在鞋架上的装饰有宝石的拖鞋竟然有如此之多，也着实让人震惊。可以说，中国上流家庭将物质层面的财富无限制地体现在了家庭内部。这样奢华的场景并不仅限于内房，其他房间亦是如此。而且还不仅限于住宅，在新郎和新娘的身上也得到了同样的体现。新娘的左右手腕上各戴着八个金镯子，所有的手指都带着钻石戒指，头发上插着嵌有钻石的簪子，胸前和背后挂着全部用宝石串成的袋状饰物，耳朵上戴着用宝石和黄金制成的耳环，全身上下挂满了金银珠宝，没有一点闲着的地方。从这些上流家庭中的极尽奢侈的绅士淑女身上，我并没有学到什么，不过对他们的这种行为也并不反感。我曾和这户家庭中的李姓新娘进行过几句简短的对话。我问她：

"你每天做得最快乐的事是什么呢？"

她回答我说：

"我每天最快乐的事就是从早上开始化妆，一直持续到午后。"

---

6. 竹夫人又叫青奴，长约1米，中国民间夏日取凉用具，是用竹篾编成的圆柱形物，中空，四周有竹编网眼，根据"弄堂穿风"的原理，供人取凉。江南炎炎夏季，人们喜欢竹席卧身，用竹编织的竹夫人是热天消暑的清凉之物，可拥抱，可搁脚。中国传统婚俗认为，竹夫人，是男性的象征，是最具阳气之物，也是传宗接代的神圣之物，竹夫人内总会有两个小球，十分好玩。

我又问她：

"那你会写汉字吗？"

"我没学过汉字，所以不会写，我学的是英语，平常写字也都用英语。"

听到这样的回答，我当时的感觉是挺有意思，然后才是觉得有点悲哀。当时我们两人还聊了其他的一些事情，时间挺长的，后来婆婆叫她，她才离去。

这样的家庭在中国足以称得上上流了。李先生是南洋的一位富翁，产业做得很大，不过在南洋像李先生这样的华侨富翁还有很多。很多富翁我都接触过，在这就不再详述了。这些富翁大部分不会写汉字，虽然很有钱，但是从日本人或是普通中国人的角度来看，总觉得还是缺点什么。在这些南洋归国的富翁家中，你看不到中国传统风流雅士家中挂着的那种书法或绘画作品。一个家中没有书法作品的家庭，虽然成员都是中国人，但给人的感觉总像不是在中国。也许是我的偏见作祟，我总觉得一个没有文化底蕴的人并不能成为上流人士。另外，在东洋人的传统认识中，像李先生这种家财万贯，但是对中华文化知之甚少的人也是缺少成为中国上流人士的资格的。

中国上流家庭内部的一大特点是墙壁上肯定会挂一些书法作品或是匾额等。就像描述文人之家"东壁图书府""西园翰墨林"那样，图书和翰墨对中国上流家庭来说必不可少。而且大家对书法作品的要求还很高，如果家中挂的书法作品写得不好的话，就会显得这家很没品位。中国上流家庭中挂的书法挂轴多为别人赠予的礼物，由左右成对的两幅构成，上面写着非常押韵的对联。

通常来说，在右侧的挂轴上会有某某先生雅正的文字，在左侧挂轴的底部会有书写者的落款和印章等。中国的对联除了一对两幅的以外，还有两对四幅和四对八幅的，分为贺联、纪念联等，而且中国的对联并不仅限于写字，画画也行。有些对联没有文字，会在对联上画春夏秋冬等，每张挂轴画一个季节，这样四个季节就形成了四幅非常美丽的对联[7]。在中国人的认知中，一户家庭如果没有书画作品，即便有再多的金银珠宝，也称不上上流家庭。不过，南洋的地理位置特殊，位于东方与西方之间，半东半西，再加上受东南亚思想的影响，生活在那里的人自然就对中国的书画等雅趣不是那么在乎了。

中国江浙地区的上流社会中还有一种婚俗，就是新娘子在出嫁的时候，娘家要陪送一种非常美丽的漆器——子孙桶。子孙桶通常用楸木制成，外形像个花鼓，表现绘有五彩图案。把手用干漆制成，有的还会特意雕刻成龙首状，这样的把手仅是一种装饰，并不具有实际用处。子孙桶的侧面往往会画蔓草和菊花等纹饰，前后往往会绘制古代人物的舞乐图，看上去充满了古雅之趣。子孙桶还会配一个盖子，盖子上也会绘制精美的五彩图案。子孙桶的内部刷清漆，可以作为容器使用。按照江浙地区的婚俗，婚礼第一天的晚上，子孙桶内会放一些枣子和花生等物品，寓意子孙繁盛。关于子孙桶内放东西的寓意有七八种说法，不过我觉得还是寓意子孙繁盛最为贴切。

上流家庭的娱乐

中国的有些上流家庭会在家中单独建造戏台，逢年过节或是重要的日子会邀请戏班子来家中演出。这和日本古时的大名在家中

---

7. 此处作者理解的对联与中国人理解的对联稍有差异，作者将中国成对或成组出现的挂轴画也理解成了对联。

建造能[8]舞台一样，都是为了娱乐而专门修建的。当戏班子被请来后，所有的家庭成员都会来看戏，有些大家庭看戏人数甚至可以达到一二百人。日本人在分家后会另择他处居住，而中国人不是这样，所有的家庭成员会共同生活在一个大院子里。这样一来，上流家庭动辄超过百人也就不奇怪了。

　　如此多的家人生活在一起，自然就需要各种各样的娱乐。有些家人本身就会拉二胡、吹笛子或弹扬琴等，但是大多数情况下还是会请外面的演员到家中来演出。南方多喜欢弹词或评书等，而北方则多喜欢鼓戏或落子等。一些剧种会用到相当多的乐器，所以演奏起来非常热闹。尤其是在过年的时候，上流家庭通常都会邀请演员到家中演出。这其中既有像日本的漫才[9]一样的简单的娱乐，也有非常隆重的由大一点的剧团盛装进行的演出。南方的弹词多具有扬善惩恶的内容，一场演出下来需要一两个小时，具有很好的教育意义。弹词中会用到琵琶。对日本人来说，琵琶这种乐器并不陌生，在古时琵琶就从中国大陆传到日本，所以中日两国的琵琶曲非常相似。在北京还有一种特殊的演出。三个盲人腰间用一根长棍连在一起，前面有人领着，三个盲人分别弹三弦、吹笛子和拉二胡，夜晚在胡同内边走边合奏，非常有意思。当上流家庭的户主听到他们在墙外，有时就会打开大门把他们叫到院子里演出，每当这时，家中的孩子们都会非常高兴。总之，带有乐器伴奏的演出非常适合中国上流家庭的口味。

　　除以上所述外，中国人还有很多其他的娱乐。其实并不仅限

---

8. 能，又称能乐，是日本特有的一种以音乐、歌唱、舞蹈为主的悲剧型歌舞剧。
9. 漫才是日本的一种站台喜剧形式，类似中国的对口相声。漫才通常由两人组合演出，一人负责担任较严肃的找碴儿角色吐槽，另一人则负责较滑稽的装傻角色耍笨，两人以极快的速度互相讲述笑话。大部分的笑话主题围绕在两人彼此间的误会、双关语和谐音字。

于上流社会，普通百姓对有输赢的一些娱乐项目也是非常着迷。当前最流行的就是麻将。麻将现在已经成为一种世界性的娱乐项目，近些年来在日本也非常火。在中国的上流社会中，麻将的输赢钱数玩得非常大。现在在上海，每到中国农历新年的时候都会举行大规模的国际性麻将比赛。另外，在上流社会的女性之间或是在家庭中，打麻将的情况也是随处可见。不过，我非常不喜欢中国人打麻将这个坏习惯。有的人打起麻将可以连打三昼夜不休息，对身体是一种极大的伤害。其实沉溺于麻将的并不仅是中国的上流家庭，整个东洋的上流家庭都出现了沉溺于麻将的倾向，所以当前很有必要去除这一弊害。

中国的上流家庭在社会上都有着很好的身份，过着精致的生活，吃着美味的食物——当然了，中国菜肯定是非常好吃的了。他们住着漂亮的房子，出门都是乘坐豪华的汽车。他们喜欢打麻将，喜欢看戏，家财万贯，子孙众多，但同时由于土匪的劫掠或是当政者的横征暴敛，他们内心又充满了不安与恐惧，每日都是大门紧闭，祈祷着全家的安全。但是在不安与恐惧的同时，他们又有从容不迫、气定神闲的另一面。在这一点上，日本人是很难想象到的，所以日本人对中国上流家庭的不安和恐惧往往都充满了同情。

中国的上流家庭对祖先的荣耀非常重视，但这并不是进入上流社会的一个必要条件。有的人的祖先虽然没有什么荣耀，但是后人有钱后会将祖先的墓地及宗祠家庙等修得非常漂亮。这主要是做给乡党看的，希望让家乡人觉得自己有出息。要想进入上流社会，这种面子上的事必须做得非常周全。在中国，过上流社会的生活与争得脸面是相辅相成的，任何一项都不可或缺。另外，要想进入上流社会，还必须不断增加自己在文学和道德方面的修养。但不管怎么说，进入上流社会的最根本条件还是财产。一个上流社会的人士必须时时考虑如何增加自己的财产，如何保护自己的财产，如何安排分配自己的财产。这些都是一些很费精力的问题，为了求得一个满意的结果，有时就必须做出一些妥协，而且不时碰到的突发事件也会让人焦头烂额。

对中国的中层及底层的民众来说，中国确实是一个非常好的国度，是一个可以悠闲度日的老大国，但是对上流家庭来说，中国未必是一个幸福的国度。中国的上流家庭长期充满了不安。这种惴惴不安的心理状态着实折磨人。不夸张地说，在世间没有比中国普通民众那种自己挖井、自己种粮食自己吃的平民生活更加幸福、更加悠闲的了，但这一切上流社会的有钱人都体会不到。所以说，中国的贵族生活与平民生活在将来肯定会朝着谋求平衡的方向发展，而且在发展过程中，中国社会的部分问题自然也会得以解决。

中国上流家庭内的地毯

如果到北京或天津的上流家庭中拜访，你会发现这些家庭用的家具都非常讲究，而且房屋内的家具和地毯等都与窗外的牡丹、芍药和吊兰等花草搭配得非常和谐。其实能够体现户主雅趣的并不仅有优美的诗文或是雅致的古玩，家中的装饰和摆设等也同样重要。进到某人的家中，这户人家是否风雅，凭直觉立马就能够感受到。

欧美的工艺美术非常注重数学和几何学，而东洋的工艺美术则不是这样。东洋的艺术家绝不会拿着尺子或圆规去制作工艺品。中国的艺术家在创作时，为了体现艺术品的灵性，会特意在其中加入很多自然元素，或是特意做得像是出自小孩子之手一样，让艺术品显得无拘无束，充满自由浪漫的气息，又或是故意将艺术品做旧，让其显得充满时间的痕迹。而西洋的工艺美术则完全不同，从一个点到一个圈都要非常符合几何原理，而且构成画面的直线和曲线等都要处理得规规矩矩。中国艺术品的特质是由中国人的思维方式和气质所决定的，虽然有些艺术品看上去显得拙笨或是幼稚，但其内在却颇显创作者的功底。在东洋人的家庭中，稳重质朴的家具与使用者的内心需求恰好吻合，每日生活在这样的椅子和桌几等家具之间，必然会让内心得到极好的放松。

在欧美工作的东洋人，每天都要坐着很高的椅子处理工作，所以时间一长，慢慢也就习惯了美式的椅子或是英国产的桌子。但是一旦他们回到国内，要想真正做到身心放松的话，还是得使用东洋的家具。

桌子和椅子的样式我们暂且不谈，接下来主要谈一下室内铺设的地毯。谈到地毯，世界各地都有，日本有堺市产的地毯，西洋各国也都有自己产的不错的地毯。不过从东洋雅趣的角度来看，中国的羊毛地毯还是非常特别的。中国羊毛地毯的质量特别好，上流家庭中用的比较高级的地毯每坪 [10] 可以达到 120 个打结数，稍微普通一点的每坪也能够达到 90 个左右。地毯的厚度可以达到 1.5 至 2 厘米左右，踩上去非常软。另外，将地毯折曲之后也看不到底下白色的线头，可以看出做工还是非常精良的。这样的地毯在旧时仅有在宫廷和贵族家庭中才用得起，将这样的地毯铺在房间内，无疑会大幅提升住室的舒适度与美观性，同时还会体现出浓厚的贵族气息。为了将中国上流家庭中用的这些工艺品的制作工艺保存下来，我希望今后能够采取一些措施，推动对制作工艺的研究，同时也希望帮助中国艺术家在制作工艺方面取得新的进步。这是我的一个理想，绝不是在这儿抽象地空谈，现在我在日本的中国式房间内铺的就是中国产的地毯，黄色的铺在客厅，蓝色的铺在书房寸香斋。现在有很多朋友会来我家做客，当他们踏上地毯的那一刻，我相信他

---

10. 坪是日本的一种单位，在表示土地面积时，1 坪为六尺见方，约为 3.306 平方米；在表示织物或是金属的面积时，1 坪为一寸见方，约为 0.001 1 平方米。

们会对中国的地毯产生更深的感触。另外，中国地毯上的图案也非常特别，虽说是充满了偶然性，但更多地体现的还是一些中国风格的植物纹样，而且在设计上也是充满了像是出自儿童之手一般的可爱之处。其实不只是地毯，中国的很多工艺品都是这样的风格。单凭看我写的内容大家可能没什么感触，所以希望大家还是去广泛接触一些中国的工艺品为好，到时自然就能够体会到中国工艺品的这一风格了。

充满中国风格的地毯图案

我在北京的时候见过很多地毯，所以能够对各种各样的地毯花纹进行比较研究，而且还实地观察过地毯的制作方法。在天津和上海同样也有很多地毯出售。我当时就在街上闲逛，碰到吸引我眼球的地毯，我就多欣赏一会儿。最近在上海南京路不显眼的一处店面内，我发现了一张很大的土黄色地毯，宽八英尺，长十英尺，背景是万里长城，正面是旅途中的骆驼队，表现出广漠的大陆氛围，体现着中国艺术的独特之美。

中国北方地区的地毯图案我基本都弄清楚了，主要有蔓草、玫瑰、芙蓉、兰花等花草图案，另外还有竹叶劲节、雷纹、古铜器、文具、人物和楼阁山水等图案。猎奇的或是奇形怪状的图案我还一个也没有见到过。中国的地毯采用的都是非常符合中国人审美的图案，这在销售方面无疑是最保险的。

但是近来在北京出现了一批图案非常奇怪的地毯。当然了，这不可能是西方人干的，西方人非常重视中国的工艺特征，所以不可能造出这样奇怪的东西。后来我发现，这批图案奇怪的地毯大多都是按照日本人的订单要求制作的。遗憾的是弄巧成拙，本来气质高雅的地毯被弄得不伦不类。中国的地毯本来以素雅为主，显得稳重大气，但日本人非要在上面添上各种各样不协调的颜色，结果弄得既不像印度风格，又不像阿拉伯的萨珊风格，若说是文艺复兴风格或是哥特式风格吧，又做得差点火候，所以最终做出任谁也看不懂的图案。甚至有些神经质的艺术家在设计花纹草图的时候就完全无视中国地毯的特征，例如，有的艺术家在地毯四周设计了文艺复兴式的非常细弱的线条，在地毯中央又设计了让人完全联想不到中国的花卉图案。大老远地跑到中国来定制，却让人完全看不出是产自中国的东西，这又有何意义呢？真的是多此一举。当然了，这样的地毯也许是专门为纯西洋式的房间准备的，也许铺上后会受到好评，但我总觉得没必要到中国定制这样的地毯。如果真的想生产这样的地毯，那直接去法国定制就好了，又何必到中国呢？定制中国的地毯就一定要让其体现出中国的特色。中国的地毯向来就不是寻常品，它们是无与伦比的。其实我不想说得太深——我曾见过日本皇室成员或是东京权贵人士从中国定制的地毯，竟然也都是那些奇怪花纹的东西，这真的是令人遗憾。好的东西就一定要去珍惜，本来高雅的图案你完全无视它，本来素雅的色彩你非得弄得花里胡哨，罢了还说这是在促进中国地毯的进步，我觉得这是在强词夺理。对日本社会中的那些过于聪明的“天才”来说，中国地毯上的那种拙中藏巧，无拘无束充满自由色彩的图案是他们根本想不出来的。我们不得不承认，在这一点上日本和中国确实有差距。此外，还有很多言必称欧美的人，在这些人心目中只要不是欧美的艺术就没有任何价值，结果他们把几何学的图案强加到了中国的地毯上。中国人有钱赚自不会难过，不过那些被糟蹋了地毯就该号啕大哭了。

对日本人这一人种来说，如果你让他骑驴或骑马，他就会一刻不停地鞭打；如果让他用中国用人，他就会早晚不停地训斥；如果让他当工厂的老板，他就会一刻不停地对工人指手画脚。日本人有着一种小家子气的自豪感，而且固执己见、一意孤行，所以我不希望日本人在还没有充分了解中国的时候，就到中国去开辟事业。不然可能就会像我在前文中描述的那样，将错误的图案用在了中国的高档地毯上，最终落得个贻笑大方的下场。

中国的玩具

教育玩具与趣味玩具

中国人无论是孩子还是大人都非常喜欢玩玩具。与日本人相比，中国人对玩具的喜好更为单纯且更为悠闲，所以说中国人在精神生活方面还是非常充裕的。

就像有些日本人喜欢收集手杖一样，中国的文人也喜欢收集笔墨砚台、镇纸、笔架、墨床和砚滴等文房用品。有些中国人还喜欢收集玉扳指、红宝石戒指、文玩核桃或是核桃微雕等。中国妇女喜欢在臂腕上戴玉石或是翡翠的镯子。有的妇女还喜欢随身佩戴一些小工艺品。以上所列举的嗜好几乎能够覆盖所有的中国人，而且越是有身份的人，对这些东西的喜好程度越强烈。

在中国人的日常生活中，大人都喜欢给儿女买玩具。很多时候，这其实都是大人自身玩具趣味的一种延伸。不过也有些人认为，子女对玩具的喜爱影响到了大人，所以中国的成年人也喜欢玩玩具。但我个人不太认可这一观点，还是觉得大人的爱好延伸到了孩子身上更为恰当一点。现在中国城市内的玩具已经做得非常精致，无论是娃娃还是动物都做得惟妙惟肖。在上海或天津等开埠较早的城市，儿童玩具的结构和颜色等几乎都与真的没有什么差别。

与之相反，中国农村地区的玩具则做得没那么精致，显得比较朴实，但是非常结实。例如，中国农村地区的拨浪鼓，其固定鼓面用的铆钉、鼓面用的皮子和两侧缀的弹丸等都显得非常朴实。拨浪鼓这种玩具在中国的城市和农村都有，而且都会做得比较结实，不过农村地区的拨浪鼓更有中国趣味一些。

在中国农村地区还有一种非常常见的玩具，就是青龙刀。青龙刀玩具有长柄的，也有短柄的。短柄的在刀把部位往往会装饰线穗，刀刃部位通常贴银纸来表示。在日本五月五日男孩节的时候，送给男孩的武士造型的玩具通常都会配有青龙刀。中国则不限于此，青龙刀是儿童平时玩的一种非常常见的玩具。而且在公开处决重刑犯的时候，也会有人在现场兜售青龙刀，意在暗示大家处决犯人用的刑具和我卖的是一样的，借此勾起人们购买的欲望。

此时，如果有家长带着孩子一起来看处决犯人的话，家长肯定会给孩子买一把。当然了，这一行为并不是为了纪念什么，仅是为了买一个跟砍头用的刑具一样的玩具，为公开处决犯人的场景助兴而已。中国人送孩子跟砍头用的刑具一样的玩具，其目的并不在于教育，就是一个简单的玩具而已，不过孩子们在玩的过程中却会像演戏一样，真的会去模仿砍头的场景，如果在这一过程中模仿的是劝善惩恶的故事的话，还是挺有教育意义的。总之，中国的青龙刀玩具与其说是具有教育意义的玩具，还不如说是迎合儿童趣味的玩具更准确一些。世界上任何一个国家的刀剑类的玩具其实都是迎合儿童心理的产物，不过中国人做得更有气势。中国青龙刀玩具的曲线和真的基本一样，刀刃不锋利，刀身由厚木板制成，刀刃部位用金色或银色来表示，刀身和刀柄往往绘有瑞云图案，满满的中国气息。青龙刀和拨浪鼓一样，都是中国各地常见的玩具，非常受儿童欢迎。

在中国还有一种刻有"富贵万年"或是"永乐无疆"等吉祥

话的长命锁，通常用白银制成，外形酷似一把锁。近来此种长命锁在中国的城市和乡村都非常流行，它的教育意义不大，更多的是父母对孩子的一种良好的祝愿。能够送长命锁的并不仅限于父母，当孩子一周岁抓周的时候，亲戚故旧上门祝贺，有的也会送长命锁。另外，用五彩绸缎制作的荷包也是一种常用的送给新生儿的礼物，而且送的时候还必须是两个四个八个这样的偶数才行。荷包的表面会刺绣美丽的花鸟，或是绣上桃子、石榴或珊瑚等吉祥的图案。荷包的口内穿着一根五色的彩绳。两侧的线头露出。将两侧的线头系在一起拉紧后，荷包就牢牢地合上了，而两侧的线头垂下来就像两根飘带，非常漂亮。荷包给人的感觉还是非常可爱的，小孩子们应该都会喜欢。

表现中国风俗的各种玩具

从成人的视角来看，中国玩具中最具特色的还是那些能够体现中国风俗的玩具。这些玩具反映的多是中国社会中最令人感兴趣的风俗习惯。举例如下：

表现婚礼队伍的整套玩具（泥塑，人物大约两三寸大小）；

表现骑马射猎的玩具（泥塑，整体高度约为四寸大小）；

表现车船骡马等各种交通工具的玩具（柳编，三四寸大小）；

表现打麻将场面的玩具（泥塑，六七寸大小）；

表现宫殿、楼阁、高塔和桥梁等建筑的玩具（泥塑，大的有一尺多，小的有一两寸大小）；

宝船玩具（木制拼接玩具或木雕玩具，连船帆和桅杆加在一起大约有两尺大小）；

戏剧演员扮相的玩具（泥塑，连舞台算在内有七八寸大小）；

……

除以上所说的几类外，还有很多表现各种风俗的玩具，光是我手头收集的就有数百种。其中木雕玩具通常都做得比较精细。泥塑玩具一般都做得不是很精细。不过有些泥塑玩具的人物造型却做得非常逼真。举例如下：

乘坐人力车的乘客的身姿；

在船头划桨的船夫的身姿；

两人共同撒网的身姿；

讨饭的乞丐的身姿；

表现渔樵问答的渔夫和樵夫的身姿；

追赶水牛的农夫的身姿；

牧童的身姿；

老夫妻沉醉于传说故事的身姿。

泥塑的动物有金鱼、鹿、骡子、马、鱼、白鹭、鸭子和鸡等。泥塑的器物有篮子或礼器等。总之，有些跟民俗有关的泥塑被刻画得非常逼真。

上文中主要介绍了泥塑玩具，顺带还介绍了一点柳编玩具和木雕玩具，其实除此之外，中国还有一类非常重要的玩具，就是缝制玩具。缝制玩具可能是适合小孩子玩的最理想的玩具，不过其中做得非常精致的不多。今天在中国常见的缝制玩具主要有布偶和动物。动物又以老虎和猴子为主。日本的缝制玩具通常都是先做出外形，然后给其上色，最终会做得跟印刷品一样精致，而中国的缝制玩具则显得比较简单质朴，不过在其中却蕴藏着浓浓的中国气息。

中国的玩具并不是每一个都能成为研究民俗的材料，但是在外国人的眼中，中国的每一件玩具都很稀奇，都是研究中国民俗的好材料，所以很多外国人喜欢收集中国的玩具。客观来说，在研究中国民俗时，收集玩具确实占有非常重要的地位。中国的玩具以一种非常柔性的姿态展示着中国社会的实际情况，而且通过玩具我们也可以了解到中国家庭趣味的另一面。

中国玩具的特色

　　世界上很多国家都有铁皮或塑料制成的玩具，但是中国却从不生产这样的玩具。将来是否会生产我不敢说，但至少到目前为止，我在中国还没有见过中国产的此类玩具。现在中国坊间偶尔也能见到铁皮或塑料的玩具，但这些玩具都是从外国进口的。在都会地区多少还存在一些此类玩具的消费需求，但在广大的农村地区此类玩具根本就不受欢迎。铁皮做的玩具往往都比较锐利，危险性很高，所以中国人不喜欢这样的玩具。中国人很注重儿童的安全，给儿童玩得都是看起来笨笨的、不具备任何危险性的玩具，像铁皮玩具这类危险的玩具，中国人是断然不会给儿童玩的。塑料制成的玩具往往都比较硬，所以中国人也不喜欢。

　　中国玩具中最多的就是泥塑玩具。南方还有木制玩具或竹制玩具等，在北方则以泥塑玩具为主了。泥土可以随地取材，所以泥塑玩具制作起来非常方便。中国的泥塑玩具在做好后并不会放到窑内去烧，所以比较容易破碎。不过由于是用泥土制成的，所以即便碎了对儿童也没有什么危险，绝不会发生划着手或伤着口的情况。另外，受大多数玩具都是泥塑玩具的影响，在中国能够动的玩具非常少。

　　在日本，飞机玩具、汽车玩具或是火车玩具都可以动，而在中国则没有这样的玩具。在上海附近偶尔还能见到一些从外国进口的能动的玩具，但到了其他地方基本就见不到了。所以说，中国人喜欢的还是那种不能动的，放在那里就静悄悄地待在那里的玩具。到中国的农村后，你会发现那里的玩具真的是非常原始。

我在福建见过一个外形为坐着的小孩子的玩具，它的头上粘满了五六分 [11] 大小，不知是马皮还是狗皮的东西，直接用动物的毛皮来充当玩具的头发。在日本，过女儿节时摆的玩偶，头上的头发都是专门做的，日本人对玩偶的头发非常重视，如果觉得不好看会立刻换掉，而中国人对此则毫不在乎，哪怕是用马皮或是狗皮也没关系，而且连皮都不去，直接连皮带毛一块儿给粘到玩具的头上去了。据此，我们也可以看出中国玩具的特色。

中国泥塑玩具中最典型的是建筑玩具与人偶玩具。建筑玩具和真的建筑一样，其设计、结构和色彩都做得非常逼真，而且大小匀称，有的佛塔玩具连屋檐下的风铃都会做上去。人偶玩具中有一类取自戏曲角色的玩具，演出的舞台和演员的表情都刻画得非常逼真，虽然不能动，但给人的感觉活灵活现，就像随时都要动一样。在中国的戏曲艺术中，演员在演出时画的脸谱非常重要。戏曲角色造型的人偶玩具在这一方面做得也非常到位，脸部也都根据角色需要画成了生、旦、净、末、丑的脸谱。另外，戏曲造型的人偶玩具所配的衣服也都非常漂亮。

跟中国戏曲脸谱一样，戏曲造型的人偶玩具的脸谱也有着约定俗成的规矩。在了解了这样的规矩之后，再去鉴赏中国的戏曲造型人偶玩具，你就会发现别有一番趣味。

基于信仰的神像玩具

对中国的普通百姓来说，他们所信仰的并不是儒家的孔子和孟子这样的圣贤。当然了，也有一些人信仰孔子和孟子，但是比起

---

11. 一分为一寸的十分之一，约为 3.03 毫米。

来，还是信仰关羽的人更多。在中国，关羽已经成为道教中的神仙，供奉他的关帝庙随处可见。

关羽又称"关老爷"，中国四百余州，随处可见其红铜色的神像。关羽是中国三国时代的人，与张飞、汉昭烈帝刘备桃园三结义，被传为美谈。在刘备与曹操争夺天下的时候，关羽驻守襄阳，但不幸被吴国的军队所杀。刘备为了替关羽报仇，亲自带兵征吴。自三国以来，关羽就被视为忠与义的象征，深受人们的敬仰。

刘备、关羽和张飞在中国民间被视作是武神仙，而且人们还专门为他们塑了神像来进行供奉。刘关张三人的神像前面红烛摇曳、香火不断，这一信仰已经延续了一千七百多年。我在家中也供奉着刘关张三人的神像。关羽身穿深绿色的长衣，红脸美髯，其风姿和忠义精神通过神像得到很好的体现。在中国，刘关张的神像多为泥塑，但也有木头、石头或金属等材质。对刘关张的信仰是中国民间自发形成的。在中国民间存在着各种姿态的关羽神像，同时还有将关羽画到画上加以供奉的。

刘备的神像白面戴冠，着灰色衣裳，两手张开，作与关羽和张飞交谈状。刘备的长髯一直垂到胸口以下，容姿伟岸，任谁见了都会生出崇敬之情。刘备是汉室后裔，建立蜀汉，在关羽和张飞的帮助下赢得了与魏国、吴国三足鼎立之势。关羽一生对刘备忠心耿耿，恪守君臣之义。西湖边上关帝庙的对联"一片忠贞留汉印，千秋肝胆照秦台"正是对其忠义精神的概括。刘关张三人勠力同心，征魏伐吴，志在一统江山，存续汉室的香火，其神威赫赫，气压山河。中国民间对刘关张三人的这种精神非常推崇，所以百姓才会把他们当作神仙来供奉。诸葛亮在出征途中病死阵中，为蜀国增添了悲情色彩，后世无不对此充满了同情。清代的乾隆皇帝就曾为关帝庙书写对联"偃月钢刀千古锐，守更银烛万年红"。

与刘备和关羽不同，张飞的神像将古代武将的形象表现得淋漓尽致，所以小孩子看到了会觉得害怕。张飞的脸孔暗黑色，非常像印度的深色皮肤人种，目光犀利，身着黑衣，右腿稍向前迈，给人一种非常恐怖的感觉。

刘关张三人恪守忠贞节义，为复兴汉室而拼搏的精神足可与日月同辉。刘关张三人性格不同，所以神像的风貌和着装也有着显著的不同。他们三人在中国历史上真的是遗馨千古，感染了一代又一代的中国人。

对于将神像归到玩具类别来进行介绍是否合适，我也是一直存有疑虑，不过在中国家庭中神像真的是极为常见，男的喜欢在家中供奉刘关张这样的英雄，而女的则喜欢在家中供奉妈祖或娘娘等女性神仙。人们面对不同的神像祈祷的内容不同，但是对神灵的信仰却是相同的。

能发出声音的玩具

前文已述，拨浪鼓是中国很常见的一种儿童玩具，其实除拨浪鼓之外，在中国还有一种像小桶一样的腰鼓，敲出的声音也非常好听。哨子也是中国儿童常玩的一种玩具，有的拨浪鼓的柄就是一把哨子。底层百姓的孩子还会玩一种做成蛙形的泥塑玩具。泥蛙通体黑色，咽喉部位开孔，用嘴往孔里吹气，会发出类似蛙鸣的声响。还有一种小鸟形状的哨子，能发出像云雀一般悦耳动听的声音。中国的一些玩具能够模仿动物发出各种各样的叫声，但是中国的娃娃却绝不会发出哭声，也许有能够发出哭声的娃娃，但我至今还没有在中国见到过。大人玩的能发出声音的玩具有胡琴、二胡和三弦等，不过严格来说它们已经不是玩具，而是乐器了。近来，在上海百代公司等唱片公司的推动下，留声机在中国逐渐变得流行起来，所以社会上也就出现了模仿留声机的玩具。

总之，从材料上来看，中国的玩具还是以泥塑玩具为主。在中国南方做工粗糙的木制玩具也较为常见，但是做工精致的木制玩具非常少。中国的铁皮玩具和塑料玩具几乎都是舶来品。从结构上来看，无论是人物玩具还是动物玩具，很多玩具的设计都非常精致，而且气韵典雅，但同时也有很多的玩具带有原始的农村气息，看起来非常幼稚。从地理上来看，中国农村地区的玩具多显得比较粗糙质朴，但是那种原始的可爱之处却让我觉得更加有趣。与之相反，都市地区的玩具多做得比较精致，但是那种原始的趣味就被破坏了。所以说，比起都市里的玩具，反而是农村的玩具更加保留了古拙之处。都市的玩具太精致了，这就导致人们看不清它最初的形态，从而也就难以判明这些玩具是如何发展而来的了。举个中国南方地区木鱼的例子。中国木鱼在地理上的差异非常明显，不仅在都市和乡村间存在巨大的差异，在沿海和内陆同样存在巨大的差异。大家在江浙地区的寺院中见到的木鱼多为圆形，腹部开一条缝，根本就看不出鱼的形状。不过也有一种鱼形的木鱼，这种木鱼仅会吊在禅寺内用来坐禅的房间的旁边，绝不会给摆在地上，更不会用作玩具。但是，沿着长江逆流而上，当进入四川后，你会发现这里有很多鱼形的玩具。也就是说，在古时候木鱼玩具的最原始形态应该就是鱼形，后来流传到长江下游地区后，鱼形元素就逐渐被衍变掉了，但是在四川这样中国的内陆地区，木鱼玩具还是保存了其最原始的状态。

玩具的嗜好

　　中国人一般都比较乐天，无论多么严肃的人都有着闲适风流有趣的一面。对中国人来说，整个国家都可以被当作玩具，所以即便是政权垮了，那也无甚大事。在中国的部分地区虽然也会有动乱，但是不管乱到什么程度，中国人乐天的性格都不会变。

在中国南北各地，人们感兴趣的玩具各不相同，有着典型的地方特色。但不管怎么说，无论是大人还是孩子，对玩具的喜爱都是相同的。中国人对于玩具的喜爱要比日本人和西洋人强烈得多。大人有大人的玩具，而且种类繁多。例如在银行或公司上班的中国人，在上班间隙还得去逗一下挂在墙壁上的鸟，听一下鸟的叫声才安心，而且对喂食和喂水从不觉得麻烦。此外，在乡下还可以见到有士兵边行军边拎着个鸟笼子的奇怪现象。据此也可以看出中国人对玩具的喜爱之深，而且玩具也使得中国人的人生变得更加有趣。

在中国的任何一个地方，不管是南方还是北方，人们玩玩具的主要目的都是为了让自己愉快。在能够给人带来快感的所有事物中排在首位的是富贵。在中国随处可见"富贵万年"或是"富贵临门"这样的吉祥话。这样的词语在玩具上也同样得到了体现。

之前提到过，在中国，婴儿出生后，长辈会送给婴儿刻有"富贵万年"字样的金制的或银制的长命锁，祝愿他的一生都会富贵。此外在孩子一周岁抓周的时候，客人们围在桌旁，桌子上的盘子中摆放着毛笔、算盘和书籍等各种各样的玩具，孩子的母亲将孩子抱到桌子上，让他去抓面前的玩具，如果孩子抓到了毛笔，那大家就会说这孩子以后一定会成为厉害的书法家；如果孩子抓到了书籍，那大家就会说这孩子以后一定会成为优秀的学者；如果孩子抓到了算盘，那大家就会说，这孩子以后一定会是个成功的商人，会赚大钱……总之，都是一些祝福孩子前程的吉祥话。

象征富贵与长寿的玩具

中国人都渴望富贵。对中国的父母来说，孩子长大后做什么职业并不重要，只要能挣钱，一辈子过富贵生活，这才是中国父母最大的心愿。一些穷人的门前会贴着"君子不忧贫"等文字，但是内心深处对富贵还是非常渴望的。在中国还可以见到一种现象，有人会在自家大门正对的别家住宅的后墙上贴上"出门见喜"的文字，这其实也是对自己富贵的一种祈愿。

除了富贵外，中国人还喜欢长寿。从"延年无疆"和"延年益寿"等吉祥话我们可以窥见中国人渴望长寿的强烈感情。中国的很多玩具也都体现着长寿思想，例如桃形的玩具，据说在汉武帝时期，西王母曾送给汉武帝仙桃祝其长寿，所以后来桃子就成为长寿的象征物。除了桃形的玩具，很多信函或是日用品上也都会装饰桃形的图案。另外，白发老寿星左手持如意，右手举仙桃的绘画也是很常见。据此我们可以感受到中国人渴望长寿的心理状态。很多小孩戴的帽子或头巾上会绣有"延年"或"百年"的文字，其用意也是祈愿孩子能够长寿。

中国人还喜欢子孙后代繁荣昌盛，所以穿着中式服装的玩具娃娃非常受中国人欢迎，其种类要比日本三月三女儿节时摆的娃娃还要多。除了玩具娃娃外，中国人还喜欢把自己的孩子当作玩具来打扮，例如，当孩子过生日或是过年的时候，有的家长就会在孩子的面颊或额头上涂上铜钱大小的红色俏皮点儿，会给戴上用天鹅绒或是锦缎制成的华丽的兜帽。中国儿童的兜帽没有帽顶，用一块宽的头巾缝制而成，上面施以刺绣或是别上几十个头发丝细的小弹簧，上面挂上像花一样的小饰物。小孩子走起路来满头的花都在摇晃，着实可爱。中国人还喜欢把孩子打扮得漂漂亮亮，喜欢在孩子的筒袖的袖口或裤子上挂很多的小铃铛，在手脖子和脚脖子上戴金制的或银制的手环或脚环，在腰上戴一些让人联想到富贵长寿的饰物等。在我看来，这样的行为已经超出了父母对孩子爱的范畴，父母在做这一切的时候其实是把孩子当作玩具去打扮了，反映出的其实是父母自己在内心深处对玩具的喜爱。

滑稽玩具

在中国的玩具中，我觉得最有意思的就是滑稽玩具，而且这种玩具在中国非常多。中国人基本都具有幽默感。这在中国的语言、文学、娱乐及社会的方方面面都有所体现。一台戏剧中必然要有插科打诨的丑角存在，如果没有的话，就会让人感觉少点什么，而且也难以引起人们的兴趣。中国的小孩子会玩一种假面玩具，用纸糊出脸部的轮廓，在上面涂上白色的铅粉，然后再在上面用各种各样的颜色勾画脸谱，和中国戏曲中勾画的脸谱非常类似。中国的脸谱应该说是世界上最棒的，据说古希腊戏剧用的脸谱等都是从中国传过去的。中国的脸谱会使用大的线条，给人一种夸张之感，不过着实比较有趣，其中既有一些给人恐惧感的脸谱，也有很多让人觉得很滑稽的脸谱。

上一段中我已经说过，中国人天生具有幽默感，而且生活得悠哉乐哉。对于喜欢装腔作势、整天一脸严肃的日本人来说，中国人的这种精致的幽默和有趣的性格是很难理解的。在中国城外的街角经常可以看到小孩子和看孩子的人聚成一堆的场景。有一次，我挺好奇的，纳闷那些人围在那里看什么呢？于是就凑上前去一探究竟，原来是一个老爷爷在吹糖人。他嘴中衔着一根五六寸长的管，手中摆弄着融化的糖浆，没多大工夫就吹出了一个满脸堆笑的充满滑稽感的和尚头。小孩子们排着队买糖人。行人看到小孩子手中拿着的充满滑稽感的和尚头，自然也就燃起了满满的孩童心，于是禁不住叫住小孩子问："这是在哪里买的啊？多少钱一个啊？"

另外，滑稽读物在中国也非常流行。可以说中国社会到处都充斥着幽默气氛。最近在战争中经常会出现一两个团，甚至更多人数的中国士兵集体被俘虏的滑稽现象，日本军人可能会觉得这是很没骨气的事，但对中国军人来说被俘虏根本不算什么。中国人本来就生活得比较悠闲自在，有时候还不等敌人开枪，当感觉到形势对自己不利的时候，军队长官就率领士兵集体投降了。对他们来说，活着比什么都重要，所以绝不会出现日本军人那种切腹的行为。

体现出爱的玩具

中国的很多玩具都体现着爱的观念，这在日本是很少见的。中国对小鸟、羊、鹅、鸭子等畜禽都充满了爱意。

中国的儿童与畜禽有着难以割舍的关系，所以孩子的玩具也就囊括了大白鹅、猴子、水牛、羊和猪等几乎所有的动物。小孩子们经常会在饭后将动物玩具摆到桌子上去玩，这也就导致中国人自儿时开始就对动物产生了特殊的感情。前文已述，前几年我曾到四川游历时见过的五色小鸡，同时也感受到了中国人在这些小鸡身上倾注的爱。

中国人喜欢遛鸟，给小鸟喂食用的小器具也非常精致，我收集了一二十个，每个上面都画着山水花鸟等图案，特别好看。中国人给小鸟喂食竟然要用如此精致的器具，在日本，古时的大名用的都没有这么精致。

体现日常生活的玩具

在中国的玩具中还有骆驼、狮子和老虎等各种动物的玩具。骆驼玩具的毛色一般都比较深，看起来脏兮兮的，不过设计得还算可爱，背上会给做成驮着东西的样子或是用一群骆驼来表现在蒙古街道前行时的样子。老虎等猛兽会故意做得比较滑稽，身上系一根绳子，通过拉动绳子虎口可以开闭，而且尾巴也可以摆来摆去。龙是中国人想象出的一种动物，给人的感觉往往是比较吓人的，不过在做成玩具的时候会刻意添加一些滑稽元素，这样就显得不那么恐怖了。可以看出，中国人把对于动物的喜爱全都很好地融到了玩具之中。除此之外，在中国还有专门迎合大人趣味的玩具，像麻将和室内装饰品等都是属于此类。

在中国表现日常生活风俗的玩具非常多。例如，表现婚礼或葬礼的大型成套玩具，表现农夫从水中把水牛往上拽的场景的玩具和表现船夫站在船头划船场景的玩具等。二胡和三弦等乐器也可以被纳入此类玩具的范围。还有一些做得跟真的水果或蔬菜等一模一样的玩具也可以划入这一类。各地跟风俗有关的玩具都有各自的特色。

另外，在中国还有一类表现残忍场景的玩具。例如，表示磔刑[12]场景的玩具，表示砍头场景的玩具和表现犯人在行刑台上可怜场景的玩具等。尤其是前文已述的那种模仿砍头用的青龙刀的玩具，装饰得五颜六色非常漂亮，而且在行刑的时候卖得最好。

日本的很多玩具都是用塑料或铁皮制成，但是在中国塑料或铁皮制成的玩具非常少，即便偶尔也能看到，但大都是从日本出口过去的。中国的玩具主要使用木头、竹子、皮革和泥土等材料，其中泥土和木头使用得最多。中国的泥塑玩具大多不进行烧制，所以比较容易损坏。木制玩具有很多都是非常高档的，有些玩具会用名贵的紫檀或黑檀等制作，有的还会在表面涂漆或贴金箔等。泥塑玩具虽然容易坏，但中国人却不遗余力地把它涂得非常美丽。外观好看，价钱又便宜，所以泥塑玩具在中国非常受欢迎。中国玩具的最大特点就是外观的着色非常鲜艳。这和中国人喜欢在建筑物上进行彩绘，喜欢把建筑物装饰得金碧辉煌的心理是如出一辙。

---

12. 古代一种酷刑，割肉离骨，断肢体，再割断咽喉。

粗枝大叶的玩具

综观整个中国社会，上对下大都是一种高压之势，中国的伦理道德也是基于这样的关系产生的。在君臣关系方面，要求大臣必须对君主尽忠。在父子关系方面，要求儿子必须向父母尽孝。然而当中国人在玩玩具的时候，这些伦理道德的条条框框就彻底被打破了，成年人会彻底忘掉自己的身份，变得像小孩子一样。人性的美丽之处在玩玩具的过程中得以体现，这真的是非常有意思的一个现象。

将中国玩具和日本玩具比较来看，日本玩具的轮廓和棱角鲜明，过于注重实用性，看起来并不是很了解儿童的心理，而且设计得非常理性，少了一些玩具该有的天真烂漫。中国玩具设计得不是那么理性，给人的感觉是做得粗枝大叶，外形上显得松松垮垮，而且很多都像是半成品，不过却透出很强的天真烂漫的感觉。因此，中国家庭或孩子喜欢的还是中国产的玩具，一些从日本进口的玩具在中国并不是很受欢迎。往大了说，日本玩具并不适合中国的国情，所以每当发生排日事件的时候，首当其冲的就是日本玩具。要想改变这一状况，我个人觉得出口中国的日本玩具也要做得粗枝大叶一些，要让其充满天真烂漫的童趣，只有这样才能受中国人的欢迎。

日本的玩具只重数量，不重质量，相似性很高，而且大多都是严格按照尺寸去进行设计，少了一些灵气。在材料方面，日本玩具也比中国玩具差得多。另外，在玩具的结实性上，德国产的玩具都是非常结实的，而日本的玩具则做不到这样，甚至在结实程度上比中国玩具还要差。对玩具生产商来说，玩具不结实、坏得快，这样可以让顾客更快换新的，从而能够给自己带来更多的利益，但是长此以往必然会导致中国人对日本的玩具形成不好的印象，最终导致日本玩具失去中国市场。希望日本的玩具生产商能够好好反思自己的行为，生产出更多质量好的适合中国儿童的玩具。

中国上流家庭在婚礼时陪嫁的花鼓桶

到目前为止，几乎还没有日本人关注过这样的花鼓桶。花鼓桶在浙江宁波用得比较多，通常用梓木制成，周围刷干漆，然后在上面装饰五彩图案，上面有盖，内部中空，可以装婚礼用的物品。不过，另有说法说是用来装给新娘子吃的水果等。

北京城内路边的锔盆碗匠

中国人非常节俭，碗、盆、茶杯等即便是有裂痕了也不舍得扔，会交给锔盆碗匠修补后再用。图中是北京东城的一名正在工作的锔盆碗匠。

中国上流社会中极尽奢华的祠堂

很多人认为中国人除了对攒钱、对福禄寿喜感兴趣外，其他没什么爱好。不过我并不觉得都是如此，中国人对祈祷子孙繁荣昌盛、扫墓及供奉祖先等也是充满了热情。图中为上海英租界内的中国富豪岑氏家中金碧辉煌的祠堂。

北京上流社会的满族贵妇人

身上穿着满族的盛装。

中国城市内挑着担子卖孩子的贫穷妇女

她们收购来的都是一些住得离自己很远的别人家的孩子。为了卖出一个好价钱，她们会努力寻找出价高的买家，或者直接将孩子挑到集市上去卖。

江南农村正在玩耍的孩童

中国的农村地区一片祥和，根本不需要公安局或是警察等。在农户的门前，经常会有三五成群的小孩子在玩耍，有的小孩子还会穿用日本布制成的肥肥大大的中式儿童服装。

北京城内坐在路边满脸笑容的卖东西的老人

老人手拿一根大烟袋，自得其乐。脸上透出一种看空一切，荣华富贵皆为浮云的神情。

底层社会的两个小女孩

姐姐正端着饭碗喂妹妹吃面，看起来非常可爱。

中国南方地区葬礼上用到的开路神

    这种巨人一般的开路神在江浙至福建台湾一带非常受欢迎。开路神并不是明器，而是走在葬礼队列的最前端、用来开路的一种人偶道具，通常都是容貌魁伟，身披锦缎。中国人习惯称它们为范将军和谢将军等。有的开路神，人可以钻进去，能够晃动双手或开闭红唇，有时甚至会吓哭小孩子。

北京城外碧云寺中的哈将

北京城外有万寿山、玉泉山、卧佛寺和八大处等名胜。碧云寺因为曾暂存过孙中山的灵柩，所以在中国广为人知。碧云寺位于北京西山脚下，寺内耸立着汉白玉白塔，还有很多色彩鲜艳的佛像。近来有些佛像出现了自然损坏，显得稍微有些破败。从这些佛像身上我们能够感受到中国人将一些奇怪的想象进行艺术化表达的特殊心理。

第六章　国民之志

关羽与他的青龙偃月刀

背后的二人是关平和周仓。

风土人情研究在先，文化事业援助在后

民众的理解与社会的援助

最近，我花了两个月的时间，对中国进行了第十七次考察。此次考察主要是调研中国中部地区的民国人的生活状态、处于南北政治斗争中心地带的湖南和湖北的近况、民国知识阶层对时局的感想和希望等，此外还游览了长江、洞庭湖等自古以来就声名远播的山水佳所。可以说，此次考察一半是为了了解民情，一半是为了游山玩水，同时也在尽可能地收集一些日本及其他国家对中国进行文化事业援助的材料等。

日本的有识之士，尤其是对东洋局势感兴趣的人士，在谋求东洋永远之和平时，必会提出对中华民国文化事业的援助问题，近来又在积极地劝说当局对中华民国的文化事业进行援助。中国方面也非常乐意接受这样的援助。一直以来，对中国进行文化事业援助的都是欧美人，他们投入的资本很大，而且制定的计划也是大得惊人，取得的效果自不必说也是非常显著的。与欧美人相比，我们日本人至今对中国的文化事业援助不及欧美人的百分之一，如果说一点没有也不为过。前段时间在社会上闹得沸沸扬扬的同仁医院在中国的建院计划，现在也是迟迟得不到推进，与美国洛克菲勒财团在中国建立的医院和医科大学相比，位居旁边的同仁医院简直就是日本的国耻[1]。但是，国民对此却是毫不关心，觉得这一切跟自己毫

---

1. 此处的同仁医院是指同仁会在北京建立的医院。文中所言的美国洛克菲勒财团在中国建立的医院是指协和医院。同仁医院和协和医院挨在一起，但协和医院的规模要比同仁医院大得多，医生人数也多得多，所以作者觉得同仁医院是国耻。

无关系，甚至可能连在北京有一家日本人建的同仁医院的事都不知道。在大谷光瑞的努力下，东京、天津和汉口各有了一家东亚同文书院，这是专门针对中国学生的文化教育机构。除此之外，其他的文化教育机构几乎就没有了。总之，在针对中国的文化事业援助方面，暂时还没有任何一家日本机构能够做得比西洋人更好。

要想推动对中华民国文化事业援助的发展，关键点在于一定要让日本国民明白这其中的利害关系。如果国民对此种利害关系毫不知情的话，那文化事业援助就一步都不可能迈出去。我痛切地感到暂时先不要草率地去推动针对中国的文化事业援助，一定要先做好日本国民的教育，让他们了解这其中的利害关系。只要国民理解了此种利害关系，他们自然会积极地推动此项事业的发展。日本的历史已经充分证明，在吸收先进国家的长处方面，日本是一个急性子的国家。现在日本将所有的注意力都集中在欧美方向，因为有利益可得，吸收欧美的长处已经变成了一项基本国策，对于欧美各国从事的文化事业援助，日本也在找各种理由，努力想去尝试一下。而对于中国，日本则显得极为冷淡，如果说得露骨一点，就是根本看不上中国。在历史上日本一直都对中国充满了崇敬之情，但近代以来受世界局势的冲击，日本已经无人再关注中国，这看起来也许有些难以理解，但是从任何国家都会努力向比自己先进的国家学习的角度来看，当前无人关注中国也并非没有道理。不过，对我们这些对中国文化感兴趣、喜欢整体考虑东洋问题的人来说，还是希望日本人能够充分关注一下中国，希望日本社会的权威人士和日本的各社会团体能够加强与中国的联系，希望中日两国能够共同开拓出崭新的事业，希望我们在计划某一社会事业的时候不要单从日本的角度去考虑，最好也把中国给一并拉进来。

虽然日本人做事从来都不排外，但是一旦一件事情有了一定的基础，要想再吸收外部的元素并将其做大做强，那日本人就非常不擅长了。也就是说，日本人只注重在小的安全的稳定的事物上投入资金和精力，对吸收不同的异己分子并依靠他们来拓展事业方面根本就不关心。综观今天欧美人在上海、天津等重要城市所经营的事业，尽管经理和课长级别的领导都是由欧美人所占据，但是其他的职位几乎全都是委任中国人，算下来一个团体或公司内有七八成是中国人，这些中国人又利用他们和其他中国人的关系，不断扩大事业的发展，所以说欧美人在中国经营事业是非常圆滑且是颇得要领的。在这一方面，日本人做得就比较差了。在日本人经营的公司中，所有职位几乎都被日本人所占据，仅会把一些最底层的勤杂岗位交给中国人去干。这样一来，中国人就会觉得在日本的公司没有前途，自然也就不会拼命工作了。所以当欧美公司和日本公司共同面对经济危机的时候，最早陷入困境的肯定是日本公司，有时候即便有摆脱困境的办法，但由于日本公司的闭塞环境，根本无法得到有用的信息，最终只能关门大吉了。

总之，不管是营利的事业，还是非营利的针对中华民国国民的文化援助事业，如果得不到日本国内知识阶层的理解和支持，仅凭着一腔热情，靠着理想和希望去推动的话，那就如同是在砂土上的楼阁，是不可能长久的。在这样的情况下，即便是出现了几位有识之士想为了东洋做一些善事，最终也都不可能持续太久。

财力的匮乏

文化事业是精神的结晶。日本有着想圆满完成文化事业的精神，中国有着想享受文化事业恩泽的精神，只有两种精神相互接触与融合，文化事业才能见到效果。中国面积广大，在中国从事文化事业，如果仅是从精神层面入手的话，那就如同是空中楼阁，是不会取得任何成果的。经济基础决定上层建筑，所以我们在中国推行文化事业，必须要有坚实的经济支撑才行。

自古以来，中国家庭中的宝物、作为信仰崇拜的神佛塑像、极为珍贵的冠绝天下的珍宝等很多都是由金银珠宝等制成，都具有很高的经济价值。对中国人来说，经济上的高价值可以提升精神层面的受尊敬程度。在有的国家，一张纸可能会被认为是极为珍贵的，并被迷信式地崇拜，进而成为一个民族信仰的基础，但在中国，这样的事不太可能发生。所以在中国推行文化事业时，如果仅靠神的教谕或是讲解学说的方式，不给一点实实在在的好处的话，对中国人来说简直就跟"画饼"一样，没人会理你。在中国推行文化事业说起来容易，其实做起来特别难，尤其是对当前的日本来说，经济实力并不是那么强，所以在中国的文化事业注定不会那么容易。

综观日本历史，日本至今还没有在遥远的海外这种无法做到充分监督的地方，进行大规模投资的经验，不单是不擅长做这方面的工作，就是在财力方面也没有那么大的余力，而且也没有适合做这方面工作的人才。不管是在海外的经济事业，还是对文化事业的投资，现阶段的日本都做得还非常少。这段时间，欧美的有钱之士不断向海外的文化事业进行投资，每年的投资额能够达到几千万美元。他们一般会先买下一大片地，然后在里面规划并建造道路，再建设永久性的建筑物，接下来再从欧美引进最先进的机械，派出优秀的学者，由这些学者来推动在新开发地的文化事业。选派学者有着严格的要求，首先语言必须过关，语言考试不及格的学者不会被录用。无论是医院的事业、学校的事业，还是宗教方面的事业，在选人时都是严格按照这一标准。根据西洋人亲口向我所述，被录用的学者被派往新开发地后，待遇是非常优厚的，旅费、薪俸、妻子随任的费用、抚养孩子的费用、夏季休假归国的费用等都很有保障。这样的方法为西洋人的文化事业打下了坚实的基础，日本也应该对这一现象予以充分关注，空谈国民的理解和社会的援助是不会取得任何成果的。因此，在今天欧美人的文化事业扎实推进的过程中，我们有必要去对他们的文化事业进行一番认真调研。

综合来看，欧美人的财力还是非常雄厚的。欧美的很多富豪在去世后都会将遗产捐赠给社会事业，其中一部分资金就会被投入到中华民国的文化事业中去，而且这种投资不注重短期的利益回报，而是为了长久的打算，可以说这种投资是对在本国地域内进行资本投入的一种补充。一旦投资计划确立后就会执行得非常彻底，绝对不会姑息，而且此种投资并不是暂时性的，如果在一代内无法完成，那就二代、三代，甚至五代继续去做，直到完成为止。欧美人这种锲而不舍的精神着实值得赞赏。日本人现在所从事的事业，如果和欧美人比起来的话，确实还存在很大的差距。

之前日本人对中国所从事的文化事业大都是暂时性的，而且所有派出的人员也都不是从心底里愿意去的。很多人都是实在没有办法，或是为了去中国休息一段时间，或是为了攒点钱，所以才选择前往中国。尤其是当考虑到子女的教育问题或是一个人前往中国人生地不熟的问题时，就更没有人愿意去了。因此，日本人所推行的文化事业很难得到大的发展——其实也不可能得到大的发展。那种为了某项文化事业，二代三代甚至更多代锲而不舍的顽强精神在日本人身上完全看不见。到目前为止，日本人在海外发展的历史也就仅有数十年而已，积累的经验有限，如果让他们像欧美人一样树立远大的计划，也确实有些强人所难。最近日本人在海外所推行的事业对日本财界的影响我们暂且不论，从整体上来看，日本人在海外的事业还是非常薄弱的，尤其是在资金方面，给人的感觉是捉襟见肘。上海聚集了四十多个国家的国民，每个国家的国民都在上海建造了富有本国特色的建筑，比较来看，越是那些看起来非常气派的建筑物，其所代表的国家在中国的事业基础越为牢固；越是那些看起来比较逊色的建筑物，其所代表的国家在中国的事业越为贫弱。

当然了，有时候也有例外，不过大体上都是如此。现在在上海的日本人，即便是那些投机商、冒险家，能够建造气派的建筑或是能在繁华的地区与欧美人抗争的人也是少之又少。内外棉株式会社[2]情况特殊，我们可以将其视为一个例外。上海的日本人那么多，竟然做得不如欧美好，这着实有些让人羞愧。

在这样的状态下，即便是日本的文化事业看起来取得了一定进步，但是前面的路还有很长。如果日常生活得不到提高、商业交易的规模得不到扩大、发展水平达不到和欧美人在繁华都市平起平坐的程度的话，我们所谓的文化事业连迈出第一步都很难。如果公司的经济实力达不到一定规模，就不要妄谈学问、慈善等。最近我一直在劝说日本内地的资本家，劝他们去考察一下中国的实情，希望他们将日常的贸易和交际等提高到与先进国家的绅士、实业家相比毫不逊色的水平，然后再去考虑对中国的文化事业援助。

民国人的喜好和风俗

民国人的很多喜好与我们日本人的想象完全不同。我忘了具体是谁说的了，他说中国人都具有交易的根性，善于讨价还价，为赚钱操碎了心。中国人非常擅长经济事务，一般国民，尤其是知识阶层，对最能够赚钱的实业充满了渴望。不过，依照我对中国人的

---

2. 内外棉株式会社于 1887 年在大阪创立。经营棉花买卖、棉花押汇和轧花厂等。1889 年在上海设办事处，次年曾一度与筹办中的上海华新纺织新局订立协议，包销该局销往日本横滨、神户两地的棉花。1909 年在上海筹设内外棉第三棉纺厂，1911 年建成，为日本棉纺界来华设厂的先声。1913 年又建成第四厂，次年建成第五厂，以后陆续设厂，并利用日本占领军势力，分别于 1917 年、1925 年，开始在日军占领下的青岛、东北金州，大规模设立棉纺织厂。截至 1937 年，内外棉在中国境内已设立纺织厂 15 个，加工印染厂 2 个，共有纱锭 46 万枚，线锭 12.4 万枚，布机 4 800 台。内外棉占日本在华纱厂的比重为纱锭 19%，线锭 34%，布机 16%，是外国在华纱厂中规模最大的企业。

观察，我对这一观点持否定态度。对日本人来说，要想赚钱的话，成为实业家应该是一条最快的捷径，事实上好像也确实如此，但是在中国从事实业未必就是志向远大之人的本心。中国人固然不讨厌赚钱，但他们对能够赚钱的实业并没有我们想象中的那么渴望。

中国人的手很巧，如果让他们用手或者机械去完成一件事的话，肯定都会完成得很好。一个很明显的例子就是中国驾驶员的水平遥遥领先于日本驾驶员，在上海几乎就没有交通事故。但是，中国人虽然手很巧，却不喜欢去从事手工业，而且也不喜欢去从事商业，中国人感兴趣的是政治，是治国平天下，是实现自己的青云之志。中国人都有一种政治上的野心，都谋求在统治阶层中赢得自己的一席之地。现在日本的中国留学生有两三万人，大多数都是为了实现将来当官的梦想，或是为了成为执政者的幕僚，或是为了成为执政者服务的律师等才来到日本留学。所以说，工业学校或是电气学校等并不受中国留学生的欢迎，虽然也有部分中国留学生进入上述学校，但那都是些脑子不太灵光的留学生。可以看出，如果想在中国推动文化事业援助的话，建一些政治或法律方面的学校最能够满足中国年轻人的需求。但是，欧美人在中国的文化事业援助却不是建政治或法律方面的学校等，他们会建医院、医学院或是带有基督教色彩的学校等，虽然他们在背地里也鼓吹政治方面的内容，但是在表面上是绝对看不出来的。

现在每年约有三四千名中华民国的年轻人选择到日本留学，大多数人都会选择政治、经济和法律等方向。但是，我们作为日本人必须要有清楚的认识，这些年轻人到日本来学日本的法律、研究日本的政治，其实归国之后并不能适用于中国的国情。学医的还好说，因为中国人和日本人的身体都差不多，在日本学有所成后，回到中国就可以直接给人看病，但学民法或刑法的，回到中国真的没什么用。到头来可能也就在日本学到的一点日语还能用得上，但当前的情况是只靠日语并不能养家糊口。那些早期来日本研究法学、学习日语的中国留学生归国后确实赢得了很好的社会地位，但是后来的留学生就没那么幸运了，尤其是与那些欧美归来的留学生相比，要想谋得一份不错的差事就更为困难。当留学欧美的学生逐渐跻身社会上层，影响中国政坛的时候，排斥日货也就成为必然。

因此，在中国推行文化事业，我们必须迎合中国人的喜好，同时还得考虑中国人的期望等。如果日本有充足的财力，同时又能得到国民的充分理解和支持，能够按照长远计划去建设医院和学校——尤其是理化学校或工业学校的话，那我们之前所有的忧虑都不成问题。但现在的问题是日本没有那么大的财力，如果在这样的情况下要想超越西洋人，同时得到中国人的认可，还要在中国树立标杆的话，简直就是痴人说梦。对中国进行文化事业援助确实是一项非常美好的事业，但实行起来是很困难的。每当我考虑到对华文化事业援助的性质，考虑到日本在庚子赔款以外的财力、日本国民的得失和社会的援助等，我都百感交集，痛彻地感到有深入研究的必要。

对青年人的远虑

我曾接触中国各地的有识之士，向他们征询对中国时局的看法，并倾听他们对最近爆发的排斥日货运动的看法等。当前所发生的排斥日货运动以及对日本不友好的言行等都是由中国的青年人独立发起的，商人及一些社会上的头面人物与排斥日货运动基本没有什么关系。不过也有一种说法，说是因为有某些国家在背后支持，所以中国的青年人才敢如此胆大妄为。对此我并不掌握实情。还有说得更详细的，说是某些国家会给参加排斥日货运动的青年人发工资，那些青年人拿了几天的钱就干几天的活儿。对此我也没有亲眼见到过，所以具体什么情况也不太好说，但是中国的当权者对青年人的排斥日货运动，没有积极地采取抑制或防止措施却是显而易见的。中国的当权者与闹事的青年人的父兄或者其他的什么人可能有着某种千丝万缕的关系，如果对这些青年人进行惩罚很有可能就会影响到当权者自身的地位，所以他们只能采取旁观者的态度，任由排斥日货的青年人肆意为之。这种姑息的态度在一定程度上又助长了青年人的排斥日货行为。

从整体上来看，中国青年人的排日行为只会是暂时的，而且整个中国社会也没把这当成是个大的问题。虽然在某些地区或者某些时期，排斥日货运动闹得比较激烈，但你看今天上海的大型百货商店中，从日本进口的货物还是占到了八成以上。中国青年人这样闹下去只会是作茧自缚，最终造成中国社会也难以承受带来的损失，到头来即便是青年人不想终止，其他人也会断其钱粮，到时自然也就收手了。所以说无论何时，排日运动都不可能持续太久。但是很多日本人却看不透，把中国青年人的排日运动看得过重，甚至日本的一些知名人士也像个孩子一样对排日运动充满了担忧。现在中国的情况比较特殊，不知何时可能就会发生突发事件，弄得形势急转直下，所以我们对中国青年人的排日运动还不能当作耳旁风，但是对日本来说，中国青年人的排日运动仅像被一小蜜蜂蜇了一下而已，对整个大局不会造成任何影响。但即便如此，我们还是需要找到合适的处理方法，正确应对中国青年人的排日运动。

我个人感觉，欧美人在这一方面做得颇得要领。他们在中国推动文化事业时会把中国青年人的心理状况考虑在内，力求找到一种和中国青年人和谐相处的方式。但日本人在这一方面做得就不是很好，所以招致中国青年人很多不满。另外，欧美人很会宣传，他们理论功底扎实，善于利用欧洲舞台在中国博得好评，而像这样的宣传日本人则很不擅长。所以说，我们有必要加强这一方面的研究，要学会通过宣传来改变中国人对日本文化事业的印象。

实地考察的必要

以上从多个方面介绍了对中国开展文化事业援助所必要的条件，但不管什么样的条件，对那些决心在中国开展文化事业援助或是想从事中国研究的人来说，对中国北部、中部和南部等地区，对沿海至内地进行充分考察都是基础的要求。今天很多日本人研究中国都是靠报纸或杂志上关于中国的记载，我可以毫不忌讳地说，报纸或杂志上所登载的很多内容其实和实际情况并不一致。退一步讲，即便是一致的，但这些记录在阅读者头脑中形成的片断性的印象，容易遮蔽住我们对中国整体的认知，例如，当湖北省的武昌、汉阳、宜昌或是湖南的岳阳发布戒严令后，经报纸或杂志的夸大宣传，很容易就会被误导为是中国全境或是湖北、湖南全省发生了打砸抢烧的事件，所以才导致政府发布戒严令。

自古以来关于中国的传说和风闻等在日本广泛传播，俗话说"三人成虎"，传得多了，一些不切实际的事情也就被误认为是真的了，这时如果有人提出一种正确的，但跟之前的认识不同的观点，也会被认为是假的。对于一些无关痛痒的小事，无论真假都无所谓，但是像文化事业这样的大事，如果不去进行实际考察，仅仅靠一些旧有的认识就去贸然推进，其基础必然会相当薄弱，推进起来的难度也会加大。在日本的对华工作中有一类特殊人物，那就是在中国大陆的日本浪人。他们从资本家手中得到好处，然后帮资本家处理在中国的事务，但由于缺乏监督，所以经常在中间做手脚，欺上瞒下，导致现在日本在极其重要的中国舞台上充满了未知数。从数量上来看，今天在中国的日本人是非常多的，但其中做出成绩的人很少。在华的欧美人不及日本人的十分之一，但是所取得的成果却是日本的百倍甚至二百倍。欧美人非常注重实地考察，在调查清楚后会毫不客气地强硬实施，对方看到欧美人如此强势，根本就不会去抵抗，也许是根本就没有能够抵抗的办法。日本就不同了，日本在海外的事业经常会受到抵抗，每当这时日本首先想到的是通过谈判予以解决，而且经常会在谈判中为某些条款吵得不可开交，例如，前段时间和美国的谈判就太注重繁文缛节，结果错失了时机，最终谈判失败，让别人获得了"渔翁之利"。总的来说，西洋人那种简化程序、直奔主题、以势压人的做法真的很契合当前的时势，而且也很容易取得成果。尽管之前日本已经获得了在长沙、重庆等长江沿岸开港城市建设居留地的特权，但很少有日本人前去居住生活，所以直到现在这些城市也没有多少日本人，好在一两年前日清汽船公司开通了重庆和滁州的航线，现在交通变得方便一些了。

在对中国的文化事业援助方面，日本国民的力量一直没有得到呈现。可以看出，我们日本人要想在中国建立稳固的事业基础、开创有实力的企业或是推动文化事业的发展都还有很长的路要走。我个人觉得，如果我们不对中国进行实地考察，如果官民对中国不感兴趣，日本在中国的任何事业就都不可能取得进步。另外，如果没有日本国民的理解和支持，对中国的文化事业援助也就更不可能取得成功。现在对此持认真态度的日本人并不是很多，所以日本对中国的文化事业的前途尚为辽远。

文化事业与就业问题

要想在中国创立文化事业，招聘到合适的人才和获得投资是其中两大不可或缺的重要因素。一直以来，在日本从事思想文化事业的人大都聚集于东京，一般不会前往乡下。他们在东京的薪水比较可观。这给他们带来无上的荣誉和愉悦感。从这一点上来说，如果我们在中国的土地上创立了辉煌且富有声誉的事业的话，希望前往中国发展的人应该不在少数。这还仅是从硬件方面猜测，如果再考虑到能够获得的知识、亲戚故旧朋友的反应和周围的环境等，只要待遇方面得到保证，就必然会有很多人希望前去中国发展。

对文化事业来说，即便是获得了资本支持和社会的援助，也未必一定就会成功。现在有些学者或先觉者已经在利用一己之力推动文化事业的发展，如果这些人没有死而无憾的拼搏精神，就不可能创立真正的文化事业。总之，文化事业并不仅是钱的问题，最重要的还是人的问题。在上海及长江附近的避暑地，每到一处我都会询问西洋人对日本的看法。总的来看，西洋人普遍觉得世界上还没有哪个地方的物价能比日本更高，也没有哪个地方的道路能比日本更差。其实这并不单是西洋人的看法，日本人自身也深受高物价的困扰。很多人如果坚持要留在东京的话，生活只会越来越困难。最近一些想在东京附近发展事业的资本家遇到了选择场地的困难。东京附近的地价都非常昂贵，再加上职工的工资和劳动时间等错综复杂的问题，即便是在经济状况比较景气的时候，经营起来也是非常困难。鉴于此，内外棉株式会社等纺织企业很多都在中国上海郊外建厂，这样一来既可以利用中国廉价的劳动力，同时还能利用中国庞大的市场。这些纺织企业所做的都是营利事业，它们利用此种方式在东洋天地内获得了飞速发展，对此我是举双手赞成的。但是文化事业这样做是否可行，我暂时还持怀疑态度。先不说日本所推行的文化事业援助能否在中国取得成效，单是能有多少日本的有识之士或知识分子愿意去推行此项事业就是一个很大的问题。每当想到这些，我都会更加觉得在中国推动文化事业的前途辽远。

一直以来，日本的知识分子都将被派往中国视作一件不光荣的事。很多人对被派往中国持悲观态度，他们觉得被派往中国就像被流放到岛屿上一样，可能几年的时光就要被浪费在那里，最后会被时代所遗忘，而且不利于自己将来的发展。让持有此种观点的日本知识分子去中国开拓文化事业，确实有些矛盾。如果以上问题得不到解决，在中国的文化事业就不可能顺利推进。前文中我已经说过对中国的文化事业援助需要得到国民的理解，其中得到知识分子的真正理解最为重要。日本对华文化事业的最终目的，就是使沐浴在日本人所提供的文化事业中的中华民国的国民能够在社会就业。也就是说，对那些衣食无忧的中国人来说，他们是不会来参与日本的文化事业的，真正需要日本文化事业的是那些为自己的前途考虑、想在社会上立足的人。如果日本的文化事业仅是名字好听，无法帮助中国人就业的话，那比较注重现实利益的中国人是绝对不会来的。欧美人在华开展的文化事业之所以能够吸引中国人，并不仅仅是因为硬件，而是在于参与了文化事业的中国人将来大都能谋得一份不错的工作。例如，即便是没有接受职业教育，只要通过参加文化事业习得一口流利的英语或法语，那找一份薪酬不错的工作也基本不成问题。当然了，这种状况是由所发起文化事业的国家的国力所决定的。同样的情况，一个会说日语的中国人如果想靠日语在中国找一份不错的工作，那是非常困难的。

　　不管怎么说，如果在中国不开展职业教育，不帮助其解决就业问题的话，文化事业就不可能真正取得成效，也不可能吸引中国人参与到文化事业中来。不过，正如我在前文中所述的那样，工业学校和电气学校等并不能满足中国人的野心，而且即便是工业学校或医学院等在中国建起来了，那在硬件设施、材料和教授学者等方面也很难超过西洋人。庆应义塾的医科大学就是一个很好的例子，这还是在日本，在中国就更别提了。只有当你做的文化事业跟西洋人相比毫不逊色的时候，才有可能把中国人吸引进来。所以我痛切地觉得，在中国推进文化事业真的是一件很不容易的事。

结　论

综上所述，无论是从今天的东洋局势，还是从列强之间的关系来看，对中国开展文化事业援助，都应该成为日本的一项国策。政府和民间应该对此予以支持。说得理想一点，如果中国人乐意接受我们的文化事业援助，而且日本人和中国的有识之士能够配合默契，再加上日本人能够出资的话，那在中国的文化事业也许真的能体现出同文同种的效果。但是，事实是非同文同种的西洋人在中国的文化事业已经超过了日本。我们虽然口中喊着同文同种、日中亲善，但这一切并不能确保我们在华的文化事业就一定会取得成效。因此，我不太喜欢使用"同文同种"这样的词，我觉得文化事业应该是全世界的有识之士共同倡导的一类事物，是具有共同法则的。自古以来，中国就是一个非常大的国家，国内会有一些紊乱之处，我们不能因为中国的部分地区比较稳定，就认为整个中国都是稳定的。现在的中国和过去相比并没有什么进步，文盲率依然占到了八九成，也就是说四亿国民中大约有三亿几千万人不识字。对中国人来说，不管是中华民国还是清朝，哪怕是被外国人管辖，都毫无关系。在他们心中，无论谁主政都一样，只要不向他们催收繁重的税金，只要没有土匪盗贼，那就算万幸了。

一直以来，普通的中国人一般都没有国家意识。如果谈到社会，因为跟自己的得失息息相关，中国人多少可能还会考虑一点；如果谈到国家，则完全不在自己的考虑范围之内。另外，对中国的整个社会开展文化事业，不如对中国一个地区开展文化事业取得的效果好。如果从忧虑中国这个国家的层面去开展文化事业的话，最终的结果注定是彻底失败。如果不考虑以上因素、不尊重对方的意愿就贸然在中国推进文化事业，也只会被视作是愚蠢之举。在这一点上，西洋人做得颇得要领，值得我们认真学习。

日本是一个国家意识非常强烈的国家，所以在国外推动文化事业时也都是从对方的国家层面开始入手。无论是在西伯利亚，还是在中国，日本推行的文化事业都是以为了对方国家和国民为根本，这样做虽然是好事，但是对中国这样的国家来说，这其实是一种完全错误的做法。中国社会，绝非我们想象的那样。一些很有价值的文化事业，如果得不到中国国民的信任的话，也是完全做不出成果。我还是坚持我在前文中阐述的观点，对中国进行文化事业援助最好是选择某一地区去推进，这样比较容易做出成绩，如果以整个中国为目标去推进文化事业的话，肯定会招致很多议论，最终导致出力不少，但收效甚微。

　　当把中国当作一个整体去看待时，它的面积是非常大的，即便是日本举全国之力对中国进行文化事业援助，也不可能得到满意的结果。另外，如果想借助文化事业援助在中国取得某种好处，或是让中国人对日本产生好感的话，最终的结果可能也是失败。对中国人来说，即便他们从日本得到了好处，他们也不会对日本的深情厚谊予以感谢。假如真的有感谢的，也可能是当事人为了礼节刻意说出的客套话。我们必须从一开始就清醒认识到，对华开展文化事业援助不会对将来的工作埋下任何伏笔，中国人不会因为你之前对他有恩，在后面的工作中就格外给你关照。对于这一点，我希望日本人予以注意。在中国因为饥馑需要救济的人实在是太多了，救助者带着救济金赶到一地，在当地他确实可以听到很多感谢的话，同样当地的被救助者得到救济也无比高兴，但是中国的面积实在是太大了，你去了北方没去南方的话，南方的人注定会不高兴。报纸等在报道时会选择一些被救助人的故事编发各种各样的新闻，日本国民看到这些新闻后，会觉得所有中国人都被日本的救助感动得涕泗横流，其实根本不是那么回事。当你考虑到中国的实际情况，你就会发现这样的救助其实就像在太平洋中投入一两粒粟米一样。当然了，我并不是说这样的慈善事业没必要去做，只是单从效果来看，如果这样的慈善事业不是做大做强的话，就基本起不到什么作用。

总之，日本人无论是推进文化事业，还是做其他的工作，在背后总有一拨人关注的是从什么时候可以营利、必须要达到几成分红等问题。在这些人的指导下，在一线开展实际工作的人总是感觉非常为难。日本人开展文化事业的方法实在是太不高明，所以我们根本感觉不到日本人正在中国这个大舞台上开展教育或慈善等文化事业。如果日本人对文化事业像对股票的涨跌那样，始终神经质般地予以关注的话，那文化事业根本就不可能开展。说得客观一点，就凭当前日本的财政状况和大部分国民对中国的了解之浅，眼下也许并不是开展对华文化事业援助这样长久性工作的最佳时期。不过从更大的视野来看，现在各国都在竞相对中国进行文化事业援助，努力吸引中国人加入自己的阵营，虽然这些文化事业并不会给中国带来多大改变，但是多少可以帮助一些中国人在得病的时候能够接受点治疗、拿到点药；可以帮助一些中国人养成换一身新衣服再去教堂的生活习惯；可以免费提供教科书；可以教中国人唱赞美诗、说外国话等。但是，这些许的变化究竟能够给四亿多人口的中国社会带来多少积极的效果，我个人觉得还有待商榷，所能够起到的作用应该是非常微小的。

中国社会太大，而且从地理上来看，中国南北有十八个省[3]，面积也非常巨大。在如此广袤的土地上，如果稍稍做一点善事，也

---

3. 文中作者认为中国仅有十八个省，这代表了当时日本人对中国疆域的普遍看法，这其中是有很大问题的。十八省大致是清代时汉族的主要居住区：江苏（包括上海）、浙江、安徽、江西、湖北、湖南、四川（包括重庆）、福建（包括台湾）、广东（包括海南、香港、九龙、新界）、广西、云南、贵州、直隶（包括北京、天津两市，河北中、南部地区和河南、山东的小部地区）、河南、山东、山西、陕西、甘肃（包括宁夏）。可以看出，作者在偷换概念，并没有将东北地区，即过去的满蒙地区，新疆和西藏等边疆地区视作中国领土。

起不了多大作用，不过做了总比不做要好一些。如果仅靠坐在书桌前来讨论这些问题，确实可能有些难以理解。但如果有机会到中国的城市或乡村实地走一下的话，你就会发现中国人对所谓的文化事业并不是那么在乎。整体而言，中华民族是一个比较迟钝的民族。中国人被蚊子叮了或跳蚤咬了时，根本就没什么反应。

当前很多对华开展文化事业援助的日本人对利润和分红等斤斤计较，即便如此还期待着能取得好的效果，再加上日本社会对中国根本不了解，所以我痛切地觉得在这样的状态下，对华文化事业不可能取得什么成就。但是从当前的世界大势来看，尤其是从日本的立场来言，对华文化事业又不得不做。外务省所做的外交其实并不是对华外交的全部，民间外交占了对华外交的八成。对华投资的人员或是在华开展文化事业的人员必须对此有清醒的认识，要将对华文化事业放在民间外交层面去考虑，但遗憾的是，现在有此种认识的人还为数甚少。现在世界局势越来越紧迫，对华文化事业切不可如过去一般等闲视之，希望世间的有识之士及对东洋政治感兴趣的江湖诸君能够发起此方面的舆论，让更多的民众意识到对华文化事业的重要性。

民国人的优点

国民层面与民族层面

"民国人"和"中国人"其实是意思完全相同的两个词，但是如果称呼中国人为"中国人"的话，总有一种别样的感觉，感觉怪怪的，而称呼中国人为"民国人"，则感觉就好多了。而且，称呼中国人为"民国人"在对方听来也比较舒服。这是我从事日中两国交流那么久所得出的心得体会。另外，同样称呼中国人，你可以称呼为"中国方"⁴或是"中国人"都行，不过一旦用了"方"，整个感觉就变得怪怪的了。当然了，你也可以称呼中国人为"中华民国人"，但太长了，叫起来不是那么方便，所以还是直接称呼为"民国人"会更好一点。

民国人的优点有很多。从日本这样一个岛国的角度来看，优点很多的民国人是很令人羡慕的。民国人可能并没有意识到自己所拥有的优点，日本人也没有对这些优点大书特书。当我们称呼中国人为"民国人"时就会考虑到他们的各种优点，但是如果直接称呼他们为"中国人"时，则不会考虑任何优点了。在过去一千余年间，日本民族对中国是崇拜的，但不知是幸还是不幸，自甲午中日战争之后，日本变得瞧不起中国。在江户时代，因为品川离中国更近一英里，所以大家都喜欢从日本桥搬到品川去住，据此也可以看出当时人们对中国的憧憬之情。不过，自明治中叶以后，此种状况急转直下，所有的日本国民都开始鄙视中国，自然也就没有人去考虑民国人的优点。当然了，如果不是崇拜中国之人自然是不可能发现中国的优点的。我还是希望日本人能够有冷静思考民国人优点的雅量。

虽然我知道我以下所述的观点有抬高民国人之嫌，但我还是想去说，如果在地理上日本旁边没有中国大陆的话，今天的日本就很有可能会像台湾的原居民那样依然处于一种蒙昧的状态。中国文化的东渐铸就了今日日本文明的基础。在古代，中国汉民族将日本视为东夷。在日本人看来，这样的认知是对日本的贬低，但也并不

---

4. "方"在日语里的发音为 kata，是表示尊重对方时的一种称呼，比直接称呼人名要更礼貌。

是毫无道理，当时日本确实比中国落后很多，将日本以夷人视之也并无不妥。中国是一个"老大国"，自尊心很强，即便是濒临灭亡也以大国自居。

中国是一个"老大国"，日本人也普遍这样认为，所以习惯从一个"老大国"的角度去看待中国，而且也倾向于从中华民国这样一个国家层面上去看待民国人。但我必须遗憾地指出，中国是不存在国家概念的。无论是北京政府也好，还是广东政府也罢，如果从历史的角度去观察，它们最终会走向何方，一切还不得而知。国家层面的中国其实仅是被少数军阀政客所控制。中国的政局就如同股票的交易一样，根本没有一个稳定的局面。因此，民国人自己也不知道作为国民的适从之所，也根本不想知道——他们压根就没考虑过这一适从问题。不管是军阀政治，还是所谓的顺应民心的政治，其实都是有实力者玩的政治游戏。因此，如果以国民的身份去观察民国人的话，作为被观察者的民国人自身也会感觉非常困惑。民国人日常并不思考国家之事。而日本人在看待民国人时大都是以国家本位，所以日本人对民国人的认识自然都是错误的，也自然不会发现民国人的任何优点。鉴于此，我们不应该从国家的角度去研究中国，而是应该从社会、民族或个人的角度去研究，这样可以发现民国人的很多优点。国家层面的中国有着太多的不足，优点可以说是为零，但是如果从社会、民族或个人角度来看，中国的优点还是很多的。而日本人与此正好相反，单纯从国民层面来看并没有什么优点。日本是一个岛国，小度量的大和魂会不分时机、不分场合地爆发，而且国家层面也是过于拘泥于一些小事，这是日本的长处，同时也是日本的短处。这一切其实都是由于小度量的国家观念所造成的。从国家这个层面来讲，日本人的优点还是很多的。不过，如果从社会、民族或个人层面来比较的话，日本人还是远远不及民国人。

无论是中国还是日本，要想让国力充实的话，就必须要筑牢国家观念。现在中国的社会、民族和个人已经有了很好的基础，如果认真对其进行培养的话，国家观念必会取得一个圆满的结果。同样，日本人在此方面也需要进行深刻反省。从中国的历史和地理来看，中国要想成为一个国力充实的国家有着太多的困难。中国的国土面积太大，如果学习俄国或者英国的制度的话，国土就会很容易分崩离析。中国是一个超级的"老大国"，一般的英雄豪杰根本就治理不了它，即便是被称为伟人的执政者也难以确保整个国家一直稳如泰山，更别说外来的执政者了。所以说，想将整个中国统辖起来并不是一件容易的事，甚至可以说是一件根本不可能的事。不过，抛开国家不谈，中国的社会、民族和个人还是非常有意思的，而且在历史上成功的事例也很多。

民族层面的优点

在历史上中国曾屡受蒙古族、通古斯族[5]和满族等族的入侵。这些塞外民族在取得中国的主权后，很快就会被中国的汉民族同化，最终都会建都中原、住中式的住宅、吃中国菜、穿中国服装、接受中国宫女的服侍，并且对这样的同化是欢欣不已。我这样说也许是有些穿凿，但是真实情况就是如此。一个国家的最高统治者和为政者也许可以左右一个国家的命运，但是从整个民族的角度来看，这些最高统治者和为政者却仅是一种装饰而已，不会对整个民族的特质和优点造成丝毫影响。如果把中国的本体比作大海的话，那为政者就如同大海表面的波浪，而整个民族就如同波浪底下的海

---

5. 通古斯族入侵中国的说法为作者在原文中所述，是否准确还有待考证。

水。这些海水深不可测，非常平静，而且很少会受到潮流的影响。所有关于民族的、社会的和个人的优点都被包含在了这如深层海水一般平静的民族性中。所以说，我们切不可被表面如波浪一般的纷繁政变夺了眼球，真正需要关注的应该是中华民族的民族性。

在大海中，如果将海洋表面的波浪排除在外，波浪之下海水的流动其实是非常缓慢的。同样的道理，中国有四亿人口，如果将其中的野心家和为政者排除在外的话，那剩下的三亿九千万国民也都是非常迟钝的。中国人给人一种近乎愚笨的漫不经心感，不过中国的民族、社会和个人的优点也恰是蕴藏于其中。

人们常说，所有的日本人都是多血质性格，显得很神经质。当接触中国社会，用心解读中国的民族心理后，越发觉得日本人的多血质性格和神经质。概括来说，中国人的性格显得比较大条，很有大陆特点，而且颇有雅量，不存在多血质性格和神经质的情况。打个比方，即便是泰山要塌了、长江要泛滥了、大半个屋顶的瓦被吹跑了、柱子和墙壁要倒了，中国人也会泰然处之，绝不会像日本人那样狼狈周章。在中国有人打喷嚏带出鼻水来或是汗流到了脸颊上也不会用手绢去擦一下，不管说它是大陆性格也好，还是迟钝也罢，总之给人的感觉就是神经比较大条。不过中国人也有比较机敏的时候，一旦发生事变，形势急转直下时，中国人就会舍生忘死地挺身而出。这一动机可以说是为了好处，但也未必都是为了好处。不管怎么说，中国人遇到事变时的机敏行为还是比较有气派的。日本人可能会觉得这样的行为是愚蠢的或是不足挂齿的，但是民国人自身做得确实没有任何纰漏，而且还颇得要领。大多数日本人的生活都是伪生活，总是过于顾及对方的感受而委屈了自己。民国人则大不相同，对于自己想要的东西，总是会百分百去获取，绝不会仅要八分。民国人会为了实现自己的目标一直努力，不达目的誓不罢休，而对那些不是自己想要的东西则采取的是大陆性格，慢吞吞的，从不着急。在和民国人就某一事件进行交涉时，民国人习惯于将其放在一边，根本就不去搭理。在中国各地游历时，你会发现有很多旧屋就放在那里，任由其朽烂，原因也是基于此。民国人给人的感觉就是受自然无为思想的影响非常深，很多事都是任由其自由发展，很少会人为地加以干预。日本人则不相同，受自然环境的影响，日本人的性子普遍比较急。总之，无论是从社会、民族，还是个人层面来看，民国人的性子都是比较慢的，给人一种很有包容性的感觉。

在中国社会中，即便一个省安宁了，对整体也不会造成任何影响。同样的道理，一部分地区骚乱了，对整体来说也算不上什么。中国实在是太大了，所以即便现在国内有了一些提升文明度的设施，但从整个国家层面来看，这些并不是什么重要的事情。长江的滚滚浊水在流入宽广的太平洋后，太平洋的海水依然清澈，并不会受到长江浊水的影响。中国的民族和社会就如同是宽广的太平洋，一些小的事物并不会对整体造成影响。中国的自然、社会和民族都非常宏大，唯独中国的政府非常幼稚，导致各个方面发展得并不好，这是一件非常遗憾的事情，不过中国在民族层面的优点还是非常多的。

"老大国"中国的伟大性

中华民族的伟大之力与中国大自然的伟大之力相互融合、相互促进，共同形成了中国国民所特有的性格。如果长年以中国为据点开展活动的话，必然会为中国的伟大之力所倾倒。在中国经营事业，如果想要成功，就必须要遵守中国的风俗、讲中国的语言、尊重中国民众的意愿和照顾中国在主权方面的面子等。英美人虽然有些时候把中国国民等同动物对待，但他们的轻重缓急把握得很好，而且宣传巧妙、投资巨大，再加上以大国的姿态盛气凌人，所以很多在中国的事业都能取得成果。不过，如果日本人也沿用英美人的做法在中国这样去经营事业的话，就很难取得成功了。这主要是因为英美人的日常生活和中国的生活有很多相似的地方，而日本人的日常生活除了文字有相似的地方外，所有的衣食住、社会生活和民族生活等都与中国有着显著的不同。因此，日本人很难适应中国不可轻易动摇的民族性格。这就如同把油倒入水中，两者根本就不可能融合到一起。中国社会和中华民族的优点，日本人根本就难以吸收，而且不仅是难以吸收，很多时候甚至是排斥的。举个简单的例子，对日本的店员来说，如果有客人进店询问价格但不买东西，头一次遇到可能会有些不太高兴，如果同一客人两次三次都是如此的话，那可能就会在背后说一些难听的话了。当然了，不管是从个人、民族，还是商业策略的角度来看，这样的态度都是非常不可取的。中国的店员就非常聪明，即便是你进店询了三四次的价，如果不买的话，店员也不会给你脸色看，依然微笑服务，并且亲自端茶送水犒劳你，到最后你可能就会感激于对方的热情，即便是不想买的东西最终也掏钱去买了。以上所举的例子虽然是小事，但是据此也可以看出中日两国国民的差异。由小及大，其实中日两国的国民在对待事物的态度上几乎都存在差异，因此很多日本人到中国后会发现很难融入中国。日本人难以接受中国人那种大大咧咧、满不在乎的态度，再加上日本离中国比较近，随时都可以拍拍屁股走人，所以也很难在中国安下心长时间去尝试融入中国社会。总之，中国社会、民族和个人的优点是日本人很难学来的。这也是最需要我们进行研究的问题。

国家层面的中国根本就不具备研究的价值。不过，如果不从国家层面，从民族、社会和个人层面去研究中国时，其价值还是很大的。日本在国家层面非常伟大，虽然现居五大强国中的末位，但是其国力还是遥遥领先于中国，但同时我们也必须看到，在个人层面，日本人不如民国人，而且在社会和民族层面也有很多东西是不如民国。在民族层面，日本向外部发展的方法同外国相比还很幼稚。在社会层面，还没有哪个国家像日本这样过着矛盾、虚伪、拘谨和作茧自缚的生活。另外，在个人层面，日本人过于顾及他人的想法而压抑自己，在处事的洒脱性方面比民国人逊色不少。老奸巨猾的英国有着丰富的殖民经验，而且在民族、社会和个人层面也都比别的国家高出一筹。英国在向海外进发时必先修路，创建医院和学校，建造住宅，修建美丽的公园等。而日本人在向海外进发时则先是去对条约的条文进行谈判，然后设立日本专属的居留地。在得到居留地后，很少有人愿意举家前往，导致很多居留地就荒芜在那里。如果偶有愿意前往居留地居住的人，那附近的熟人就会议论纷纷，会被认为是日本内地的落伍者，迫不得已才会选择前往海外居住。受岛国偏见的影响，在大多数日本人的心目中，移住到北海道、桦太和中国等都是非常不光彩的。当前，民国人正在不断前往世界各地，开辟着自己的天地，谋划着民族的发展，而日本人则守着自己的小天地不思进取，如果将民国人向海外发展的劲头视作已有千尺高的话，那日本人在这一方面则仅有百尺高而已。

眼下，中国正陷入南北政争，张作霖、吴佩孚、冯玉祥、阎锡山、蒋介石等强人如走马灯一样，一个接一个走上政治前台，最终谁将一统乾坤，现在还很难说。但是，中国社会和政治毫无关系，不管政体如何变化，不管谁来做大元帅或总司令，不管王朝如何变迁，中国的社会都不会受到大的影响，而且民众也都会以平常心视之，除了担心自己的财产被劫掠，挖个坑将财产藏在地下，或是将财产存到外国银行外，其他也不会有什么变化。中国不管何朝何代都有一些热心政治的人物，他们之间纠缠不清的政治斗争虽然多少对中国造成了影响，但是总体上中国的民族、社会和个人都是超脱于政治之上的，因此导致中国的民族、社会和个人一直能够保持伟大的力量。所以说，民国人还是有民国人所特有的优点的。

张宗昌将军的人情味儿

　　南京城外明孝陵右前方的紫金山被选定为孙中山先生的陵墓用地，用不了多久陵墓的建设就可以完工了。孙中山是将三民主义思想灌输给整个中华民族，为中华民族带来黎明的一位伟人。陵墓所在的紫金山不是那种耸入云霄，山顶云雾缭绕的山峰。在长江上或者南京的下关可以看到紫金山秀美的峰姿。只要中华民国存在，不，只要汉民族存在，因为孙中山陵墓的存在，紫金山必然会成为整个汉民族世世代代尊崇的灵峰。我每次到南京的时候，都会眺望紫金山，遥拜孙中山先生，每当这时孙中山先生的音容笑貌都仿佛像真的一样浮现在我的面前。位于紫金山下的南京城，作为中山先生的陵寝所在地，承载着中山先生的遗志，本不应发生凶暴残忍之事，但遗憾的是在民国十六年（1927）三月二十四日，这样的事件真的发生了。

　　民国十六年（1927）三月二十四日，"南京事件"[6]发生。在北伐军打到南京时，北洋军阀孙传芳总司令一下子就败了，放弃南京城渡江向北逃窜。蒋介石的军队进入南京城的当天，在日本领事馆避难的日本侨民就遭受到了前所未有的惨剧。具体的细节国内媒体已多有报道，在此我不再赘言。不过，就像风雨中依然有盛开的鲜花一样，在如地狱一般的南京城内依然传来了诸多的美谈。

　　美谈之一发生在距日本领事馆不远处的美国人经营的金陵大学。北伐军进入南京城后，整个南京城乱作一团，金陵大学的副校长某博士被士兵拿枪指着，随时都可能会被打死。就在这千钧一发

---

6. 北伐军进入南京城后，部分激进部队强行进入租界，日本领事馆遭到洗劫，史称"南京事件"。据日方报道，在此次事件中，日本侨民死亡一人，重伤五人，被强奸者三十五人。

之际，一名中国学生挺身而出，用胸膛顶着枪口，大声斥责对方："太无礼了！凭什么枪杀我们最敬爱的恩师？如果一定要杀人的话，那我愿意替他去死！打啊！朝着我的心脏打啊！"气氛极度紧张，那名学生用拳头敲着自己的胸膛，站在枪前岿然不动。持枪的士兵也被这名学生的举动给震撼到了，最终把枪放了下来。中国国内极为混乱，所以即便是有如此崇高精神之人，也在不知不觉间被遗忘了。

南京事件爆发的当天，日本侨民铃木某君逃出日本领事馆这一人间地狱，但是日本里周边九里有余的一个偌大的南京城却没有一处他的藏身之所。好在上天保佑，让他在南京城内遇到了一位善良的老乞丐。老乞丐看到铃木憔悴疲惫的样子，语气柔和地对他说："老爷，现在太危险了。你化装成个要饭的，也许能逃到城外去。我有个孩子，你可以化装成个要饭的瞎子，我让我那孩子领着你，明天我们一起出城，你看如何？"后来铃木在老乞丐的帮助下，平安地逃出了南京这一死亡之城。虽然老乞丐衣衫褴褛，但是人性的善良是不变的。

张宗昌大人虽然是一位独霸山东的大军阀，但是在他父母的眼中，他依然是个孩子而已。张宗昌的父亲住在乡下，很爱自己的儿子，从小到大不断地训诫他。但张大人从不把父亲的训诫放在心上，不仅娶了几十个姨太太，而且出门讲究排场，生活极尽奢华。老父亲听闻儿子的所作所为后，内心非常不安，于是特意从乡下跑到城里来看儿子。老父亲来到张大人家后，难以理解儿子的生活方式，最终怀着一肚子的不满踏上了漫漫归途。张宗昌想送父亲回去，但父亲不让，而且驴马、轿子和汽车等交通工具一律不用。张宗昌拗不过老父亲，但又担心父亲路上的安全，于是派出士兵拿着礼品远远地护送，要求他们既要照顾到父亲的安全，又不能让父亲发现，免得父亲心烦。从这一小故事可以看出，在战场上叱咤风云的张宗昌内心深处原来也富有人情味儿。

中国的乡间住宿

中国客栈中的旅愁

很多人会觉得到中国的乡间旅行是件很困难的事，其实到中国乡间旅行也有秘诀，只要对中国的乡村感兴趣，就不会觉得困难了。如果有兴趣，且通晓中国的语言的话，不仅不会觉得困难，反而会觉得是一件乐事。中国的乡间住宿是比较煞风景的，不过如果要想体验中国气氛的话，中国的乡间客栈到是一个不错的选择。

中国的住宿机构有旅馆、旅舍、饭店和客栈等各种各样的称谓。其中有一类中西旅馆，杂糅了中式和西式的旅馆风格，房间内会摆西式的床，而且各种设施也都比较追求时髦。纯粹的中式旅馆也分好多种，不过总的来说，房间内一般都会有一张或两张床榻，一张小桌子和两把小凳子，床榻底下藏着马桶和便壶。房间的入口仅有一个。厚厚的墙壁上会开一扇窗户或者是不开窗户，没有窗户的房间居多。窗户每年都会重新糊白色的窗纸，房间内还算比较明亮。

高级一点的旅馆往往会有一间供房客共用的大客厅，里面摆着大八仙桌、十景椅子、大官壁春凳、万卷书书桌等各种红木或者紫檀木制成的家具，墙壁上会挂郑板桥的竹子、王文治的联句等比较风雅的卷轴或者画框。乡间比较好一点的客店往往会在左右的白墙上挂一些古色古香的梅兰竹菊的铁画[7]。

---

7. 铁画，指用铁片和铁丝锻打焊接成图画的一种工艺品，一般涂成黑色或棕红色。

当你在乡间漫游时，如果在民船、马车或火车上听到某人说今晚住宿的地方不错，就一定不要错过，要尽可能和那人成为伙伴入住同一个旅馆。在乡间大一点的镇子上一般会有旅馆，旅馆的招揽人员会很热情地把你领进旅馆，在夜间还会亲自打着灯笼给你引路。乡间的一等旅馆的正门入口处，在旅馆名的外侧往往会挂着"仕官行台"的匾额，其实是对自己的一种美化，意指大官住宿的地方。

乡间的此种标准的旅馆内肯定会有床榻、蚊帐、棉被和柔软的枕头等，不过棉被往往比较薄，冬天盖起来可能会觉得有点冷。一些条件很差的客栈连床榻都没有。我在山东见到过一种客栈，没有任何设施，直接就用高粱秆铺在地上当床，极其简陋。所以说，在中国的民俗中，人们在远行的时候，要在行李里带上棉被、枕头、洗脸盆等各种各样的生活用品。我曾领着中国的十几名士兵在江南乡下的山中客栈中住宿过，他们全都是和衣而卧。我当时带了珠罗纱的全包围蚊帐，但还是不敢在房间里睡，因为房间内的臭虫实在是太恐怖了，最后我只好到屋外山间的石头路上去睡。在中国腹地的乡村中根本就不会有中西旅社，有的仅是那种纯中国式的非常原始的客栈。

近来，城市中的旅馆已经从方便房客的角度出发，提供必要的用品，而乡下的旅馆则一直保持在极其原始的状态。在中国的乡间旅行时，你可以凭自己的护照雇用中国的士兵护送，夜间跟他们住在一起就行。这些士兵主要是为了每日的薪水和酒钱，所以即便是住得苦一点也没什么怨言，更何况乡下也没有什么条件好的旅馆。所以说，要想到中国腹地的乡村旅行，还是需要做好充分的思想准备的。在古时的中国，正经人是不在乡间漫游的，即便是有，也会通过他人的介绍借宿名家的宅邸花园。古时中国人借助民船、驴马出行，最远也就到达能够当天往返的地方，不会在外面住宿，所以乡间的旅馆业自然就难以发展起来。

近来随着时势的发展，长途旅行的人越来越多，所以说在中国旅行还是相对安全的。不过，中国的旅馆还是维持原有的状态，仅是给你提供一个休息的住处而已，绝不会像入住日本的旅馆或温泉客栈那般给你无微不至的关怀。中国的旅馆对入住的旅客根本就不上心，饮食、洗漱及旅馆日常用品等，如果你不要求，绝不会给你主动提供。对中国的旅馆来说，让他们最头痛的就是房客早起且还得给准备早餐。不过，中国旅馆这种冷淡待客的态度反而让房客觉得比较轻松。

有时候晚饭后，我会跟掌柜、伙计或者厨师等天南海北地聊天，可以聊胡琴，也可以聊麻将，总之话题不限。如果我愿意的话，他们可以陪着我一直聊到三更半夜。每当这时，我都会觉得我已经不再是一名旅客，而是已经成为旅馆的一员了。

太原城内迎宾旅馆的乡间气氛

我们一行人在柳巷街的晋谷香吃饭的时候，恰巧碰到了阎锡山督军的秘书谢维楫[8]。我们原本计划去天龙山之前和自天龙山返回后在太原城内住一下纯中国式的旅馆，感受一下中国内地的气氛，于是在和谢维楫聊天过程中就问他：

"我们听说城外火车站前的山西宾馆是西式的，所以不想住在那里。我们想体验一下纯中国式的旅馆，不知谢先生有没有合适的旅馆推荐呢？"

谢先生思考良久，然后笑着对我们说：

---

8. 谢维楫，山西五台东冶镇人，陆军中将，曾任第二战区司令长官部军医监、太原绥靖公署卫生处处长。早年留学日本专攻医药，一生为民尽责效力，留学归国后在私立山西川至医学专科学校任教，后又兼任第二战区中将军医监。

“我想起一家，非常不错。那是一座有着明代建筑的花园，里面的庭院和客房都挺棒的，而且风景很好，面积也挺大，离柳巷街也不远。”

　　我接着问他：

　　“谢先生，那旅馆叫什么名字呢？听您这么一说，感觉还真的挺不错。”

　　“叫四美——四美花园。真的是一个很不错的地方。我带你们去吧！”

　　“那就麻烦谢先生了！”

　　我们一行人叫了好几辆洋车，兴冲冲地朝着四美花园驶去。到了之后发现真的如谢维楫所言，条件挺好的。入口很窄，进门之后要沿着像蚯蚓洞穴一样的人造景观一直往里走，两侧开有窗户，洞壁上挂着装饰精美的联句。走了一百多米，前面豁然开朗，出现了一处庭院，里面有古塔，有池亭，有戏台，还有施以彩绘的旅馆，客房遍布楼上楼下，数量很多。我们一行人的愿望变成了现实，所以内心是非常欣喜的。

　　但是，谢先生与老板及掌柜的在那交涉了很久。我们当时也觉得非常奇怪，心想不会出现什么变故吧？果然不出我们所料，谢先生交涉完毕后面色凝重、十分沮丧地对我们说：

　　“真的非常抱歉。刚才掌柜的和我说，他非常欢迎你们住在这里，但最近学生闹得比较厉害，怕大家住在这里出什么意外，所以还是希望大家去别的旅馆住宿吧！”

　　原来如此，因为我们是外国人，那也是没法子的了。我们嘴里说着“不要紧、不要紧”，然后离开四美花园，朝着城门附近交通便利的纯中国式的迎宾旅馆走去。

　　从老远就可以看到旅馆上方挂着“迎宾旅馆”四个大字。当年市村瓉次郎博士和山口察常先生从包头至雁门关进行乡间旅行的时候也曾住过此旅馆。在中国的乡间，像"迎宾旅馆""悦来客栈""第一旅馆"等名称的旅馆随处可见。另外，为了迎合旅客的心理，门口的柱子上也多会挂一些有高士下榻之意的好听又押韵的楹联。太原的迎宾旅馆条件不错，有两个院子。我们一行人入住的是最里面一栋院落的客厅和左右两个房间，含一日三餐和过夜用的寝具，掌柜的给我们打了折扣，每人一天一块钱，非常便宜。

房间内没有床，睡的是火炕，上面铺着用驴毛制成的厚厚的黑褐色的绒毡。桌椅等家具还是非常齐备的。夜里十二点准时熄灯。我们当时没带蜡烛，所以熄灯后还是挺不方便的。在中国旅行，即便是再累也不能像在日本国内那样泡个澡解乏。如果想擦一下身上的话，还得问旅馆要开水。当时，我们毫不顾及地用很大的嗓门朝账房方向喊："开水！"很快，旅馆内的伙计就提着水壶来到房间内，在脸盆里倒上热水。迎宾旅馆烧水是在屋檐下的一个圆筒状的炉灶上，灶内燃烧着煤炭，二十四小时不停地烧水。太原不缺煤炭，所以开水也不缺。

在中国旅行最不适应的就是厕所。中国的公共厕所是一个个的隔断，但没有门，完全敞开式的，毫无隐私可言。迎宾旅馆有十几个房间，每天早上客人都要排着队上厕所。所以说，要想在中国旅行，一定要学会心平气和地和他人排在一起上厕所才行。我们一行人中就有人接受不了，他说："我也曾鼓足勇气想尝试一下，但最终还是豁不出去！"说得诙谐一点，如果不能在中国如厕方面毕业的话，那是无法取得到中国内地旅行的资格的。

体味太原的风土人情

山西的食物非常纯朴，不花哨，与日本东京等处的中国菜完全不同。每天早晨，迎宾旅馆的伙计估计我们洗完脸的时候，就会端着热汤热饭送到我们房内的桌子上。我有个习惯，在中国旅行的时候早餐喜欢吃大街上卖的炒饼和油条，于是我就委托旅馆的伙计去给我买几根油条。没多大一会儿，伙计就把几根很长的油条送到了我的桌子上。我们一行人中，如果有谁早上起得比较早且到外面的街上散步的话，通常会带回来一些当地的葡萄、桃子或是烤红薯等。有时还会带回来个大西瓜。

桌上的汤冒着热气，水果等也很多。如果是学生时代的话，肯定会将桌子上的东西吃个精光，然后再发个髀肉之叹[9]，现在则没有当年那么能吃了。住到迎宾旅馆后的第一天早上，谢维楫先生再次来访，我们忙搬出椅子，口中说着"请坐、请坐"。因为和谢先生已有接触，所以我们也不再顾及繁文缛节，告诉他我们自早上开始就已经在体味中国内地的气氛了。旅馆的客厅比地面高出一段，门口挂着帘子，如果从客厅内往外看，视线可透过帘子看到室外的一切，但如果从室外往室内看，就看不清楚了。中国的门帘真的是一件很有意思的生活用具，可以很好地保护室内人的隐私，不过门帘对人的出入有阻碍，必须将其掀得很高才能正常出入，这时室外的人可以看到室内的情形，不过也没啥关系。

谢先生为昨天不能顺利入住四美花园一事一直耿耿于怀，怕迎宾旅馆无法令我们满意，所以早上来后有些稍显拘谨。后来听闻我们对迎宾旅馆很满意后，他也就高兴起来，笑着大声说道：

"各位，昨夜休息得还好吗？"

其中一位同行者回答说：

"还行，就是脖子和脚被咬了两三个包。"

---

9. "髀肉之叹"典自晋·司马彪《九州春秋》"备住荆州数年，尝于表坐，起至厕，见髀里肉生，慨然流涕"，意指由于生活安逸，大腿上赘肉复出。用来表示自叹生活安逸，思图有所作为。

他边说边用手挠着自己脖子上的包，脸上露出痒得难受的神情。我怕谢先生尴尬，于是赶忙笑着接话说：

"没事的，今晚撒点防虫药粉就没虫子咬你了。炕上铺的绒毡，毛都是立着的，虫子没法爬，可以起到防虫的效果。在绒毡上铺毯子要比单铺个床单安全得多。"

迎宾旅馆在房间内配的棉被和中国其他地方一样，都是如煎饼一样薄，夜间睡觉的时候，为了保温，必须从脖子到脚都裹得严严实实才行。像日本那种厚厚的棉被，且还要盖好几层的情况，在中国的任何一个地区都是不存在的。

到太原后，我一直想找一天在天还未亮之前早起，到太原城内看一下从农村来的淘粪车在大街上排成一排、秩序井然行进的壮观场面，但我这人喜欢睡懒觉，这一心愿最终也没能实现。在阎锡山督军的治理下，太原城内的卫生设施的完备情况达到了令人惊叹的程度。道路非常整洁，下水道也非常完善。路旁的电线杆子和墙壁上全都用漆刷上标语，民众在经过的时候都可以看到，起到了很好的宣传和社会教育作用。自太原火车站出站后，首先映入眼帘的就是电线杆子上的标语和夯土筑成的民房。太原城内电线杆子上的标语多不胜数，如果一个一个介绍的话，那我这一本书都不够用，所以择其以下几条以飨读者。

亡国之民不如丧家之犬；

卫国以武备，战以财；

主张公道为国民之天职；

新国民要有活泼泼的气象；

天下具万能之力者其惟秩序乎；

懒就是堕落的起点；

尚武为国民必要之精神。

……

不是一根电线杆上，城内所有的电线杆上都被刷了这样的标语，真的是令人震惊。

我们在迎宾旅馆住了数日，期间参观了傅公祠内的六朝时期的古碑。另外，几乎每天都会到城内的古玩店去转一下，晚上会到城内的夜市去看热闹。我们在迎宾旅馆做足了前往天龙山的准备工作，由于要爬山，无法带太多的东西，所以我们每人只带了面包屑和棉被，其他的行李全都存在了旅馆。我们把从旅馆借的红色棉被搬到人力车上，跨过汾河上的大桥，朝着天龙山的方向前进。出发时，旅馆的掌柜和伙计一起站在门外送行，并且祝我们一路顺风。此番场景使我认识到，不管是在日本还是在中国，人的善良之情都是相同的，这使得我的内心悄然愉悦起来。

巧于社交术的中国青年

当前日本存在入学难、就业难等社会问题，青年人的生活压力非常大，所以造就了当前日本青年格局小，但又有韧劲，拼命工作的性格。另外受日本现代学校教育的影响，日本青年人大都有一点小小的骄傲。

中国的青年人则正好相反。受中国大陆社会和大陆自然环境的影响，中国各地无论是开埠城市还是内地城市的青年，大都有着一种特殊的不可思议的调调，那就是你说他得要领吧，他又不得要领；你说他不得要领吧，感觉又像是得要领。

社交技巧非常丰富的中国青年

受各种时代思潮的影响，中国青年有时候会变得像烈火一样充满奔涌的激情，或是高喊民族自决的口号，或是高调宣传排斥外国人。然而，当你和单个中国青年坐在茶馆里喝茶，或是在酒桌上侃大山的时候，你就会发现满堂一片和气，大家尽可以把酒言欢，而那些民族自决的口号等不会有半点影子。对中国青年来说，宣传是宣传，现实是现实，他们把宣传和现实分得很清，而且也很会根据时机和场合调整自己的姿态，努力把自己包装成一个受他人欢迎的人。

在中国三千多年的历史长河中，中国人形成了善变的国民性格。中国青年人的一举一动也无不体现出这一善变的国民性。在某一刻，中国青年人可能还是唾沫横飞慷慨悲愤，而转过脸去可能就对刚才的一切毫不在乎，转而怀着极大的兴趣去追求刹那的快乐或太平祥和。中国青年的头脑颇为机敏，而且洞察能力超强，绝对不会让自己给对方不快。有时心中想的本是左，但为了顾全大局或是为了讨好对方，嘴上可以说成右，所以说中国青年人是非常知世故的。

中国青年的这种处世技巧绝对不是通过学校教育能够获得的，而是通过其家庭和社会的影响在不知不觉中练就的。比起读万卷书，从家庭或社会得到的亲身体验对他们的影响更为深刻。

现在的日本青年，无论是在家庭中，还是在社会中，都不可能有中国青年那般的社交体验。日本的家庭和社会将一切教育的责任都推给了学校，觉得学校教育是万能的。但是真实情况是，学校除了集中力量提高升学率外，绝不会在提高青年的社交技巧方面予以格外的注意。不同科目的教学老师，可能会在自己所教的英语、数学、物理、化学或博物学等方面有所专长，但是在为人处事或社交方面是否也具有专长，那就很难说了。日本教师的内心并不悠然，整天忙于具体的教学工作，闲暇时间也非常少。说得直白一点，日本教师在社交方面的经验是非常少的，对社交的很多认识也仅是从书本上看到的而已，并没有亲身体验过。日本的教师是此种状态，那他们教出的学生就更不可能在社交方面有所专长了。所以说，期待学校教给学生社交技能的想法本身就是非常不合理的。

现代中国青年的抱负

当前，中国青年的思想正在发生巨大的变化，湖南湖北地区的青年受苏联社会主义思潮的影响非常深。即便是没有受到社会主义思潮影响的地区，青年也开始觉醒，他们以天下为己任，充满激情，认为如果自己不努力的话，中国就不会有未来，觉得中国四百余州必须靠自己的双手去改造才行。中国青年的思想已经摆脱了传统的限制，他们对外国人也不再感到迷惑和惶恐，有时也胆敢在外国人聚集的地方埋个炸弹。当前的中国虽然有警察，但社会秩序就跟没有警察一个样，中国人要想保证自己的生命财产安全，除了逃到租界，用租界地的法律保护自己的生命和财产外，别无他法。但是，即便如此，中国青年还是呼吁收回租界，将现有的租界置于中国政府的管辖之下。说实话，对自己的生命和财产安全来说，没有比这样更危险的了。举个简单的例子，民国十六年（1927）四月三日，武汉政府发动暴乱，想利用暴民之手夺回武汉的日本租界，可是最终的结果是不仅日本租界没有夺回，过了不到两个月，武汉政府就垮台了，当年嚷着要收回租界的那些人又都争前恐后地跑到日本租界去避难。

虽然明眼人都看得出来这非常矛盾，但中国青年人不管怎么样还是想沿着自己选择的道路去前进，而且社会也随之发生着变化。中国社会与日本社会不同，中国社会有很大的回旋余地。即便是有动乱，对整个社会的影响也不会太大。

中国是一个很不可思议的国家，即便列强想去摧毁它，它依然会坚强地存活下去，而且中国人非常会玩弄权术，会努力地从列强手中得到各种好处。从当前的局势来看，虽然列强并不希望看到一个崭新的中国，但是中国却一直在沿着自己的步伐前进，这给日英美法德意等列强造成了很大的困扰。

富有执行力的中国青年

关于中国青年觉醒之后，是否会促进中华民国更好发展的问题，我们暂且不论，但是从中国现在的宣传标语或是青年人努力实现自己梦想的劲头来看，中国青年所迸发出的力量还是非常惊人的。

反过来再看我们日本，学校教育全部都是纸上谈兵。很多教师头衔很厉害，著述也很多，但是一谈到具体实践，他们就会说这是别人该干的事，和自己毫无关系。举个简单的例子，关于当前日本人口过多的问题，有教授发表了很多精辟言论，用大量的文字去论述了必须通过移民才能解决日本人口过多问题的原因，但是一旦要让他自己移民了，他就会说让别人移民就好了，我还没有落魄到要移民的地步。窥一斑可以知全豹，平时说得头头是道，但真的让他实践时就尿了的例子是比比皆是，这样的不良风气已经弥漫于整个日本上空。现在的日本社会显得非常浮躁，大家都尚空谈，不注重实践。若长此以往下去，自吹为一等国家的日本早晚会被当前被蔑视为弱国的中国所超越。

另外，中国青年的社交技巧也远比日本青年强得多。当你当面苛责一名中国青年时，他不会硬碰硬地和你讲道理，而是会非常巧妙地转移话题，让你的怒气慢慢消解；而日本青年由于长期接受学校教育，中毒较深，则不具备这样的社交技巧。

说得实在一点，处世之道、玩弄列强之道、改造社会之道、社会宣传之道、自己的生存之道又或是维持自身体面之道等，都是当今不可或缺的重要技巧。日本虽然自诩为一等国家，但是在以上这些方面，日本青年并不比中国青年优秀。日本人也应该从封闭式的学校教育中觉醒了。日本人的站位应该更高一些，一定不要局限于日本这一狭小的岛国，要将自己的眼界扩大到长江或万里长城等大陆地区，多少都要摄入一点大陆的气息才行。

　　当前日本青年人中患神经衰弱的越来越多。如果只是拘泥于日本这样一片小天地，整日面对入学难、就业难的压力，长此以往下去，想不精神衰弱都难。希望那些患上神经衰弱的日本青年能够到中国走走，去感受一下那里活泼生动的大陆气息，这对缓解他们的病情是非常有利的。日本青年一定要学好汉字，同时也要学说汉语，要想实现中日两国青年的合作与融合，汉字和汉语都用得上。日本学生在中国旅行时，也不要单看风景或是产业，要多与中国青年进行交流，要了解他们内心的想法，要学习他们的处世技巧和实践能力。另外，我们也要欢迎中国青年到日本来。我衷心地期待在东亚能够形成一个中日两国青年相互学习、相互帮助的社交圈。

香妃戎装画

　　此幅画为意大利画家郎世宁所作。郎世宁深受乾隆皇帝信任，能够进入
皇宫内给妃子作画。他成功地将西洋画的画法融入中国画中，创立出一种全
新的画种。《香妃戎装画》在中国绘画史上具有非常重要的地位。乾隆皇帝
很宠爱香妃，特意在武英殿的后侧为其修建了一座阿拉伯风格的浴德堂。据
传说，香妃全身的毛孔都会往外散发香气，也有人说是她的腋下向外散发香
气。但不管怎么说，现在已经无从考证了。最近，中国政府为了向美国借款，
一度打算将此画运往美国做担保，但在社会上引起轩然大波，最后只能作罢。